# PRIVATE ECONOMY DEVELOPMENT

2021年 民间投资与民营经济发展重要数据分析报告

北京大成企业研究院 编著

PRIVATE INVESTMENT

ANALYSIS REPORT ON THE IMPORTANT DATA OF
PRIVATE INVESTMENT AND
PRIVATE ECONOMY DEVELOPMENT 2021

中华工商联合出版社

图书在版编目（CIP）数据

2021年民间投资与民营经济发展重要数据分析报告/北京大成企业研究院编著.--北京：中华工商联合出版社，2022.5

ISBN 978-7-5158-3465-8

Ⅰ.①2… Ⅱ.①北… Ⅲ.①民间投资–研究报告–中国–2021②民营经济–经济发展–研究报告–中国–2021 Ⅳ.①F832.48 ②F121.23

中国版本图书馆CIP数据核字（2022）第097714号

2021年民间投资与民营经济发展重要数据分析报告

作　　者：	北京大成企业研究院
出 品 人：	李　梁
责任编辑：	李红霞　孟　丹
装帧设计：	周　琼
责任审读：	李　征
责任印制：	迈致红
出版发行：	中华工商联合出版社有限责任公司
印　　刷：	北京毅峰迅捷印刷有限公司
版　　次：	2022年7月第1版
印　　次：	2022年7月第1次印刷
开　　本：	710mm×1000mm　1/16
字　　数：	268千字
印　　张：	21
书　　号：	ISBN 978-7-5158-3465-8
定　　价：	79.00元

服务热线：010—58301130—0（前台）
销售热线：010—58302977（网店部）
　　　　　010—58302166（门店部）
　　　　　010—58302837（馆配部、新媒体部）
　　　　　010—58302813（团购部）
地址邮编：北京市西城区西环广场A座
　　　　　19—20层，100044
　　　　　http://www.chgslcbs.cn
投稿热线：010—58302907（总编室）
投稿邮箱：1621239583@qq.com

工商联版图书
版权所有　侵权必究

凡本社图书出现印装质量问题，请与印务部联系。
联系电话：010—58302915

编委会

指　导：黄孟复

主　编：陈永杰

编　委：谢伯阳　欧阳晓明　陈永杰　刘琦波

　　　　徐鹏飞　刘贵浙　彭　海　赵炜佳

　　　　葛佳意　王　涵

摘 要

民企政策环境：2021年国家继续出台深化改革、促进发展、加强监管的政策措施，许多与民营经济发展直接相关。其中最受关注的是《中华人民共和国国民经济和社会发展第十四个五年规划和2035年远景目标纲要》以及《中共中央关于党的百年奋斗重大成就和历史经验的决议》，后者重申了"两个毫不动摇"和"两个健康"。

民企营商环境：2021年，面对新冠肺炎疫情反复、国际商贸不确定性上升、原材料价格大幅度上涨等多重挑战，在党中央、国务院的坚强领导下，各级党委政府积极出台政策举措支持民营经济发展，持续改善营商环境。随着我国营商环境的不断改善和优化，各类市场主体发展信心和发展动力不断增强。但也要看到，构建一流的营商环境依然任重道远，在市场化、法治化、国际化、便利化等方面还有进一步提升的空间。

民企法人就业：截至2020年年末，全国企业法人单位数约为2 505.55万家，同比增长18.8%；其中私人控股企业法人单位数约为2 390.31万家，占比高达95.4%，同比增长20.65%。这反映了党中央国务院出台的各项减税降费、保市场主体政策收到较好效果。此外，2020年年底，我国城镇整体就业人数约为4.63亿人。近年来随着新经济业态的不断涌现，新就业形态蓬勃发展，各种灵活的就业模式吸纳了许多劳动力就业，而这主要集中于私营企业和个体工商户。

民企工资增长：受新冠肺炎疫情影响，2020年全国居民人均可支配收入、城镇私营和非私营单位就业人员平均工资及农民工月均收入增速均有所下滑。其中农民工就业最多的住宿餐饮、居民服务、批发零售等行业受疫情冲击最大，导致农民工月均收入增速降幅最大，年增速从此前多年的超6%降至不足3%。

民间投资回升： 2021年民间固定资产投资稳定增长，由于基数效应，投资增速逐月回落。在1—5月间两年平均增速持续加快，5月之后两年平均增速基本稳定，加速势头明显回落。2021年个体经营、私营企业的固定资产投资均取得不错的增长；建筑业、教育行业、制造业民间投资增速均超10%。但2020—2021年两年平均来看，民间投资增速仅高于近十年的最低点2016年，民间投资占全国固定资产投资比重仅高于近十年的最低点2017年。长周期看情况更不容乐观，全国固定资产投资增速特别是民间投资增速下台阶的趋势非常明显，从持续多年的两位数高增长，到近年的个位数增长，持续优化营商环境、提振民间投资信心依然任重道远。

民营工业发展： 2021年，我国工业生产保持增长，主要指标处于合理区间。增加值方面，规模以上工业增加值比上年增长9.6%，两年平均增长6.1%，其中私营工业企业同比增长10.2%。企业经营情况得到改善，工业企业盈利能力得到加强，2021年全国规模以上工业企业实现利润总额87 092.1亿元，比上年增长34.3%（按可比口径计算），比2019年增长39.8%，两年平均增长18.2%。其中私营企业实现利润总额29 150.4亿元，比上年增长27.6%。运营效率方面，2021年私营工业企业每百元资产实现的营业收入为133.9元，高于国有控股和外资企业。

大中小型企业： 2021年规模以上小型工业企业的数量、资产、营业收入绝对数和占全部规模以上工业企业的比例均保持2018年以来的增长势头，资产利润率、资产营收率、劳动生产率较上一年有所改善，但利润总额占比有所下降，用工人数有所减少，资产负债率有所提升，营收利润率有所下滑。新冠肺炎疫情暴发以来，中小企业面临需求不足常态化的压力，2021年又叠加原材料价格大幅上涨的冲击，两项中小企业指数自2020年大幅下降后在2021年继续低位徘徊，企业对新增投资、新增借贷和新增用工态度谨慎，反映了对未来预期的不确定。

民企外经外贸：2021年在党中央的坚强领导下，政府出台实施一系列稳主体、稳市场、保外贸的政策措施，极大促进了进出口业务蓬勃发展，使得中国在全球产业链、供应链中的重要性进一步提升，对外贸易再次刷新历史记录。进出口总额增加近六成，达到6.1万亿美元，出口增加近三成，达到3.4万亿美元，贸易顺差扩大到了6 764亿美元，民营企业进口额首次超过外资企业，突破1万亿美元大关。对外直接投资流量首次位居世界第一，占据全球对外直接投资流量总额的二成以上。

民营科技发展：自党的十八大以来，私营企业的研发人员、研发经费、研发项目数、有效发明专利数，以及新产品开发项目数、新产品开发经费支出、新产品销售收入较多保持平稳增长，而且各项增速多呈现逐年提高的趋势，在规模以上工业企业中的占比也逐年增加，并逐渐超越有限责任公司成为科技发展的第一大贡献者。4 762家国家级专精特新"小巨人"企业和四万多家省市级专精特新中小企业，不断提升自身创新能力和专业化水平，通过走专业化、精细化、特色化、创新型发展道路，不断推动中国经济高质量发展。而在中小企业中的民营经济占比超过90%，因此，中小民营企业同样是科技创新发展的重要阵地和重要力量。

民企税收贡献：2021年我国税收收入188 737.31亿元，同比增长13.7%，较上年同期增加22 737.59亿元。其中，国有及国有控股46 586.46亿元，占全部税收收入的24.7%，较上年同期提高0.4个百分点；涉外企业29 703.93亿元，占全部税收收入的15.7%，较上年同期下降0.3个百分点。民营经济税收收入112 446.92亿元，同比增长13.5%，占全部税收收入的59.6%，较上年同期下降0.1个百分点，较上年同期增加

13 400.24 亿元，占全部税收增加额的 58.9%。

民企 500 强：2021 年各大企业"500 强"榜单显示，尽管受新冠肺炎疫情影响，但我国民营企业表现了较强的韧劲，企业经营状况在横向对比中有所提升。"中国民营企业 500 强"上榜企业规模持续增长，资产、营收、利润等均稳中有升。在其他国内外"企业 500 强"榜单评选中，民营企业上榜数量再创新高，如在"2021 中国企业 500 强榜单"中，民营企业上榜数量达 249 家，与国有企业平分秋色。

民企上市公司：民营经济是推动高质量发展的重要主体。从上市公司的数量来看，截至 2021 年三季度末，共有 4 559 家上市公司，其中民营企业有 2 832 家，占比高达 62.12%。上市公司中民营企业的数量占比正呈现逐年升高的趋势，2020 年首次超过 60%。"十三五"期间，民营上市公司数量翻了一番以上，民营上市公司数量占比从不足 50% 到超过 60%。

领先发展民企：2021 年无论对经济发展还是对民营企业都是分化巨大的一年，一方面新冠肺炎疫情持续下内需依然羸弱，且大宗商品价格大幅上涨，多数民企经营压力增大；另一方面出口火爆，且不少领域发展迅猛，也让许多民企受益。可喜的是，境内资本市场改革进一步深化，无论是企业上市门槛还是上市审批流程都更加向全面注册制靠拢，在信用偏紧的大环境下为广大民营企业提供了宝贵的资金支持。

民企富豪榜单：2012 年以来，排名前 20% 的富人财富占比从 2012 年的 45% 左右增至 2021 年的 60%，说明社会财富集中度提高，尤其是顶级富人的财富占比逐年升高。2021 年富豪财富继续增加，《新财富 500 富人榜》前十名富人的身家之和达到了 28 986 亿元，较 2020 年增长了 60.2%，占整个榜单财富的 16.4%，身家均超过 2 000 亿元。排名前 20% 的 100 人总财富达到 10.6 万亿元，相当于 2020 年所有上榜者的总财富，占今年榜单财富总额的 60%。

民企公益慈善：民营企业在中国慈善事业中担纲着主力角色。他们既是创富、缴税、提供就业岗位的主力军，也是大额慈善捐赠的主要来源。民营企业效率高、机制灵活的优势在进行一些社会救助、慈善帮扶活动中具备优势。2021年以来，越来越多的民营企业家向慈善家转变，企业家捐赠规模不断扩大，现金捐赠额不断增长，捐赠形式更加多元，关注的领域涉及广泛，在发展经济的同时，积极履行社会责任，持续不断回报社会，对于推进社会财富公平再分配做出了重要贡献。

问题民营企业：近两年民营企业家犯罪实证数据揭示了民营企业在刑罚适用、地域分布、风险高发环节、高频罪名分布等方面的特征，并且进一步表明，民营企业在经营中面临着比国有企业更大的刑事风险。在事前合规方面，要保障合规计划涵盖企业所有经营环节与流程，在合规管理中实时追踪外部合规要求变化，并定期评估和改进企业内部管理流程，并在相关法律规范的指引下构建一套旨在预防、识别、报告和应对法律风险的完整合规体系。在事后合规方面，企业应注重进行合规整改。在诉讼策略方面，企业要从实体法和程序法两个维度释放合规抗辩的罪责减免空间。

目 录

导　言　发挥市场主体作用、推动共同富裕实现…………………… 1

概　述　三架马车齐奋力，十年变局各千秋
　　　　——国有、民营、外资及港澳台资经济结构变化简析……… 7

第一章　民企政策环境——措施力度加大，落实尚需加力………… 50

第二章　民企营商环境——内外经验结合，优化制度措施………… 58

第三章　民企法人就业——小微单位大增，就业增长稳定………… 71

第四章　民企工资增长——工资同步提升，收入差距仍大………… 77

第五章　民间投资回升——增速明显回升，占比重新提高………… 95

第六章　民营工业发展——回升快于全国，利润增长显著………… 108

第七章　大中小型企业——中小占比上升，效益有所走低………… 137

第八章　民企外经外贸——逆转疫情冲击，再创历史新高………… 151

第九章　民营科技发展——民企投入大增，新产品占六成………… 165

第十章　民企税收贡献——份额年年提升，增量超过七成………… 185

第十一章　民企最强五百——逆境更铸韧性，走向更大更强……………190

第十二章　民企上市公司——数量大幅增长，质量稳中有升……………205

第十三章　领先发展民企——新经济仍红火，独角兽增速缓……………216

第十四章　民企富豪榜单——财富继续大增，排名变动较大……………236

第十五章　民企公益慈善——树立共富理念，贡献三次分配……………250

第十六章　问题民营企业——刑事风险频发，亟需合规应对……………260

专论与调研（一）

"国有企业税负是民营企业2倍"的判断并不成立………………………267

专论与调研（二）

国企十年做大做强　质量效益有喜有忧

　　——国有企业十年经济数据简要分析……………………………………278

专论与调研（三）

投资数据差异巨大　期待做出合理解释

　　——2020年和2021年统计年鉴投资数据比较………………………294

专论与调研（四）

小微企业经营状况分化，需求不足成最突出困难

　　——阿里研究院《2021年第四季度中小微企业调研报告》………303

后记……………………………………………………………………………322

导 言

发挥市场主体作用、推动共同富裕实现

编者按：本文根据黄孟复主席在 2021 年秋季大成企业沙龙上的讲话整理。

一、深刻认识百年未有之大变局

我们今天的主题是"信心和机遇从哪里来——大变局下民营企业的发展逻辑"。习近平总书记提出的百年未有之大变局，怎么理解"大变局"？我认为，从国际政治上来讲，中美关系紧张，美国越来越明显地鼓动"台独"势力来抵制中国的发展；现在美、日、印、澳又在搞亚太版北约，企图遏制中国崛起。俄罗斯和美国的关系也到了剑拔弩张的地步，最近北约和俄罗斯的关系也很紧张，北约提出可以用战术核武器和网络攻击等非常规军事手段来威慑俄罗斯。所以从政治上来看，冷战思维是不可低估的，而且还在不断发酵。

经济上也很复杂，美国为了应对新冠肺炎疫情，要继续提高政府债务的上限，又拼命地印钞票，不仅搅乱了本国经济秩序，也让世界为它负担，推升全球大宗商品价格大幅上涨。

当前世界经济刚刚开始复苏，就出现能源紧张，能源的价格也猛涨。大家都知道煤炭从每吨三百元涨到每吨两千元。现在全球供应链又出了问题，我们出口到欧美货物的集装箱，空箱堆在那儿，造成海上运输紧张，一箱难求、价格高企。再看欧美，马上要过圣诞节了，由于运输堵塞，供应链失衡，商品供应短缺，有的地方货架都空了。

  我们国内也进入了一个非常关键的转折期。关键的转折表现在我国从长期的供不应求，变成供大于求。以前我们什么都短缺，需要票证管理，现在除了少数短板，大部分产品过剩，这就需要出口到世界各国去找市场。然而过度依赖出口是不可持续的，人家不买你东西怎么办？人家抵制你的东西怎么办？所以中央提出了应对百年未有之大变局的战略举措，就是构建经济双循环格局。双循环以内循环为主，把国内循环做大，要把发展的主动权掌握在自己手中。国际的循环能做多大做多大，因为它不完全取决于我们。目前看起来出口很好，外贸拉动了经济的增长，但是当国外全面恢复生产后，外需就会下降，会减弱我国经济增长拉动效应。所以要保证GDP有5%~6%的增长速度，必须要发动内需，让内需旺起来，中国经济增长的动力才能源源不断，依靠我们14亿人的消费能力是能够拉动经济持续稳定增长的。

二、更好地发挥市场与政府的作用

  应对百年未有之大变局也不是说我们这边风景独好，但是我们探索中国特色的市场经济道路是非常关键的，不仅对中国是关键，对世界也很重要。为什么呢？因为市场经济已经搞了很长时间，国内外的实践已经充分证明，市场经济是提高经济效率的唯一出路，没有市场经济就没有效率。但是纯粹的市场经济也有很大的问题。

  市场经济有什么大的问题呢？我认为，第一，市场经济导致周期性的波动，会不断出现经济危机；第二，市场经济会导致垄断，马太效应，强者越强、弱者越弱，所以要反垄断；第三，市场经济导致贫富差距扩大。

  现在美国包括西方的国家，也逐渐认识到政府在市场经济中还是可以发挥作用的,过去他们认为政府不能干预市场,由市场自行调节平衡。但是2008年雷曼兄弟轰然倒台,美国政府没有采取援救措施,引发了全球金融危机。

我们要通过发挥市场在资源配置中的决定性作用,提高全社会的效率效益;然后更好发挥政府的作用,克服市场经济的一些问题,防止经济危机的发生。我国经济也有波动,但是没有出现经济危机,这与政府和市场的有效结合相关。

现在反垄断,我支持。垄断对市场经济有伤害,对经济发展和老百姓也有伤害。企业垄断了市场,就抑制了创新、阻碍了发展。我们的民营企业也要注意,如果你把竞争对手都干掉了,市场唯你独大,被你垄断,你就危险了!

市场经济解决不了贫富差距问题。中国特色社会主义道路就是要克服这个问题。所以我们提出来,中国的经济制度能不能够充分发挥市场经济的高效率,同时利用社会主义制度的优越性来实现共同富裕,这是非常重要的课题。如果在这个课题上我们找到了途径和办法,我们就可以既保持经济的长期高速发展,又能够在经济发展中惠及大多数人。实现共同富裕,对于民营企业家来讲,这是我们的责任。实际上很多民营企业家都已经解决了生活之忧问题,现在以及未来他们所做的事业,是在为社会创造更多的就业,提供更多的税收,就是为共同富裕打好基础。

三、在发展的基础上实现共同富裕

实现共同富裕必须把经济这块蛋糕越做越大,这是共同富裕的基础,而不是大家抢着分蛋糕。我国经济发展有三种经济主体,一是国有企业,利用国家资本来开展经济建设;二是外资企业,运用外国的资本在中国开展经济建设,他赚钱我发展;三是民营企业,老百姓的经济,老百姓用自己的钱发展经济。我们应当充分调动三种经济主体的积极性,充分发挥他们的特点和在经济中不同的作用，给予相应的环境和空间，只有这样，才能把蛋糕做大。因此，实现共同富裕的先决条件是三大经济主体共同奋斗，在充分付出之后再来谈如何享受共同富裕的果实。

习近平总书记向全世界宣布，我国已全面建成小康社会，就是说一部分人富起来了，绝对贫困消除了。但是我们分配的结构还是金字塔型，底下很大，上面很尖。我们想做的是橄榄型的分配结构，扩大中等收入群体还有很大的差距，必须在经济基础越做越大的情况下实现，而不是在目前GDP一百万亿元的基础上实现橄榄型。目前我们是全面小康的水平，所以把蛋糕做大是最关键的。到2035年的时候，我国GDP应该达到二百万亿元，2049年达到三百万亿元。

习总书记讲，我们离中华民族伟大复兴从来没有像现在这么近。随着时代的进步，中等收入的标准也是不断提高，到2035年将达到中等水平的共同富裕，到2049年那将是高标准的共同富裕，所以我们要以发展的思维设计分配制度。

但是当前要解决的首要问题是能不能达到GDP二百万亿元、三百万亿元的目标。刚才我讲的三种力量，目前民营经济占65%，国有经济占25%左右，外资经济约占10%多一点。当达到二百万亿元、三百万亿元的时候会是什么结构？我认为民营经济还会占到60%左右，仍然是发挥重要主体和基础作用；国有经济继续做强做优做大；外资经济则是有益补充。

如果这样一个构想是成立的，那民营企业家就应该坚定信心。在实现GDP一百万亿元中民营企业已经立了大功，在二百万亿元还要立大功，三百万亿元更要立大功，永远担当起一个重要主体和基础的作用。不要以为国有企业做大做强就不需要民营企业了，民营经济在国民经济中的作用和地位是不可替代的，因为它解决了我国就业的80%，解决就业问题是任何政府的第一要务。所以说民营企业的信心从哪里来？我们的信心来自没有民营经济这个大蛋糕就做不成，这是历史发展的潮流，也是必然规律。

四、民营企业要带领自己的员工实现共同富裕

收入这块蛋糕怎么分？一次分配是关键。一次分配是在国家、企业和个人之间的分配。在一次分配中，首先是应该减少国家分配中的比例，成为一个过苦日子的政府，不管蛋糕有多大，要坚持一个理念，政府从来都要过苦日子。政府要精兵简政，减少不必要的开支，做一个节约型的政府，这是我们实现共同富裕必须要做到的。这样的话，才能把蛋糕分给企业和个人。

从企业和个人来讲，现在每个企业家心里都要有数，要加大个人分享发展红利的份额。所以提高工资性收入，包括最低工资的提高是必然的趋势。发展经济最重要的是惠及人民，所以要适当减少资本利得，提高劳动的收入，构建企业与员工利益共享机制，如果提高收入惠及了企业员工，将为企业的健康发展打下良好的基础，也为实现共同富裕创造良好的条件。

中等收入群体占比是我国能不能达到共同富裕的一个标准。一个社会不可能没有高收入的人群，也不可能没有穷的人，但是他们的人数不应很多。刚才讲的橄榄型社会是中等收入群体达到70%~80%。习总书记讲现在我国有4亿中等收入群体，14亿人里只有4亿，如果到2035年的时候，中等收入群体达到10亿，到2049年的时候能够达到11亿~12亿人，那我们就是橄榄型社会了，橄榄型社会稳定和谐其乐融融。

怎么扩大中等收入群体？对政府来讲，政府出台的政策，如果不利于中等收入群体的增长，这个政策是有问题的；如果政策有利于促进中等收入人群的增加，这个政策才能出台，这应该作为判断政府政策效果的一个标准。

对企业来讲，民营企业社会责任的第一要务就是让企业员工进入中等收入群体，这一举措对中国的贡献将会很大。现在 80% 的就业是民营企业员工，而民营企业员工总体收入水平是低的，所以我建议企业家们回去做个统计，你的员工里有多少人达到中等收入。收入水平的提高应该与劳动生产力提高挂钩，与员工的技能水平提高挂钩。对那些没有能力达到中等收入的人可以帮助他，并不是要直接给钱，而是送他们去培训，让他们从二级工变成三级工，三级工变成四级工，通过提高就业质量实现收入提高。企业要提供机会，员工要积极努力。但是我们绝不养懒汉，国家不能养懒汉，企业也不能养懒汉。例如，扶贫要从扶志起步，我在工商联时，扶贫不是简单地送钱下去，我们要请专家评估当地为什么落后，有什么问题，然后有针对性地进行产业扶贫、农业扶贫、多种渠道扶贫，通过他们自己的努力富起来。员工也是这样，对收入低的员工，要好好研究怎么样帮助他们补短板，通过他们自己的努力富裕起来。

如果每个企业首先致力于把自己 80% 以上的员工推入中等收入群体中，那我们国家实现共同富裕就有基础了。实际上民营企业现在做的工作就是促进共同富裕，解决了 80% 的就业，你们已经为实现共同富裕打下了基础。我们要进一步把这个基础夯实、提高，这是我们民营企业的责任和担当。

概 述

三架马车齐奋力，十年变局各千秋

——国有、民营、外资及港澳台资经济结构变化简析

提要： 十二组重要数据反映三驾马车经济十年变局：十年来，三驾马车各自保持了中高速增长，总体规模与实力均明显增强。国有经济的前五年，各项指标增长相对较低，占比明显下降；后五年，发展相对加快，一些重要指标占比明显上升；2021年各项指标上升更明显。民营经济的前五年，各项指标快速上升，各方面经济占比都大幅度提高；后五年，上升速度明显变缓，有些指标还有所下降，占比持平甚至下降。外资及港澳台资经济的前五年，各项指标增长明显低于民营经济，占比明显下降；后五年，各项指标基本稳定，有的有所下降。十年来，三驾马车的劳动生产率均明显提升，营收利润率都基本稳定，但资产营收率和资产利润率都明显下降；2021年各项效益指标有所上升。

中国"十二五"和"十三五"规划实施的十年，中国经济在世界上的地位作用继续发生着重大变化，推动着世界经济格局发生了一系列新变化。2010年，中国经济总量41.5万亿元（6.09万亿美元），超过日本，成为世界第二大经济大国；当年的经济总量相当于美国经济总量（15万亿美元）的40%多。2020年，中国经济总量101万元（14.7万亿美元），相当于美国经济总量（20.94万亿美元）的70%。2021年，中国GDP增

长 8.1%，达到 114 万亿元。十年发展，中国与美国经济总量的差距缩小了 30 个百分点，2021 年再缩小 5 个百分点以上，已经相当于美国经济总量的 75% 以上。中国经济的快速发展，令世人侧目，令世界惊叹！

中国经济的快速发展，主要源于国有、民营、外资三驾马车经济的共同奋力拉动。这三驾马车，为中国经济总量的快速增长各自做出了不同程度的重大贡献。十年来，三驾马车经济本身的比重结构，也已发生了重大变化，形成了一个新的经济局面。十年发展，国有、民营、外资经济总量都得到了虽然程度不同、但是十分巨大的增长。十年变局，国有经济创造的 GDP 占比由十年前的 50% 左右，下降为大约占 30%；民营经济占比由十年前的不足 40%，上升为大约占 60%；外资经济占比由十年前的 15% 左右，下降为大约占 10%。

2018 年 11 月 1 日，习近平总书记在召开的民营企业座谈会上指出："40 年来，我国民营经济从小到大、从弱到强，不断发展壮大"，"概括起来说，民营经济具有'五六七八九'的特征，即贡献了 50% 以上的税收，60% 以上的国内生产总值，70% 以上的技术创新成果，80% 以上的城镇劳动就业，90% 以上的企业数量。"这是对民营经济地位作用新变局做出的最权威评价。

有更多数据更具体地证明上述重大判断：民营企业以占用不到 30% 的国家矿产资源和政府科技资源、不到 40% 的国家金融资源，创造了全国 50% 以上的投资、税收和出口，创造了 60% 以上的 GDP、70% 以上的科技创新和新产品、80% 以上的城镇就业、90% 以上的市场主体，创造了全国 100% 以上的城镇新增就业、贸易顺差！

回头看这十年，十二项重要数据显示三驾马车经济的变局情况：十年来，三驾马车各自保持了中高速的增长，总体规模与实力均明显增强。国有经济的前五年，各项经济指标增长相对较低，占比明显下降；后五年，发展相对加快，一些重要指标占比明显上升；2021 年各项指标上升更明显。民营经济的前五年，各项经济指标快速上升，各方面经济占比都大幅度提高；后五年，上升速度明显变缓，有些指标还有所下降，占比持平甚至下降。外资经济的前五年，各项经济指标增长明显低于民营经济，占比明显下降；后五年，各项指标基本稳定，有的有所下降。十年来，三驾马车的劳动生产率均明显提升，营收利润率都基本稳定，但资产营收率和资产利润率都明显下降；2021年各项效益指标均有所上升。

以下我们用十二组数据来说明国有、民营、外资经济三驾马车的十年变局。

一、企业法人结构变局

主要数据：2010年、2015年和2020年，全国企业法人中，国有企业法人占3.83%、2.31%和1.17%，民营企业法人占93.28%、96.1%和98%，外资企业法人占2.89%、1.6%和0.93%。

市场主体是市场经济发展最主要最重要的微观基础，其数量的扩张、规模的扩大和质量的提高，是整个市场经济的发展和宏观经济总量扩张的根本源泉。改革开放四十多年来，尤其是近十年来，中国的市场主体增长十分迅速，其数量、规模和质量均大幅度提高。

从法律上看，市场主体是指以营利为目的从事经营活动的自然人、法人及非法人组织。2021年8月，国务院公布了《中华人民共和国市场主体登记管理条例》。条例规定的市场主体包括六大类：公司、非公司企业法人及其分支机构，个人独资企业、合伙企业及其分支机构，农民专业合作社（联合社）及其分支机构，个体工商户，外国公司分支机构，法律、行政法规规定的其他市场主体。

各类市场主体中，企业法人是最重要主体。主要包括管理条例中六大类市场主体中的三大类主体：公司、非公司企业法人及其分支机构，个人独资企业、合伙企业及其分支机构和外国公司分支机构等。这些企业法人经济活动总量，占全部市场主体经济活动总量的90%以上。

（一）全国各类企业法人：2020年，国有占1.2%、民营占98%、外资占0.9%

十年来，中国的企业法人主体增长十分迅速，全国企业法人主体，2010年为652万家，2015年为1 259万家，2020年为2 506万家，十年增长了2.84倍，年均增长14.4%（见表1）。

表1　2010—2021年国有、民营和外资企业法人数据

单位：万个、%

企业法人	2010年	2012年	2015年	2020年	10年增长	年均增长
全国	651.77	828.67	1 259.33	2 505.55	284.42	14.41
国有控股	24.96	27.85	29.13	29.35	17.59	1.63
占比	3.83	3.36	2.31	1.17		
私营控股	512.64	655.20	1 067.76	2 390.31	366.27	16.64
占比	78.65	79.07	84.79	95.40		
港澳台商控股	8.97	10.15	10.17	13.11	46.15	3.87
占比	1.38	1.22	0.81	0.52		
外商控股	9.84	10.91	9.97	10.25	4.17	0.41
占比	1.51	1.32	0.79	0.41		
全部民营	608.00	779.76	1 210.06	2 452.84	303.43	14.97
占比	93.28	94.10	96.09	97.90		

注：数据来源于历年中国统计年鉴，增长率为本院计算

其中，国有控股企业法人，2010年为24.96万家，占比为3.83%；2015年为29.13万家，占比为2.31%；2020年为29.35万家，十年增长17.59%，年均增长1.63%，占比1.17%，十年下降了2.66个百分点。

私营控股企业法人，2010年为512.64万家，占比为78.7%；2015年为1 067.76万家，占比为85%；2020年为2 390.31万家，十年增长了3.66倍，年均增长16.64%，占比为95.4%，十年上升了16.75个百分点。全部

民营企业法人（除国有控股和外资控股之外的其他全部企业法人），占比由2010年的93.28%，上升为2020年的97.90%。

外资和港澳台资控股企业法人，2010年为18.81万家，占比为2.9%；2015年为20.14万家，占比为1.6%；2020年为23.36万家，占比为0.93%，十年下降了近2个百分点。

国有控股与外资和港澳台资控股企业法人占比明显下降，一方面，是因为民营控股企业法人增长十分迅速，十年增长了3倍，远高于国有与外资和港澳台资控股企业法人的增长速度；另一方面，是因为国有企业进行公司化改革，整合、归并了大量中小型国有企业。但是，需要特别指出，十年来，国有控股与外资和港澳台资控股企业法人的户均从业人员数量、资产总额、营收总额和利润总额是明显上升的。

（二）全国规模以上企业法人单位：2020年，大型企业占2.6%、中型企业占15.5%、小型企业占79.9%

表2为国家统计局第一次公布的2019年和2020年全国规模（限额）以上大中小型企业法人单位情况。

表2 2019—2020年按单位规模分组的各类企业法人单位数据

单位：个、%

行业	法人单位数 2019年	法人单位数 2020年	2020年增长率	占比 2019年	占比 2020年
规上工业企业	372 822	383 077	2.8	100	100
大型企业	8 355	8 117	-2.8	2.2	2.1
中小微型企业	364 467	374 960	2.9	97.8	97.9
中型企业	43 105	40 745	-5.5	11.6	10.6
小微型企业	321 362	334 215	4	86.2	87.2
限上批零住餐业	246 067	277 156	12.6	100	100
大型企业	5 704	5 954	4.4	2.3	2.1

续表

行业	法人单位数 2019年	法人单位数 2020年	2020年增长率	占比 2019年	占比 2020年
中小微型企业	240 363	271 202	12.8	97.7	97.9
中型企业	58 663	62 729	6.9	23.8	22.6
小微型企业	181 700	208 473	14.7	73.8	75.2
规上服务业企业	168 209	173 254	3	100	100
大型企业	6 413	7 940	23.8	3.8	4.6
中小微型企业	122 264	148 946	21.8	72.7	86
中型企业	21 716	25 433	17.1	12.9	14.7
小微型企业	100 548	123 513	22.8	59.8	71.3
各类企业总计	787 098	833 487	5.9	100	100
大型企业	20 472	22 011	7.5	2.6	2.6
中型企业	123 484	128 907	4.4	15.7	15.5
小微型企业	603 610	666 201	10.4	76.7	79.9

注：数据来源于2020年和2021年中国统计摘要。增长与占比为本院计算

（三）2021年，全国市场主体1.5亿户，其中个体户1亿多家

国家市场监督管理总局局长张工披露："2021年，我国市场主体达到1.5亿户，企业活跃度保持在70%左右，为经济行稳致远储备宝贵资源。"其中，个体工商户1亿多家，规模和限额以下小微型企业几千万家。中国的规模和限额以上的近700万家小微型企业，和规模及限额以下的几千万家小微型企业，99.9%的都属于民营企业。

二、企业资产结构变局

主要数据： 2018年，全国非金融类企业资产总额537.8万亿元，其中，国有控股企业占40%多，民营企业占近50%，外商企业占近10%。2020年，全国非金融类国有企业资产268.5万亿元，比2018年增长58万亿元，增幅达27.6%，占全国企业资产可能已近50%；全国国有企业资产可能已经

占全国金融类和非金融类企业总资产的近65%。

2010年、2015年、2020年和2021年，工业企业资产中，国有企业占41.8%、38.8%、38.4%和36.7%；民营企业占33.1%、41.5%、42.5%和42.9%；外资企业占25.1%、19.7%、19.9%和20.4%。

企业资产是企业经济运行的基础，也是一国经济实力的最主要体现。几十年来，中国各类市场主体均得以快速发展，全国及各类市场主体的经营性资产更是快速增长。中国企业目前到底有多少经营性资产，各类市场主体各自有多少资产？这是人们关心的一个大问题。但国家并未直接公布过这一重要数据。我们根据2018年的第四次全国经济普查数据，再根据国务院公布的相关数据，初步厘清了这一重要数据。

（一）全国企业资产：2018年，全国非金融类企业资产总额537.8万亿元，其中，国有控股企业占40%多，民营企业占近50%，外商及港澳台商投资企业占近10%

根据经济普查数据（见表3），到2018年年底，全国非金融类企业的资产总额大约为5 377 772亿元。其中，国有控股企业资产总额为2 198 139亿元，占全国的40.9%；外资企业为507 176亿元，占比为9.43%；私营企业为1 341 347亿元，占比为24.9%；全部民营企业为2 672 907亿元，占比为49.7%。另根据2019年国务院向全国人大提供的国有资产管理情况报告（见表5），2018年全国非金融类国有控股企业资产总额为210.4万亿元，与我们根据经济普查数据（部分做了一定合理假设）推算的220万亿元基本一致。

根据经济普查数据，2018年全国金融业企业法人单位资产总额为321.8万亿元，其中系统内企业资产总额为290.5万亿元（见表4）。根据2019年国务院向全国人大提供的国有资产管理情况报告，2018年全国金融类国有控股企业资产总额为264.3万亿元，占全国金融业企业法人单位资产总额321.8万亿元的82%。

全国非金融类企业的经营性资产（537.8万亿元）和金融类企业经营性资产（321.8万亿元）两项资产总额为859.6万亿元，其中国有控股企业的非金融类资产（219.8万亿元）和金融类资产（264.3）两项资产总额为484.1万亿元，占全国非金融类和金融类企业资产总额的56.3%。

表3 2018年全国各经济类型企业（非金融类）经营性资产数据

单位：亿元、%

	全国资产	国有控股	国有企业	外资企业	私营企业	民营企业
工业	1 153 251	456 504	31 416	219 165	263 451	*477 582*
建筑业	342 356	*129 153*	39 225	2 560	60 814	*210 643*
房产开发	1 005 947	*312 925*	104 232	81 861	285 574	*611 161*
批零住餐业	555 568	*90 789*	12 828	59 438	244 485	*405 341*
文化产业	172 198	62 503	7 077	16 533	75 534	*93 612*
服务业	2 148 452	1 146 265	134 760	127 619	411 489	*874 568*
资产总和	5 377 772	2 198 139	329 538	507 176	1 341 347	*2 672 907*
占比	100	40.87	6.13	9.43	24.94	*49.7*

注：1.数据均来自第四次经济普查年鉴，斜体数均为推算数；2.工业为规模以上工业企业，规模以下各类型企业相关数据；3.建筑业、房产开发、批零住餐业三行业中的国有控股资产，为同行业股份制企业资产的1/3（可归类为国有控股企业的估计数）加国有企业资产；4.文化产业为扣除文化制造业（因属于工业制造业）后的数据，均为控股企业数据；5.民营企业资产为除国有控股资产和外资企业资产外的其他所有企业资产（下同）

表4 2018年金融业企业法人单位主要指标

行业	单位数（个）	资产总计（亿元）	负债总计（亿元）	营业总计（亿元）	从业人员（万人）
总计	137 296	3 218 309.0	2 743 439.6	137 185.9	1 818.0
货币金融服务	38 556	2 642 776.1	2 416 218.1	70 426.9	414.8
其中：系统内	12 502	2 583 075.6	2 378 835.7	65 940.8	390.2
资本市场服务	66 928	223 257.5	108 405.4	8 564.3	67.3
其中：系统内	25 350	103 270.7	64 552.3	6 725.5	54.8

续表

行业	单位数（个）	资产总计（亿元）	负债总计（亿元）	营业总计（亿元）	从业人员（万人）
保险业	17 941	184 159.4	163 461.6	45 734.9	1 308.0
其中：系统内	15 518	183 965.0	163 391.1	45 682.2	1 307.0
其他金融业	13 817	168 116.0	55 354.5	12 459.8	28.0
其中：系统内	317	39 849.3	24 406.6	3 817.3	8.6

资料来源：第四次经济普查第三产业卷

需要特别指出的是，近两年国有企业资产总额的增长十分迅速，占比也明显上升（见表5）。2020年，全国非金融类国有企业资产为268.5万亿元，比2018年增长了58万亿元，增幅达27.6%；金融类资产增长了23%；两类资产总共增长了24.7%，其增长幅度远高于民营企业和外资企业资产的增幅。可以基本判断，目前全国企业经营性资产的比重，国有企业已经明显超过60%。由于缺少民营企业和外资企业资产的最新总体数据，目前无法估算出国有、民营和外资企业资产的实际占比关系。

表5 中国国有资产管理数据资料

单位：万亿元、%

项目	2020年	2019年	2018年	2017年
企业国有资产（非金融）	268.5	233.9	210.4	183.5
权益资产	76	64.9	58.7	50.3
负债资产	171.5	149.8	135	118.5
资产负债率（%）	63.87	64	64.2	64.6
全国金融企业资产	323.2	293.2	264.3	241
权益资产	22.7	20.1	17.2	16.2
负债资产	288.6	262.5	237.8	217.3
资产负债率（%）	89.3	89.5	90	90.2
两项企业资产总额	591.7	527.1	474.7	424.5
权益资产	98.7	80.0	75.9	66.5
负债资产	460.1	412.3	408.8	335.8

注：资料来源于2017—2020年度国务院关于国有资产管理情况的综合报告，两项企业数据为本院加总计算

（二）工业资产结构：2020 年和 2021 年，规模以上工业企业资产总额为 1 303 499 万亿元和 1 412 880 万亿元，其中，国有控股企业占 38.4% 和 36.7%、民营企业占 42.6% 和 42.9%、外资控股企业占 19.0% 和 20.4%

规模以上工业企业的资产，是目前国家公布的最完整资产数据。2010 年至 2020 年十年，各类工业企业资产规模均大幅度增长，民营企业资产增幅最大。这十年，全国工业企业资产总增长 120%，年均增长 8.2%。其中国有控股企业资产总增长 102%，年均增长 7.3%，前 5 年和后 5 年分别年均增长 11.53% 和 4.7%；民营企业资产总增长 183%，年均增长 11.0%，前 5 年和后 5 年分别年均增长 14.4% 和 8.5%；外资控股企业资产总增长 67%，年均增长 5.3%，前 5 年和后 5 年分别年均增长 6.3% 和 4.3%。2021 年工业企业资产总额大幅度增长，全国及三类企业分别增长了 9.9%、6.8%、11% 和 8.8%（见表 6）。

2010 年，全国规模以上工业企业资产总额为 592 882 亿元，其中，国有控股工业企业资产占比为 41.8%，民营工业企业资产占比为 33.1%，外资控股企业资产占比为 25.1%。2015 年，全国工业企业资产总额为 1 023 398 亿元，其中国有企业占比为 38.8%，民营企业占比为 41.5%，外资控股企业占比为 19.7%。2020 年，全国工业企业资产总额为 1 303 499 亿元，其中国有控股企业资产占比为 38.4%，民营企业资产占比为 42.6%，外资控股企业资产占比为 19.0%。2021 年三类企业的资产占比分别为 36.7%、42.9% 和 20.4%。

表 6 2010—2021 年国有、民营和外资工业企业资产数据

单位：亿元、%

	2010年	2015年	5年增长	2020年	10年增长	年均增长	2021年
全国	592 882	1 023 398	72.6	1 303 499	120.0	8.2	1 412 880
国有控股	247 825	397 404	60.4	500 461	102.0	7.3	518 296

续表

	2010年	2015年	5年增长	2020年	10年增长	年均增长	2021年
占比	41.8	38.8		38.4			36.7
私营企业	116 868	229 007	96.0	345 023	195.0	11.4	409 089
占比	19.7	22.4		26.5			29.0
外资控股	148 552	201 303	35.5	248 427	67.0	5.3	288 150
占比	25.1	19.7		19.0			20.4
全部民营	196 570	424 691	116	555 290	183.0	11.0	606 434
占比	33.1	41.5		42.6			42.9

注：数据来源于《中国统计年鉴》及国家统计局最新公布数据。增长率按绝对数计算。5年增长为2010—2015年增长，10年增长为2010—2020年增长

从十年的两个五年看，"十二五"期间的五年，全国工业企业资产增速很高，其中私营企业与全部民营企业资产增长率最高，五年增长了一倍以上，占比快速上升。"十三五"期间的五年，民营企业资产增速明显减慢，占比仅提升1个百分点，国有控股企业资产占比仅下降1个百分点，外资企业资产占比基本不变。

（三）全国（非金融）国有及国有控股企业资产情况

十年来，全国（非金融类）国有及国有控股企业资产呈高速增长态势。国有企业资产，2012年为80.69万亿元（财政部数），2020年为244.47万亿元（国务院数），8年增长2倍多，年均增长14.9%。"十三五"期间五年年均增长15.5%（见表7）。中国国有控股企业资产的超级增长，远高于其他经济类型企业的增长速度，在世界各国的政府国有资产增长中也是绝无仅有。

表7　全国（非金融类）国有控股企业资产增长情况

单位：亿元、%

时间	资产	增长	时间	资产	增长
2010年			2016年	1 317 175	9.7

续表

时间	资产	增长	时间	资产	增长
2011 年			2017 年	1 517 115	10.0
2012 年	806 943		2018 年	1 787 483	8.4
2013 年	911 039	12.9	**2017 年**	**1 835 000**	
2014 年	1 021 188	12.1	**2018 年**	**2 104 000**	14.7
2015 年	1 192 049	16.5	**2019 年**	**2 339 000**	11.2
			2020 年	**2 444 755**	14.8
2012—2020 年均		14.9	2015—2020 年均		15.5

数据来源：1. 2012 年以来历年财政部关于国有控股企业经济运行报告和 2018 年以来历年国务院向全国人大提出的关于全国国有企业资产管理情况报告。两份报告 2017 年与 2018 年数据不同，此表均列出；2019 年后财政部没有公布国有企业资产总额情况。黑体绝对数为国务院数。2. 增长率为本院按绝对数计算

（四）全国规上企业资产：2020 年，企业资产总额 277.6 万亿元，其中大型企业占 38%、中型企业占 25.5%、小型企业占 31.1%

表 8 为全国三类规模（限额）以上大中小型企业资产情况。

表 8　2019—2020 年按单位规模分组的各类企业资产总额数据比较

单位：亿元、%

行业	企业资产总额		增长率	占比	
	2019 年	2020 年		2019 年	2020 年
规上工业企业	1 191 375	1 267 550	6.4	100	100
大型企业	569 654	588 348	3.3	47.8	46.4
中小微型企业	621 722	679 202	9.2	52.2	53.6
中型企业	274 050	292 576	6.8	23	23.1
小微型企业	347 672	386 626	11.2	29.2	30.5
限上批零住餐业	345 396	398 215	15.3	100	100
大型企业	118 195	125 782	6.4	34.2	31.6
中小微型企业	227 200	272 433	19.9	65.8	68.4

续表

行业	企业资产总额 2019年	企业资产总额 2020年	增长率	占比 2019年	占比 2020年
中型企业	134 480	156 961	16.7	38.9	39.4
小微型企业	92 720	115 472	24.5	26.8	29
规上服务业企业	946 045	1 110 158	17.3	100	100
大型企业	277 187	340 560	22.9	29.3	30.7
中小微型企业	534 739	618 125	15.6	56.5	55.7
中型企业	222 880	258 011	15.8	23.6	23.2
小微型企业	311 859	360 114	15.5	33	32.4
各类企业总计	2 482 816	2 775 923	11.8	100	100
大型企业	965 036	1 054 690	9.3	38.0	38
中型企业	631 410	707 548	12.1	25.5	25.5
小微型企业	752 251	862 212	14.6	31.1	31.1

注：数据来源于2020年和2021年中国统计摘要。增长与占比为本院计算

三、企业投资结构变局

主要数据：2012年、2015年、2020年和2021年，民间投资占全国投资总额的54.6%、57.3%、54.9%和56.5%。

投资是经济增长的三驾马车之一。高增长的投资是中国经济高速增长的主要动力。这十年的前五年，以私营企业为主的民间投资，增速远高于国有和外资投资，民间投资超过50%，接近60%；后五年，民间投资增速明显下滑，民间投资总额基本稳定，占比有时有所下降。2021年，民间投资增长7.0%，高于全国4.9%的增长率。

需要特别指出的是，2021年中国统计年鉴，全面修订了自2003年以来全国历年的投资数据，主要是大幅度地减小了民间投资历年的投资总额，从而使2003—2019年的全国投资和民间投资总额及增速及民间投资占比均进行了大幅度调整。这一调整，改变了过去关于民间投资已经是多年占全国投资总额60%以上的总体判断，这使得多年来关于全国投资，

特别是民间投资的形势判断与分析，需要做出相应调整。

对比 2020 年和 2021 年统计年鉴投资数据，两年数据差异巨大：2003 年至 2019 年共 17 年间的历年投资总额，2021 年公布的 17 年投资累计总额数比 2020 年公布的 17 年投资累计总额数少了 133 万亿元，这相当于 2021 年公布的 17 年间的历年投资总额的近 30%！相当于同期 17 年历年 GDP 总额的 15.5%！2012 年至 2019 年 8 年间，民间累计投资总额调整后减少了 79 万亿元，占这 8 年民间投资原累计总额的 43%！这 8 年全国投资调整后减少的总差额，相当于同期 GDP 总额的 17.8%！

表 9 是将调整前与调整后的两组数据均列出，以便比较对比。

表 9　2010—2021 年全国和民间投资数据

单位：亿元、%

	2010年	2012年	2015年	2020年	8年增长	年均增长	2021年
全国投资（新）	218 834	281 684	405 928	527 270			544 547
公布增速	20.4	18.0	8.6	2.7	87.2	8.2	4.9
全国投资（旧）	278 122	374 695	562 000				
公布增速	23.8	20.3	9.8				
民间投资（新）		153 698	232 644	289 264	88.2	8.2	307 659
占比		54.6	57.3	54.9			56.5
公布增速		20.1（13）		1.0			7.0
民间投资（旧）		223 982	354 007			3.3	
占比		59.8	63.0				
公布增速		24.8	8.8				

注：1.民间投资统计自 2012 年开始公布。2.全国投资（新）和民间投资（新），采用 2021 年年鉴中新修订数据。全国投资（旧）和民间投资（旧）采用 2020 年年鉴数据。列出两项数据，以便对照比较。3.民间投资 2012 年公布增速为 2013 年增速

从之前的统计数据上看，2012 年后，民间投资占全国投资的比重多年均超过 60%，2019 年和 2020 年占比降到 55% 左右。从修订后统计数据看，民间投资的比重一直没有达到 60%（见表 10）。

概 述 三架马车齐奋力，十年变局各千秋

表10 两组民间投资总额、差额及占比比较

年份	民间固定资产投资（亿元）2020年年鉴	民间固定资产投资（亿元）2021年年鉴	差额	2021年差额占比（%）	2020年民间占比（%）	2021年民间占比（%）
2012	223 982	153 698	70 284	45.7	61.4	56.5
2013	274 794	184 662	90 132	48.8	63.0	57.9
2014	321 576	213 811	107 765	50.4	64.1	58.9
2015	354 007	232 644	121 363	52.2	64.2	58.8
2016	365 219	239 137	126 082	52.7	61.2	56.3
2017	381 510	251 650	129 860	51.6	60.4	55.7
2018	394 051	273 543	120 508	44.0	62.0	57.2
2019	311 159	286 400	24 759	8.6	56.4	56.8
2020		289 264				55.7
2012—2020年累计总额		2 124 810				
2012—2019年累计总额	2 626 298	1 835 564	790 752			
差额占比（%）	30.1	43				

注：数据来自于2020年和2021年《中国统计年鉴》，投资总额、差额及差额占比为本院计算

就民间投资自身看，民间投资8年调整后减少的总差额，占2020年公布的8年累计投资总额的30.1%，占2021年公布的8年原累计投资总额的43%。就民间投资的历年与年均增长率看，两年年鉴公布数的差距同样不小。

但若按2020年公布数中的绝对数计算，其增长率更低，其年均增长率为4.8%，不到同期公布的复合增长率10.6%的一半。2021年公布数据的民间投资增长率，与按当年绝对数计算的增长率完全一致（见表11）。

表11 两组民间投资数据增长率比较

年份	公布投资增长率（%）2020年年鉴	公布投资增长率（%）2021年年鉴	绝对数增长率（%）2020年年鉴	绝对数增长率（%）2021年年鉴
2012	24.8			
2013	23.1	20.1	22.7	20.1

21

续表

年份	公布投资增长率（%）		绝对数增长率（%）	绝对数增长率（%）
	2020年年鉴	2021年年鉴	2020年年鉴	2021年年鉴
2014	18.1	15.8	17.0	15.8
2015	10.1	8.8	10.1	8.8
2016	3.2	2.8	3.2	2.8
2017	6.0	5.2	4.5	5.2
2018	8.7	8.7	3.3	8.7
2019	4.7	4.7	−21.0	4.7
2020		1.0	−7.0	1.0
2012—2020年年均		8.2（复合）	3.78	8.2（复合）
2012—2019年年均	10.6（复合）		4.8	

注：数据来自于2020年和2021年《中国统计年鉴》，复合增长率与计算增长率为自己计算

四、企业就业结构变局

主要数据：2010年、2015年和2020年，城镇就业中，国有经济占18.8%、15.2%和12%，民营经济占76%、77.7%和83%，外资经济占3%、3.5%和2.6%。

就业是民生之本，是政府经济工作的第一要务。十年来，民营企业和个体经济就业在过去30年快速增长的基础之上，继续明显增长。2010年城镇就业中，国有经济占18.8%，私营经济占17.5%，个体经济占12.9%，港澳台商及外商经济占5.2%，全部民营经济占76%。2019年（国家未公布2020年的完整数据），国有经济占12.1%，私营经济占32.2%，个体经济占25.8%，外商及港澳台商经济占5.3%，全部民营经济占82%。2020年民营经济就业人数又有新的增长，比重还有新的提高（见表12）。

十年来，城镇就业中，国有单位就业年均下降1.57%，但近五年下降趋缓，2020年还比2019年有所增长，增加了近100万人。私营企业和整个民营经

济就业，9年来年均分别增长10.21%和3.82%。就城镇就业的每年增量而言，总体看，十年来民营经济提供了100%以上的城镇就业增量。十年来，国有单位就业人员总体减少了约1 000万人，外商及港澳台商企业总体增加了600万人，民营经济总体增加了1.2亿多人，超过了全国城镇新增就业量的100%。

表12　2010—2020年城镇国有、民营、外商及港澳台商经济就业数据

单位：万人、%

	2010年	2015年	2019年	2020年	10年增长	年均增长
全国	34 687	40 916	45 249	46 271	33.40	2.92
国有单位	6 516	6 208	5 473	5 563	−14.63	−1.57
占比	18.79	15.17	12.10	12.02		
私营企业	6 071	11 180	14 567		（139.94）	（10.21）
占比	17.50	27.32	32.19			
港澳台商投资单位	770	1 344	1 157	1 159	50.52	4.17
占比	2.22	3.28	2.56	2.50		
外商控股	1 053	1 446	1 203	1 216	15.48	1.45
占比	3.04	3.53	2.66	2.63		
个体单位	4 467	7 800	11 692		（161.74）	（11.28）
占比	12.88	19.06	25.84			
全部民营	26 348	31 412	36 418	38 333	45.49	3.82
占比	75.96	77.73	82.3	82.84		

注：数据来源于《中国统计年鉴》。国家统计局未公布2020年数据中的私营与个体就业数据，其10年增长及年均增长率为9年数据，用括号表示

五、企业营收结构变局

主要数据： 2010年、2015年、2020年和2021年，工业营收中，国有企业占27.9%、21.8%、25.8%和25.7%；民营企业占45.1%、56.1%、51%和51.8%；外资及港澳台资企业占27%、22%、22.8%和22.4%。

2020年，全国非金融类国有控股企业的营业收入总额为63.29万亿元，全国规模（限额）以上企业（均为非金融类企业）的营业收入总额为201.23万亿元，国有企业相当于全国规模以上企业的31.5%。2021年，全国非金融类国有企业的营业收入达755 543亿元，公布增速为18.5%。

企业营业收入是GDP的来源，是国家税收、员工工资和企业利润的来源。由于缺乏全国各产业与行业各类企业营业收入的整体数据，我们主要以规模以上工业企业为例，来简要描述国有、民营和外资企业营业收入的发展情况。同时，简要描述一下2019年和2020年两年全国规模以上企业营业收入情况，以及十年来全国非金融类国有及国有控股企业营业收入变化情况。

（一）工业企业营收结构：2020年国有企业占25.8%、民营企业占51.8%、外资企业占22.4%。2021年分别占25.7%、51.8%和22.5%

2010年、2015年、2020年和2021年，全国规模以上工业企业的营业收入分别为69.8万亿元、111万亿元、108.3万亿元和127.9万亿元。其中国有控股工业企业占比分别为27.9%、21.8%、25.8%和25.7%，外商及港澳台商控股工业企业占比分别为27%、22.1%、22.4%和22.5%，全部民营工业企业占比分别为45.1%、56.1%、51.8%和51.8%（见表13）。

数据显示，2010年至2020年的十年中，前五年全国工业企业营业收入总额（绝对数额）增长了近55%，后五年反而还有减少。其中前五年民营工业企业营业收入总额增长了90%多，后五年只增长了7%。同期，前五年国有控股工业企业营业收入总额增长了24%，后五年只增长了16%以上。外商及港澳台商控股工业企业营业收入总额前五年增长了15%以上，后五年还略有减少。2021年，三类企业的营业收入均大幅度增长（统计局数据），分别增长了21.2%、18.9%和14.8%。

数据显示，民营企业在工业营业收入中的比重，十年来的前五年中，是大幅度上升的，每年上升2个百分点。但后五年处于下降态势，每年下降近1个百分点。2021年的占比与2020年持平。

表13　2010—2021年规模以上工业企业营收数据

单位：亿元、%

	2010年	2015年	2020年	10年增长	年均增长	2021年
全国工业	697 744	1 109 853	1 083 658	55.3	4.5	1 279 227
国有控股	194 340	241 669	279 707	43.9	3.7	328 916
占比	27.9	21.8	25.8			25.7
私营企业	207 838	386 395	413 564	99	7.1	509 166
占比	29.8	34.8	38.2			39.9
外商及港澳台商控股	188 729	245 698	243 189	28.9	2.6	287 986
占比	27	22.1	22.4			22.5
全部民营	314 675	622 486	560 762	78.2	5.9	662 325
占比	45.1	56.1	51.8			51.8

注：数据来源于《中国统计年鉴》。占比和增长为本院计算

（二）经济普查中服务行业各类企业营收结构

2018年全国第四次经济普查公布了其中服务行业各类企业的营业收入数据，我们从中可以看到这些行业中的各类控股企业或各类注册企业的营业收入情况。表14至表17中几组相关数据均取自《第四次经济普查年鉴》，占比数据为本院计算。

表14　按控股情况分规模以上文化制造业企业营收情况

单位元：万元、%

分组	营业收入	营收占比	户均营收	人均营收
总计	396 721 947	100	331	30
国有控股	40 919 254	10.3	541	22.8

续表

分组	营业收入	营收占比	户均营收	人均营收
集体控股	5 107 319	1.3	272	24.3
私人控股	217 945 524	54.9	329	30.6
港澳台商控股	62 746 541	15.8	597	19.2
外商控股	56 550 235	14.3	705	26.2
其他	13 453 074	3.4	285	26.7

表 15　按控股情况分限额以上文化批零业企业营收情况

单位：万元、%

分组	营业收入	营收占比	户均营收	人均营收
总计	205 379 431	100	19 508	347.9
国有控股	40 723 041	19.8	33 352	293.5
集体控股	8 830 949	4.3	69 535	731.5
私人控股	86 788 678	42.3	10 435	277.4
港澳台商控股	9 475 898	4.6	54 459	279.9
外商控股	35 773 006	17.4	266 963	1 032
其他	23 787 859	11.6	42 861	408.7

表 16　按控股情况分规模以上文化服务业企业营收情况

单位：万元、%

分组	营业收入	营收占比	户均营收	人均营收
总计	365 888 952	100	12 191	104
国有控股	87 133 430	23.8	16 348	84.2
集体控股	3 242 392	0.9	7 665	52.2
私人控股	158 213 336	43.2	7 561	94.6
港澳台商控股	58 158 080	15.9	97 417	222.7
外商控股	28 848 910	7.9	51 516	235.5
其他	30 292 804	8.3	13 915	83

表17 服务业十大行业国有控股与非公有控股企业分行业营业收入情况

单位：亿元、%

行业	营业收入		营收占比	
	国有控股	非公有控股	国有控股	非公有控股
总计	92 168.1	228 342.2	100	100
交通运输、仓储和邮政业	31 632.2	45 332.0	34.3	19.9
信息传输、软件和信息技术服务业	17 361.0	51 840.9	18.8	22.7
房地产业	2 808.0	14 346.2	3	6.3
租赁和商务服务业	18 360.5	62 923.6	19.9	27.6
科学研究和技术服务业	13 572.1	29 460.5	14.7	12.9
水利、环境和公共设施管理业	5 188.5	4 602.4	5.6	2
居民服务、修理和其他服务业	261.8	6 349.4	0.3	2.8
教育	131.7	2 593.5	0.1	1.1
卫生和社会工作	339.2	3 369.5	0.4	1.5
文化、体育和娱乐业	2 513.1	7 524.2	2.7	3.3

（三）全国规（限）上企业营收：2020年，全国三大类规（限）上企业营业收入，大型企业占36%，中型企业占28.7%，小型企业占34.3%

2020年和2021年，国家统计局在这两年的中国统计摘要中，公布了全国三类规模（限额）以上企业的总体数据。其中营业收入数据反映了这两年全国三类规模以上企业的情况（见表18）。

表18 2019—2020年按单位规模分组的各类企业营收增长数据比较

单位：亿元、%

行业	营业收入		增长率	营收占比	
	2019年	2020年		2019年	2020年
规上工业企业	1 057 825	1 061 434	0.3	100	100
大型企业	458 003	444 537	-2.9	43.3	41.9

续表

行业	营业收入 2019年	营业收入 2020年	增长率	营收占比 2019年	营收占比 2020年
中小微型企业	599 822	616 897	2.8	56.7	58.1
中型企业	239 072	242 372	1.4	22.6	22.8
小微型企业	360 750	374 525	3.8	34.1	35.3
限上批零住餐业	638 713	707 817	10.8	100	100
大型企业	195 275	194 370	−0.5	30.6	27.5
中小微型企业	443 439	513 447	15.8	69.4	72.5
中型企业	251 500	278 060	10.6	39.4	39.3
小微型企业	191 939	235 387	22.6	30.1	33.3
规上服务业企业	218 923	243 018	11	100	100
大型企业	74 999	85 648	14.2	34.3	35.2
中小微型企业	106 345	137 065	28.9	48.6	56.4
中型企业	45 949	56 675	23.3	21	23.3
小微型企业	60 395	80 390	33.1	27.6	33.1
各类企业总计	1 915 461	2 012 269	5.1	100	100
大型企业	728 277	724 555	−0.5	38	36
中型企业	536 521	577 107	7.6	28	28.7
小微型企业	613 084	690 302	12.6	32	34.3

注：数据源自 2020 年和 2021 年《中国统计摘要》。各类企业总计为自己加总计算，增长率与占比为本院计算

（四）全国国有控股企业营收情况

根据财政部公布数据，十年来全国（非金融类）国有及国有控股企业营业收入呈相对稳定并较高增速态势。营业收入十年年均增长 7.14%。其中，前五年年均增长 8.4%，后五年年均增长 6.8%；党的十八大以来 8 年年均增长 5.1%。

需要特别指出的是，2019 年和 2020 年全国非金融类国有控股企业的营业收入总额分别为 62.55 万亿元和 63.29 万亿元。而全国规模（限额）

以上企业（均为非金融类企业）的营业收入总额分别为191.55万亿元和201.23万亿元。前者相当于后者的32.7%和31.45%。这一数据反映，关于国有企业创造的GDP占全国GDP近1/3的推断，总体上是合理的、成立的。2021年，全国非金融类国有企业的营业收入达755 545亿元，公布增速为18.5%，绝对数计算增速为19.3%（见表19）。

表19 全国（非金融类）国有控股企业营业收入增长情况

单位：亿元、%

时间	营收	增长	时间	营收	增长
2010年	303 254	31.1	2016年	458 978	2.6
2011年	367 855	21.5	2017年	522 015	13.6
2012年	423 770	11.0	2018年	587 501	10.0
2013年	464 749	10.1	2019年	625 521	6.9
2014年	480 636	4.0	2020年	632 868	2.1
2015年	454 704	-5.4	2021年	755 545	19.3
2010—2015年年均		8.44	2015—2020年年均		6.83
2012—2020年年均		5.14	2010—2020年年均		7.14

注：数据来源于财政部的历年关于国有控股企业经济运行报告，年均增长率为本院按绝对数计算

六、企业利润结构变局

主要数据：2010年、2015年、2020年和2021年，工业利润中，国有控股企业占27.8%、17.2%、22.4%和26.1%；民营企业占43.9%、58.8%、48.7%和47.7%；外商及港澳台商控股企业占28.3%、24%、28.3%和26.2%。

2020年，全国国有控股企业的利润为34 223亿元，全国规模（限额）以上企业的利润为103 413亿元，国有控股企业利润相当于全国规模以上企业利润的33%。2021年，全国非金融类国有控股企业利润总额为45 165亿元，公布增速为30%。

（一）规模以上工业企业利润情况

2010—2020年十年间，按当年绝对数计算的全国规模以上工业利润年均增长2.6%，增速明显低于资产与营业收入的增长。十年的前五年，按绝对数计算，全国工业利润总增长了24.8%，后五年整体只增长了3.4%。这十年，国有工业利润基本没有增长，前五年总体下降了22%，后五年则上升了34%；民营企业利润年均增长3%，前五年总体增长60%左右，后五年则下降了近20%；外商及港澳台商控股工业企业利润年均增长2%，前五年总体基本没有增长，后五年总体增长近15%。2021年，各类型企业利润均大幅度增长，分别增长了56%、21%和30%（见表20）。

表20　国有、民营、外商及港澳台商控股工业企业利润数据

单位：亿元、%

	2010年	2015年	2020年	10年增长	年均增长	2021年
全国	53 050	66 187	68 465	29	2.6	87 092
国有控股	14 738	11 417	15 346	4.1	0.4	22 770
占比	27.8	17.2	22.4			26.1
私营企业	15 103	24 250	23 801	58	4.7	29 150
占比	28.5	36.6	34.8			33.5
外商及港澳台商控股	15 020	15 906	18 167	21.4	2.0	22 846
占比	28.3	24	26.5			26.2
全部民营	23 292	38 864	31 421	34.9	3.0	41 452
占比	43.9	58.8	45.9			47.7

注：数据源自历年《中国统计年鉴》工业数据部分，增长率为本院计算。本节以下各表相同

（二）全国规模（限额）以上企业利润情况

2020年，全国规模（限额）以上各类企业的利润总额为10.34万亿元，其中大型企业占46.7%，中型企业占26%，小型企业占27.5%（见表21）。

表 21 按单位规模分组的各类企业利润总额数据比较

单位：亿元、%

行业	企业利润总额 2019年	企业利润总额 2020年	增长率	占比 2019年	占比 2020年
规上工业企业	61 996	64 516	4.1	100	100
大型企业	28 606	27 951	−2.3	46.1	43.3
中小微型企业	33 389	36 565	9.5	53.9	56.7
中型企业	15 137	16 947	12	24.4	26.3
小微型企业	18 252	19 619	7.5	29.4	30.4
限上批零住餐业	13 156	13 408	1.9	100	100
大型企业	7 508	7 448	−0.8	57.1	55.5
中小微型企业	5 648	5 960	5.5	42.9	44.5
中型企业	3 433	3 677	7.1	26.1	27.4
小微型企业	2 215	2 283	3.1	16.8	17
规上服务业企业	26 196	25 489	−2.7	100	100
大型企业	11 378	12 939	13.7	43.4	50.8
中小微型企业	13 203	12 760	−3.4	50.4	50.1
中型企业	5 556	6 259	12.7	21.2	24.6
小微型企业	7 647	6 501	−15	29.2	25.5
各类企业总计	101 348	103 413	2	100	100
大型企业	47 492	48 338	1.8	46.9	46.7
中型企业	24 126	26 883	11.4	23.8	26
小微型企业	28 114	28 403	1	27.7	27.5

注：数据源于中国统计摘要，占比为本院计算

（三）全国国有企业利润情况

这十年，全国（非金融类）国有及国有控股企业利润增长波动较大，总体呈增速上升趋势。其中，前五年年均增长3%，后五年年均增长8.25%；党的十八大以来8年年均增长5.7%，10年年均增长5.59%（见表22）。

表 22　全国（非金融类）国有控股企业利润增长情况

单位：亿元、%

时间	利润	增长	时间	利润	增长
2010年	19 871	37.9	2016年	23 158	1.7
2011年	22 557	12.8	2017年	28 986	23.5
2012年	21 960	−5.8	2018年	33 878	12.9
2013年	24 051	5.9	2019年	35 961	4.7
2014年	24 765	3.4	2020年	34 223	−4.5
2015年	23 028	−6.7	2021年	45 165	32.0
2010—2015年年均		3.0	2015—2020年年均		8.25
2012—2020年年均		5.7	2010—2020年年均		5.59

注：数据来自于财政部的历年关于国有控股企业经济运行报告，年均增长率为本院按绝对数计算

2019年和2020年，全国国有控股企业的利润为35 961亿元和34 223亿元，同期，全国规模（限额）以上企业的利润为101 348亿元和103 413亿元，国有企业利润相当于全国规模以上企业利润的35.5%和33%。2021年利润总额大幅度增长至45 165亿元，公布增速达30%，计算增速达32%。

七、企业税收结构变局

主要数据：2012年、2015年和2020年，国有企业税收占30.7%、31.7%和24.3%；民营企业占49.7%、50.0%和59.7%；外商及港澳台商控制企业占19.6%、18.2%和16.0%。

税收是国家财力和整体实力的主要体现，是国家机器运行的保障，是平衡城乡、地区和人群收入差距、实现共同富裕的基础。十年来，全国税收总额增长了80%，年均增长6.1%；其中国有控股企业年均增长4%，2020年占比为24.3%，十年占比下降近6个百分点；涉外企业年均增长3%，2020年占比为16%，十年占比下降5个多百分点；民营企业

年均增长6.8%，2020年占比为近60%，十年占比提高近10个百分点（见表23）。民营企业已经成为国家收入的最大主体。特别值得关注的是，"十三五"期间五年中，除2016年之外，2017年以来全国国有控股企业税收总额连续4年下降，占比已经降至只占全国的1/4左右，2021年才恢复上涨。

表23 2010—2021年国有、民营和外商及港澳台商控股企业税收数据

单位：亿元、%

	2010年	2012年	2015年	2020年	2021年8月	10年增长	10年年均增长
全国	77 395	110 740.0	136 021.5	165 999.7	139 352	80.0	6.1
国有控股	*24 000*	33 996.5	43 185.5	40 327.5	35 394	47.5	4.0
占比	*31.0*	30.7	31.7	24.3	25.4		
私营企业	8 237	10 807.8	13 012.2	29 133.2	25 449	209.0	12.0
占比	10.6	9.8	9.6	17.6	18.3		
涉外企业	16 390	21 753.3	24 763.0	26 625.6	22 115	35.0	3.0
占比	21.2	19.6	18.2	16.0	15.9		
全部民营	*37 000*	54 990.3	68 073.0	99 046.7	71 655	93.7	6.8
占比	*48.0*	49.7	50.0	59.7	51.4		

注：1. 税收数据源自税务总局历年税收月度快报，国有控股企业税收总额2012年开始公布；2. 2010年国有控股与全部民营企业税收总额及占比为推算估计数（斜体字）；3. 私营企业而非全部私营控股企业；4. 民营企业是指除国有控股和涉外企业之外的其他所有企业

八、企业外贸结构变局

主要数据：2010年、2015年、2020年和2021年，全国进出口总额，国有企业占20.9%、16.4%、14.3%和15.2%；民营企业占25.2%、37.2%、47.0%和48.9%；外资企业占53.8%、46.4%、38.7%和35.9%。2020年和2021年，民营企业占全国出口的56.0%和57.7%，占全国顺差的134.4%和136.5%。

十年来，中国外资进出口总额仍呈较快增长趋势，十年总体增长56.2%，年均增长4.6%。其中，国有企业年均增长0.7%，占全国的比重由2010年的20.9%下降为2020年的14.3%，2021年占15.2%；民营企业年均增长11.3%，呈高速增长态势，占比由2010年的25.2%提升为2020年的47.0%，2021年占48.9%；外商和港澳台商控股企业年均增长1.2%，占比由2010年的53.8%下降为2020年的38.7%，2021年占35.9%（见表24）。

由此可见，十年来，总体看，中国外贸经济的增长主要依靠的是民营企业，中国外资的最大主力军已由外资企业转变为民营企业。

表24　2010—2021年国有、民营和外资企业进出口数据

单位：亿美元、%

	2010年	2015年	2020年	10年增长	年均增长	2021年
全国进出口总额	29 740	39 530	46 463	56.2	4.6	60 515
国有控股	6 219	6 502	6 657	7.0	0.70	9 190
占比	20.9	16.4	14.3			15.2
私营控股		13 854	20 992			28 650
占比		35.0	45.2			47.3
外商和港澳台商控股	16 003	18 346	17 976	12.3	1.20	21 717
占比	53.8	46.4	38.7			35.9
全部民营	7 506	14 720.6	21 830	190.8	11.30	29 608
占比	25.2	37.2	47.0			48.9

注：数据来源于历年海关统计公报。增长和占比为本院计算。以下外贸数据表相同

外贸出口更加体现了民营企业已经成为绝对主力。民营企业出口年均增长11.7%，出口占比从2010年的30.5%，上升为2020年的56.0%，2021年上升为57.7%（见表25）。

表25 2010—2021年国有、民营和外资企业出口数据

单位：亿美元、%

	2010年	2015年	2020年	10年增长	年均增长	2021年
全国出口总额	15 779	22 750	25 906	64.2	5.	33 640
国有控股	2 344	2 424	2 075	−11.5	−1.2	2 689
占比	14.9	10.7	8.0			8.0
私营控股		9 738	14 009			18 852
占比		42.8	54.1			56.0
外商和港澳台商控股	8 623	10 047	9 323	8.1	0.8	11 530
占比	54.6	44.2	36.0			34.3
全部民营	4 813	10 278	14 509	201.5	11.7	19 421
占比	30.5	45.2	56.0			57.7

贸易顺差是国家外汇储备的主要来源。贸易顺差数据更加呈现出民营企业的巨大贡献。十年来，中国的外资顺差年均增长11.3%，其中国有企业外贸基本是年年逆差，外资企业顺差呈下降趋势，民营企业顺差年均增长13.0%，总体顺差已占全国顺差总额的134.4%，2021年占136.5%（见表26）。

表26 2010—2021年国有、民营和外资企业顺差数据

单位：亿美元

	2010年	2015年	2020年	10年增长	年均增长	2021年
全国顺差	1 831	5 930	5 350	192.2	11.3	6 764
国有控股	−1 532	−1 654	−2 507			−3 811
占比	−83.7	−27.9	−46.9			−56.3
私营控股		5 622	7 026			9 054
占比		94.8	131.3			134.0
外商和港澳台商控股	1 243	1 748	670	−46.1	−6.0	1 343
占比	67.9	29.5	12.5			19.9
全部民营	2 120	5 836	7 188	239.1	13.0	9 232
占比	115.8	98.4	134.4			136.5

九、企业创新结构变局

主要数据： 2020年企业研发投入，国有企业占20%左右，民营企业占60%左右，外商及港澳台商投资企业占20%左右；新产品销售收入，国有企业占15%左右，民营企业占65%左右，外商及港澳台商控股企业占20%左右；发明专利申请数量，国有企业占20%以上，民营企业占50%以上，外商及港澳台商投资企业占20%多。

技术创新是生产力提高的根本源泉，是经济质量的主要体现。衡量一个国家技术创新的发展状况，主要看研发投入、专利尤其是发明专利申请、新产品收入等。十年来，在科技创新战略的指导下，中国在技术创新方面取得了令世界瞩目的伟大成就，正在或已经成为技术创新大国。

十年来，国有企业、民营企业和外商及港澳台商投资企业都在技术创新上投入了巨额资金，研发投入占企业销售收入的比重不断提高，专利和发明专利的数量大幅度增长。尤其是民营企业，十年在技术创新上发展最为迅速，在国家的技术创新上扮演着日益重要和突出的角色。国有企业则在重大装备和高技术领域一直扮演着领头和骨干作用。外商及港澳台商投资企业利用其技术优势，在众多高新技术领域扮演着领头羊的角色。

在研发投入方面，十年来，规模以上工业企业的研发投入年均增长14%以上。其中，国有控股企业研发投入年均增长在10%以上（表27至表30中的国有企业是未进行公司制改革的小概念国有企业，并未包含有限公司和股份公司中大约有1/3左右的国有控股公司），2020年研发投入大约占全国的20%；外商及港澳台商投资企业年均增长也在10%以上，研发投入大约占全国的20%。私营工业企业研发投入年均增长约30%，约占全国研发投入的37%，加上其他私营企业（有限公司和股份公司中大约2/3是私营控股公司，1/3是国有控股公司），全部民营企业的研发投入已经占全国的60%左右（见表27）。

表27 规模以上工业企业研发投入数据

单位：亿元、%

	2010年	2015年	2020年	10年增长	年均增长
全国	4 015.4	10 013.9	15 271.3	280.32	14.29
国有企业	392.3	322.4	157.3	-59.9	-8.73
占比	9.77	3.22	1.03		
有限公司	1 353.4	3 388.9	4 262.5	214.95	12.16
占比	33.71	33.84	27.91		
股份公司	727	1 534.7	2 169.3	198.39	11.55
占比	18.11	15.33	14.21		
私营企业	412.5	2 363.6	5647	1 268.97	29.91
占比	10.27	23.6	36.98		
港澳台商投资企业	357.5	947.7	1 256.2	251.38	13.39
占比	8.9	9.46	8.23		
外商投资企业	690.8	1 353.9	1 742.4	152.23	9.69
占比	17.2	13.52	11.41		

在企业新产品销售方面，十年来，规模以上工业企业新产品销售收入年均增长15%以上，明显高于一般销售收入的增长率。其中，国有控股企业新产品销售收入年均增长-6.5%，外商及港澳台商投资企业增速在10%以上。私营企业则年均增长近30%，全部民营企业增速在25%左右，收入占比近60%。若加上规模以下工业企业（几乎全部是民营企业）的新产品销售收入，民营企业占全国（规上与规下）工业企业的70%以上（见表28）。

表28 规模以上工业企业新产品销售收入数据

单位：亿元、%

	2010年	2015年	2020年	10年增长	年均增长
全国	4 420.7	10 270.8	18 623.8	321.29	15.47
国有企业	362	303.4	184.9	-48.92	-6.50

续表

	2010年	2015年	2020年	10年增长	年均增长
占比	8.19	2.95	0.99		
有限公司	1 292.1	3 323.1	5 153.4	298.84	14.84
占比	29.23	32.35	27.67		
股份公司	877.1	1 602.3	2 524.5	187.82	11.15
占比	19.84	15.60	13.56		
私营企业	513.4	2 442.7	6 921.3	1 248.13	29.71
占比	11.61	23.78	37.16		
港澳台商投资企业	459.8	993.6	1 557.6	238.76	12.98
占比	10.40	9.67	8.36		
外商投资企业	849.3	1 507.6	2 245.8	164.43	10.21
占比	19.21	14.68	12.06		

在企业专利，特别是发明专利方面，十年来，规模以上工业企业各类专利和发明专利出现爆炸式的增长，专利和发明专利年均增长都在20%左右。其中，国有控股企业发明专利年均增长在15%左右，外商及港澳台商企业增速在10%左右；私营企业则年均增长近34%，远高于其他类型企业，全部民营企业增速在25%左右，占比超过70%（见表29、表30）。

表29 规模以上工业企业专利申请数据

单位：万件、%

	2010年	2015年	2020年	10年增长	年均增长
全国	19.89	63.85	124.39	525.43	20.12
国有企业	1.47	2.36	2.32	57.38	4.64
占比	7.41	3.70	1.86	−5.54	/
有限公司	4.51	16.79	29.11	545.53	20.50
占比	22.67	26.30	23.40	0.73	/
股份公司	4.00	10.56	16.29	307.24	15.08

续表

	2010年	2015年	2020年	10年增长	年均增长
占比	20.12	16.54	13.10	−7.02	/
私营企业	3.80	21.55	60.34	1 489.73	31.87
占比	19.08	33.74	48.51	29.42	/
港澳台商企业	2.42	5.74	7.31	201.83	11.68
占比	12.17	9.00	5.88	−6.30	/
外商企业	3.42	6.29	8.81	157.65	9.93
占比	17.19	9.86	7.08	−10.11	/

表30 规模以上工业企业发明专利申请数据

单位：万件、%

	2010 年	2015 年	2020 年	10 年增长	年均增长
全国	7.25	24.57	44.61	515.07	19.92
国有企业	0.53	1.10	1.39	164.17	10.20
占比	7.28	4.47	3.13		
有限公司	1.70	7.19	13.65	702.94	23.16
占比	23.44	29.27	30.60		
股份公司	1.79	4.56	7.83	337.24	15.90
占比	24.70	18.55	17.56		
私营企业	0.87	6.71	15.99	1746.81	33.86
占比	11.94	27.32	35.85		
港澳台商企业	0.72	2.15	2.42	233.78	12.81
占比	9.99	8.75	5.42		
外商企业	1.54	2.59	3.26	111.84	7.80
占比	21.19	10.55	7.30		

十、企业上市结构变局

主要数据：2020 年，全国上市公司 4 161 家，国有企业占 29.39%，民营企业为 60.08%。非金融类上市公司，资产总额 75.75 万亿元，国有企业占 61.4%，民营企业占 26.4%；营业收入总额 43.54 万亿元，国有企业占 63.8%，民营企业占 25.2%；净利润总额 2.154 万亿元，国有企业占 57.7%，民营企业占 31%（见表 31 至表 35）。

中国沪深证券市场的四千多家上市公司，大都是中国企业中比较优秀的企业，是中国企业的核心主力。其总市值已经近 90 万亿元，相当于 GDP 总额的 90%。十年来，上市公司数量增长了一倍以上，年均增长 7.7%。其中，非金融类上市公司资产总额增长了 3 倍多，年均增长 15.6%；营业收入增长了 1.8 倍，年均增长 10.9%；净利润增长了 1.3 倍，年均增长 8.68%。三项指标增速高于全国规上企业平均水平（见表 31 至表 35）。

上市公司中，国有企业一直是主力，同时，民营企业各项指标增速最快。十年来，全部非金融类上市公司，资产总额年均增长 15.6%，其中国有企业为 12.6%，民营企业为 25%；营收总额年均增长 16.80%，国有企业为 8.31%，民营企业为 18.67%；净利润年均增长 8.68%，国有企业为 5.27%，民营企业为 18.77%。各项指标，民营企业增速是国有企业的 2 倍至 3 倍（见表 33 至表 35）。

表 31　全国各类上市公司数量变化情况

单位：家、%

	2010年	2015年	2020年	2021年9月	10年增长	年均增长
全部	1 974	2 751	4 161	4 559	110.79	7.74
公众企业	142	183	234	243	64.79	5.12
占比	7.19	6.65	5.62	5.33		
国有企业	938	1 075	1 223	1 266	30.38	2.69
占比	47.52	39.08	29.39	27.77		
集体企业	14	18	23	24	64.29	5.09
占比	0.71	0.65	0.55	0.53		
民营企业	810	1 373	2 500	2 832	208.64	11.93

续表

	2010年	2015年	2020年	2021年9月	10年增长	年均增长
占比	41.03	49.91	60.08	62.12		
外资企业	48	73	145	157	202.08	11.69
占比	2.43	2.65	3.48	3.44		
其他企业	22	29	36	37	63.64	5.05
占比	1.11	1.05	0.87	0.81		

注：数据来源于wind，占比为本院计算。以下上市公司数据同

表32 全国各类上市公司数量变化情况（非金融类）

单位：家、%

	2010年	2015年	2020年	2021年9月	10年增长	年均增长
全部	1 909	2 673	4 040	4 433	111.63	7.78
公众企业	131	172	212	219	61.83	4.93
占比	6.86	6.43	5.25	4.94	—	—
国有企业	901	1 029	1 149	1 189	27.52	2.46
占比	47.20	38.50	28.44	26.82	—	—
集体企业	13	17	22	23	69.23	5.40
占比	0.68	0.64	0.54	0.52	—	—
民营企业	795	1 354	2 478	2 810	211.70	12.04
占比	41.64	50.65	61.34	63.39		
外资企业	47	72	144	156	206.38	11.85
占比	2.46	2.69	3.56	3.52		
其他企业	22	29	35	36	59.09	4.75
占比	1.15	1.08	0.87	0.81		

表33 各类上市公司资产总额变化情况（非金融类）

单位：万亿元、%

	2010年	2015年	2020年	2021年9月	10年增长	年均增长
全部	17.76	38.59	75.75	84.21	326.52	15.61
公众企业	1.03	2.86	7.03	7.06	582.52	21.17

续表

	2010 年	2015 年	2020 年	2021 年 9 月	10 年增长	年均增长
占比	5.80	7.41	9.28	8.38	—	—
国有企业	14.26	27.47	46.54	52.17	226.37	12.56
占比	80.29	71.18	61.44	61.95	—	—
集体企业	0.09	0.2	0.42	0.43	366.67	16.65
占比	0.51	0.52	0.55	0.51	—	—
民营企业	2.13	7.28	20	22.76	838.97	25.10
占比	11.99	18.86	26.40	27.03	—	—
外资企业	0.18	0.51	1.12	1.25	522.22	20.06
占比	1.01	1.32	1.48	1.48	—	—
其他企业	0.07	0.27	0.64	0.54	814.29	24.77
占比	0.39	0.70	0.84	0.64	—	—

表 34　各类上市公司营收总额变化情况（非金融类）

单位：亿元、%

	2010 年	2015 年	2020 年	2021 年 9 月	10 年增长	年均增长
全部	155 046.82	233 530.86	435 352.20	392 232.73	180.79	10.88
公众企业	7 178.99	14 973.02	33 925.02	27 611.86	372.56	16.80
占比	4.63	6.41	7.79	7.04	—	—
国有企业	125 026.78	172 879.67	277 844.29	254 329.63	122.23	8.31
占比	80.64	74.03	63.82	64.84	—	—
集体企业	1 004.22	1 460.85	3 411.20	2 900.41	239.69	13.01
占比	0.65	0.63	0.78	0.74	—	—
民营企业	19 807.11	40 974.20	109 678.76	99 751.64	453.73	18.67
占比	12.77	17.55	25.19	25.43	—	—
外资企业	1 631.01	2 594.44	5 913.23	5 019.50	262.55	13.75
占比	1.05	1.11	1.36	1.28	—	—
其他企业	398.71	648.69	4 579.69	2 619.69	1048.63	27.65
占比	0.26	0.28	1.05	0.67	—	—

表 35 上市公司净利润总额变化情况（非金融类）

单位：亿元、%

	2010年	2015年	2020年	2021年9月	10年增长	年均增长
全部	9 370.28	10 453.36	21 544.41	25 446.46	129.92	8.68
公众企业	523.17	942.33	2 007.13	1 687.65	283.65	14.39
占比	5.58	9.01	9.32	6.63	—	—
国有企业	7 442.60	6 346.06	12 434.28	15 254.69	67.07	5.27
占比	79.43	60.71	57.71	59.95	—	—
集体企业	69.97	98.12	185.11	116.23	164.56	10.22
占比	0.75	0.94	0.86	0.46	—	—
民营企业	1 195.47	2 769.84	6 675.82	7 769.08	458.43	18.77
占比	12.76	26.50	30.99	30.53	—	—
外资企业	107.88	238.84	572.74	578.42	430.90	18.17
占比	1.15	2.28	2.66	2.27	—	—
其他企业	31.2	58.18	-330.68	40.39	-1 159.87	—
占比	0.33	0.56	-1.53	0.16	—	—

十一、企业 500 强结构变局

主要数据：民营企业 500 强与全国企业 500 强比较，2010 年、2015 年和 2020 年，民营企业 500 强资产相当于全国企业 500 强资产的比例为 5.4%、7.75% 和 14.46%；民营企业 500 强营收相当于全国企业 500 强营收的比例为 19.24%、27.17% 和 39.1%；民营企业 500 强净利润相当于全国企业 500 强净利润的比例为 18.8%、25.5% 和 48.4%。

500 强企业的实力是国家企业实力的一个集中表现。中国的民营企业 500 强和全国企业 500 强十年来发展都十分迅速，民营企业 500 强发展速度更快，民营企业在全国企业 500 强和世界企业 500 强中的数量与地位也快速提高。十年来，民营企业 500 强和全国企业 500 强的资产年均增长率分别为 24% 和 25.2%；营业收入增长率分别为 17.5% 和 9.5%；净利润的增长率分别为17.5%和6.9%。十年数据反映,在资产增长率基本相同的情况下,民营企业500强的营业收入和净利润增长远高于全国企业500强。由于全国企业500强由民营企业和国有企业组成,这些数据还反映,全国企业500强中的民营企业营收和净利润的增长率更是明显高于国有企业(见表36)。

十年来,全国企业进入世界500强的数量日益增多,中国企业在世界500强中的地位与作用快速增强。2010年,全国企业有69家进入世界500强行列,其中大陆国有企业59家,民营企业2家;2020年,全国企业有143家进入世界500强,已经超过美国的企业家数,其中大陆国有企业95家,民营企业34家。

表36 民营企业500强和全国企业500强数据比较

单位:亿元、家、%

	2010年	2015年	2020年	10年增长	年均增长
民营企业进入全国500强家数		205	249		
全国企业500强资产	363 156	1 081 009	3 435 837	846.1	25.2
民营企业500强资产	58 824.8	173 004.9	507 291.6	762.4	24.0
民营企业/全国企业	5.4	7.75	14.46	173.4	—
全国企业500强营收	363 156	594 623	898 310	147.4	9.5
民营企业500强营收	69 884	161 568.6	351 163.2	402.5	17.5
民营企业/全国企业	19.24	27.17	39.09		
全国企业500强净利润	20 835	27 402	40 713	95.4	6.9
民营企业500强净利润	3 911	6 977	19 697.4	403.6	17.5
民营企业/全国企业	18.8	25.5	48.38		
全国企业500强税收	27 281	40 421	—	—	—
民营企业500强税收	2 739	6 420.58	13 642.1	398.1%	17.4%
民营企业/全国企业	10.0	15.9	—		
全国进入世界500强家数	69	110	143	74	
国企进入世界500强家数	59	90	95	36	
民企进入世界500强家数	2	10	34	32	

注:数据源自有关部门和机构相关报告,增长为本院计算

十二、企业效率效益变局

主要数据：十年来，各类工业企业的效率效益有升有降，内在质量有进有退。企业劳动生产率均在不断提高，国有企业明显高于民营企业与外资企业；资产营收效率和资产利润率均在逐步下降，国有企业明显低于民营企业和外资企业；营收利润率相对稳定，三类企业相差不大；亏损面都在扩大，国有企业亏损面明显大于民营企业与外资企业。2021年三类企业各项效益指标均有所提高。

1. 企业劳动生产率（营收/人）。2010年、2015年和2020年，规模以上国有控股工业企业为105.8万元、135.9万元和215.6万元，总体较高，并不断走高；私营工业企业为62.8万元、111.5万元和120.8万元，总体不断走高；外商及港澳台商投资企业为71.3万元、104.3万元和148.1万元，不断走高。2021年，三类企业分别为264.0万元、142.2万元和175.3万元，均进一步提高（见表37）。

表37　各类工业企业劳动生产率

单位：万元/人

年份	全国工业	国有控股工业	私营工业	外商及港澳台商投资企业
2010	73.1	105.8	62.8	71.3
2015	113.5	135.9	111.5	104.3
2020	145.0	215.6	120.8	148.1
2021	172.0	264.0	142.2	175.3

说明：人均主营业务收入根据统计局公布的营业收入总额及平均用工人数的绝对数计算得出

2. 企业收入利润率（利润/营收）。2010年、2015年、2020年，规模以上国有控股工业企业为7.6%、4.7%和5.4%，走低后回升；私营企业为7.3%、6.3%和5.3%，不断走低；外商及港澳台商投资企业为8.0%、6.5%和7.5%，走低后回升。2021年，三类企业分别为6.92%、5.73%和

7.93%，均有提高（见表38）。

表38 各类工业企业收入利润率

单位：%

年份	全国工业	国有控股工业	私营工业	外商及港澳台商投资企业
2010	7.6	7.6	7.3	8.0
2015	6.0	4.7	6.3	6.5
2020	6.1	5.4	5.3	7.5
2021	6.8	6.92	5.73	7.93

注：本节各项表格均为根据国家统计局工业统计数据的绝对数经本院计算得出

3. 企业资产利润率（利润/资产）。2010年、2015年和2020年，规模以上国有控股工业企业为5.9%、2.9%和3.1%，总体较低；私营工业企业为12.9%、10.6%和7.0%，总体较高，但也在走低；外商及港澳台商投资企业为10.1%、7.9%和7.3%，总体不低，但也在走低。2021年，三类企业均有所提高（见表39）。

表39 各类工业企业资产利润率

单位：%

年份	全国工业	国有控股工业	私营工业	外商及港澳台商投资企业
2010	8.9	5.9	12.9	10.1
2015	6.5	2.9	10.6	7.9
2020	5.3	3.1	7.0	7.3
2021	6.2	4.4	7.1	7.9

注：根据国家统计局相关数据计算

4. 企业资产营收率（营收/资产）。2010年、2015年和2020年，规模以上三类工业企业均在不断走低。国有企业为78.4%、60.8%和59.4%；私营企业为177.8%、168.7%和130.0%；外商及港澳台商投资企业为127.0%、122.1%和102.1%。2021年，国有企业有所提高，私营与外商及港澳台商投资企业则有所下降（见表40）。

表40 各类工业企业资产营收率

单位：%

年份	全国工业	国有控股工业	私营工业	外商及港澳台商投资企业
2010	117.7	78.4	177.8	127.0
2015	108.4	60.8	168.7	122.1
2020	87.8	59.4	130.0	102.1
2021	90.5	63.5	124.5	92.2

说明：每百元资产实现的收入，根据统计局公布的资产总额和营收总额绝对数计算得出，2020年数据为统计局网站公布数据

5. 企业亏损面（亏损企业占比）。 2010年、2015年和2020年，规模以上三类工业企业均在扩大；国有企业为21.4%、28.9%、22.9%；民营企业为6.9%、9.1%、15.3%；外商及港澳台商投资企业为17.8%、20.8%、23.2%。2021年三类企业亏损面均有所减小（见表41）。

表41 各类工业企业亏损面

单位：%

年份	全国工业	国有控股工业	私营工业	外商及港澳台商投资企业
2010	10.0	21.4	6.9	17.8
2015	12.6	28.9	9.1	20.8
2020	17.3	22.9	15.3	23.2
2021	16.5	22.8	14.6	21.6

注：根据统计局网站相关数据计算

6. 各类型企业效率效益比较。 表42是2018年各类型企业效率效益指标比较。可以看到，各个类别的民营企业，其多数效率效益指标均高于国有企业。

表42　2018年各类型企业在各领域效率效益比较

单位：%

	资产营收率	资产利润率	营收利润率	资产税率	营收税率
全国非金融类国有企业	32.9	1.9	5.8	2.6	7.8
全国上市公司	19.4	1.6（净）	8.4（净）		
非金融类上市公司	67.2	3.5（净）	5.2（净）		
非金融类国有企业	66.9	3.5（净）	5.3（净）		
非金融类民营企业	65.3	3.3（净）	5.1（净）		
非金融类外资	61.5	6.3（净）	10.3（净）		
中国500强	25.9	1.2（净）	4.5（净）	1.2	4.6
国有企业	21.2	0.9（净）	4.4（净）	1.1	5.2
民营企业	58.6	2.7（净）	4.5（净）	1.8	3.1
民营企业500强	86.8	4.02（净）	4.62（净）		
世界500强中国有企业			4.7		
世界500强中民营企业			7.1		

注：（净）为净利润；根据相关部门机构公布的相关绝对数计算

结语　展望未来十年

简要预判： 未来十年，中国经济仍可能保持5%~6%的中等增长速度，2030年GDP总额可能达到160万亿~180万亿元，届时经济总量可能接近、比肩甚或超过美国经济总量。未来十年，国有经济、民营经济和外资经济将保持中等速度发展；其中，国有经济增长速度总体可能略低过去十年，但其占全国GDP的比重会有所提高；民营经济增长速度可能低于过去十年，但增速仍可能略高于全国经济，其占全国GDP的比重仍会有所提高；外资经济增长可能明显低于过去十年，占全国GDP的比重会进一步下降。

未来十年，如果世界的经济政治局势不出现长期大动荡，特别是中美政治经济关系不继续恶化，经过"十四五"和"十五五"两个五年规划执行，到2030年，中国经济可能仍将保持年均5%左右的增长。届时，中国经济可能超过160万亿元，可能与美国经济总量的差距再缩小20个以上百分点，更加接近甚至超过美国经济总量。如果世界经济政治局势明显转好，特别是中美政治经济关系日益改善，则中国经济可能保持年均6%左右的增长，届时中国经济总量可能达到180万亿元，比肩美国经济总量，甚至可能超过美国成为世界第一大经济体。这将是一个世界经济格局新的重大变化。

未来十年，随着国家对国有经济的政策支持力度的进一步加大，随着国家监管机制和国有企业运行机制的进一步改进，国有经济将继续以相对较快的速度发展。其资产实力将在已经大幅度提升的基础之上进一步壮大，可能从现在占全国企业资产的60%以上提升为近70%；国有控股企业营业收入从现在相当于全国规模（限额）以上企业营业收入的约1/3，提升为35%左右。届时，国有经济创造的GDP可能由目前的30%左右，提升到1/3强；国有企业的利润及税收贡献的占比也将随之有相应程度的上升。从效率效益看，劳动生产率将进一步提升，营收利润率将基本稳定，但资产营收率和资产利润率将继续下降，仍将大幅度低于民营和外资企业。

未来十年，随着国家对民营经济发展的政策调整与优化，民营经济仍将以略高于全国经济的速度得以发展，但比过去十年的增速将明显下降。民营经济占全国经济的比重，可能由目前的60%强，提升为65%左右。从效率效益看，各类规上民营企业的劳动生产率将不断提高，营收利润率可能基本稳定，资产营收率和资产利润率仍将有所下降。

未来十年，随着对外开放的扩大、政策的延续优化，外资经济仍将保持一定的增长速度，总体规模将进一步增长。但随着外资净流入的减少，外资整体的增速将比过去十年还要降低，继续低于全国经济增长，占全国经济的比重可能降为10%以下。从效率效益看，劳动生产率也将不断提高，其他各项指标可能基本稳定，总体好于国有控股企业与规模以上民营企业。

第一章　民企政策环境

——措施力度加大，落实尚需加力

2021年国家继续出台深化改革、促进发展、加强监管的政策措施，许多与民营经济发展直接相关。其中最受关注的是《中华人民共和国国民经济和社会发展第十四个五年规划和2035年远景目标纲要》以及《中共中央关于党的百年奋斗重大成就和历史经验的决议》（见表1至表6），后者重申了近年来对民营经济的定位，即"两个毫不动摇"和"两个健康"。2021年4月26日，在广西考察调研的习近平总书记指出："我们鼓励民营企业发展，党和国家在民营企业遇到困难的时候给予支持、遇到困惑的时候给予指导，就是希望民营企业放心大胆发展。"

一、法律法规

2021年国家通过一系列法律法规。全国人大及其常委会全年共制定法律17件，修改法律26件，现行有效法律从2020年年底的274件增至2021年年底的291件，许多与民营经济密切相关。

《中华人民共和国印花税法》取代《中华人民共和国印花税暂行条例》，部分税率有所降低，现行18个税种中已有12个税种制定了法律，税收法定加快落实；涉及数据与个人信息的《中华人民共和国数据安全法》《中华人民共和国个人信息保护法》将规范企业等主体处理数据和个人信息的行为；《中华人民共和国海南自由贸易港法》进一步彰显了我国扩大对外开放、推动经济全球化的决心；《中华人民共和国市场主体登记管理条例》整合现行关于市场主体登记管理的行政法规,对各类市场主体登记管理做出统一规定,进一步优化了登记流程,压缩了登记环节,提升了登记便利化程度,降低了制度性成本,减轻了企业负担(见表1)。

表1 2021年通过的与民营经济相关的法律、法规与条例

时间	政策	相关内容
2021年2月	修订《中华人民共和国行政处罚法》	国务院部门和省、自治区、直辖市人民政府及其有关部门应当定期组织评估行政处罚的实施情况和必要性,对不适当的行政处罚事项,应当提出修改或者废止的建议
2021年4月	《中华人民共和国民办教育促进法实施条例》	实施义务教育的公办学校不得举办或参与举办民办学校,也不得转为民办学校。其他公办学校不得举办或者参与举办营利性民办学校。实施职业教育的公办学校可以吸引企业的资本、技术、管理等要素,举办或者参与举办实施职业教育的营利性民办学校
2021年4月	《中华人民共和国乡村振兴促进法》	引导新型经营主体通过特色化、专业化经营,合理配置生产要素,促进乡村产业深度融合
2021年6月	《中华人民共和国印花税法》	部分税率有所降低
2021年6月	《中华人民共和国数据安全法》	国家保护个人、组织与数据有关的权益,鼓励数据依法合理有效利用,保障数据依法有序自由流动,促进以数据为关键要素的数字经济发展
2021年6月	《中华人民共和国海南自由贸易港法》	海南自由贸易港全面放开投资准入。海南自由贸易港的各类市场主体,在准入许可、经营运营、要素获取、标准制定、优惠政策等方面依法享受平等待遇
2021年6月	修改《中华人民共和国安全生产法》	平台经济等新兴行业、领域的生产经营单位应当根据本行业、领域的特点,建立健全并落实全员安全生产责任制,加强从业人员安全生产教育和培训,履行本法和其他法律、法规规定的有关安全生产义务
2021年7月	《中华人民共和国市场主体登记管理条例》	对各类市场主体登记管理做出统一规定
2021年7月	《中华人民共和国土地管理法实施条例》	明确集体经营性建设用地入市交易规则,优化建设用地审批流程
2021年8月	《中华人民共和国个人信息保护法》	个人信息处理者利用个人信息进行自动化决策,应当保证决策的透明度和结果公平、公正,不得对个人在交易价格等交易条件上实行不合理的差别待遇

二、重要会议

2021年，中央全面深化改革委员会先后召开了六次会议，审议通过了一系列政策文件。此外，中央财经委员会年内召开了两次会议，中共中央政治局召开了十次会议。年末召开的中央经济工作会议要求"营造各类所有制企业竞相发展的良好环境"，并重申正确认识和把握实现共同富裕的战略目标和实践途径（见表2、表3）。

表2　2021年中央全面深化改革委员会历次会议与民营经济相关的内容

时间	会议	相关内容
2021年2月19日	第十八次会议	强调"要围绕实行高水平对外开放深化改革，深化商品、服务、资金、人才等要素流动型开放，稳步推进规则、规制、管理、标准等制度建设，完善市场准入和监管、产权保护、信用体系等方面的法律制度，加快营造市场化、法治化、国际化的营商环境，推动建设更高水平开放型经济新体制。"
2021年7月9日	第二十次会议	审议通过了《关于推进自由贸易试验区贸易投资便利化改革创新的若干措施》
2021年8月30日	第二十一次会议	审议通过了《关于强化反垄断深入推进公平竞争政策实施的意见》。强调"要坚持两个毫不动摇，推动形成大中小企业良性互动、协同发展良好格局。要坚定不移推进高水平对外开放，保护产权和知识产权，增强政策透明度和可预期性。"
2021年11月24日	第二十二次会议	审议通过了《科技体制改革三年攻坚方案（2021—2023年）》《关于加快建设全国统一电力市场体系的指导意见》
2021年12月17日	第二十三次会议	审议通过了《关于加快建设全国统一大市场的意见》《关于进一步提高政府监管效能推动高质量发展的指导意见》。强调"发展社会主义市场经济是我们党的一个伟大创造，关键是处理好政府和市场的关系，使市场在资源配置中起决定性作用，更好发挥政府作用。构建新发展格局，迫切需要加快建设高效规范、公平竞争、充分开放的全国统一大市场，建立全国统一的市场制度规则，促进商品要素资源在更大范围内畅通流动。要加快转变政府职能，提高政府监管效能，推动有效市场和有为政府更好结合，依法保护企业合法权益和人民群众生命财产安全。"

表3　2021年中央其他重要会议与民营经济相关内容

时间	会议	相关内容
2021年3月15日	中央财经委员会第九次会议	要坚持"两个毫不动摇"，促进平台经济领域民营企业健康发展

续表

时间	会议	相关内容
2021年4月30日	政治局会议	要促进国内需求加快恢复，促进制造业投资和民间投资尽快恢复。要推进改革开放，深入实施国企改革三年行动方案，优化民营经济发展环境
2021年7月30日	政治局会议	要强化科技创新和产业链供应链韧性，加强基础研究，推动应用研究，开展补链强链专项行动，加快解决"卡脖子"难题，发展专精特新中小企业。要加大改革攻坚力度，进一步激发市场主体活力
2021年8月17日	中央财经委员会第十次会议	研究扎实促进共同富裕问题，强调要坚持基本经济制度，立足社会主义初级阶段，坚持"两个毫不动摇"，坚持公有制为主体、多种所有制经济共同发展，允许一部分人先富起来，先富带后富、帮后富，重点鼓励辛勤劳动、合法经营、敢于创业的致富带头人
2021年12月8—10日	中央经济工作会议	实施新的减税降费政策，强化对中小微企业、个体工商户、制造业、风险化解等的支持力度。引导金融机构加大对实体经济特别是小微企业、科技创新、绿色发展的支持。强化知识产权保护，营造各类所有制企业竞相发展的良好环境。稳步推进电网、铁路等自然垄断行业改革。社会主义市场经济是一个伟大创造，社会主义市场经济中必然会有各种形态的资本，要发挥资本作为生产要素的积极作用，同时有效控制其消极作用。要为资本设置"红绿灯"，依法加强对资本的有效监管，防止资本野蛮生长

三、中央文件

2021年中央出台《法治中国建设规划（2020—2025年）》《建设高标准市场体系行动方案》等重要文件，要求"全面清理、废止对非公有制经济的各种形式不合理规定，坚决纠正滥用行政权力排除、限制竞争行为""加强对非公有制经济财产权的刑法保护"（见表4）。

表4 2021年中央出台的与民营经济相关政策

时间	政策	相关内容
2021年1月	中共中央印发《法治中国建设规划（2020—2025年）》	加强对权力运行的制约和监督，健全规范共同行政行为的法律法规，研究制定行政程序法
2021年1月	中共中央办公厅 国务院办公厅印发《建设高标准市场体系行动方案》	加强对非公有制经济财产权的刑法保护。全面清理对不同所有制经济产权区别对待的法规

续表

时间	政策	相关内容
2021年5月	中共中央 国务院关于支持浙江高质量发展建设共同富裕示范区的意见	破除制约民营企业发展的各种壁垒，完善促进中小微企业和个体工商户发展的法律环境和政策体系
2021年6月	中共中央关于加强新时代检察机关法律监督工作的意见	依法维护企业合法权益
2021年7月	中共中央办公厅 国务院办公厅印发《关于进一步减轻义务教育阶段学生作业负担和校外培训负担的意见》	各地不再审批新的面向义务教育阶段学生的学科类校外培训机构，现有学科培训机构统一登记为非营利性机构。对原备案的线上学科类培训机构，改为审批制
2021年8月	中共中央 国务院印发《法治政府建设实施纲要（2021—2025年）》	严格执行市场准入负面清单，普遍落实"非禁即入"
2021年9月	中共中央 国务院印发《知识产权强国建设纲要（2021—2035年）》	构建更加完善的要素市场化配置体制机制，更好发挥知识产权制度激励创新的基本保障作用
2021年10月	中共中央办公厅 国务院办公厅印发《关于推动现代职业教育高质量发展的意见》	鼓励各类企业依法参与举办职业教育。鼓励职业学校与社会资本合作共建职业教育基础设施、实训基地，共建共享公共实训基地
2021年11月	中共中央关于党的百年奋斗重大成就和历史经验的决议	毫不动摇鼓励、支持、引导非公有制经济发展。促进非公有制经济健康发展和非公有制经济人士健康成长

四、国务院政策

"十四五规划"提出优化民营企业发展环境，"健全支持民营企业发展的法治环境、政策环境和市场环境，依法平等保护民营企业产权和企业家权益。保障民营企业依法平等使用资源要素、公开公平公正参与竞争、同等受到法律保护。进一步放宽民营企业市场准入，破除招投标等领域各种壁垒。创新金融支持民营企业政策工具，健全融资增信支持体系，对民营企业信用评级、发债一视同仁，降低综合融资成本。完善促进中小微企业和个体工商户发展的政策体系，加大税费优惠和信贷支持力度。构建亲清政商关系，建立规范化政企沟通渠道。健全防范和化解拖欠中小企业账款长效机制。"（见表5）

表 5 2021 年与民营经济相关的政策

时间	政策	相关内容
2021 年 3 月	中华人民共和国国民经济和社会发展第十四个五年规划和 2035 年远景目标纲要	优化民营企业发展环境，促进民营企业高质量发展
2021 年 4 月	国务院关于同意在天津、上海、海南、重庆开展服务业扩大开放综合试点的批复	围绕本地区发展定位，进一步推进服务业改革开放，加快发展现代服务业
2021 年 4 月	国务院办公厅关于服务"六稳""六保"进一步做好"放管服"改革有关工作的意见	进一步梳理压减准入类职业资格数量，推进公办养老机构公建民营改革
2021 年 6 月	国务院关于深化"证照分离"改革进一步激发市场主体发展活力的通知	在全国范围内实施涉企经营许可事项全覆盖清单管理
2021 年 6 月	国务院办公厅关于文化市场综合行政执法有关事项的通知	凡没有法律法规规章依据的执法事项一律取消。需要保留或新增的执法事项，要依法逐条逐项进行合法性、合理性和必要性审查
2021 年 7 月	国务院办公厅关于同意河北、浙江、湖北省开展行政备案规范管理改革试点的复函	完善行政备案管理制度，全面梳理、严格规范行政备案事项，确保事项合法、程序规范、服务优质，进一步减轻企业和群众办事负担，更大激发市场主体活力
2021 年 7 月	国务院办公厅关于加快发展外贸新业态新模式的意见	在全国适用跨境电商企业对企业（B2B）直接出口、跨境电商出口海外仓监管模式
2021 年 7 月	国务院办公厅关于印发全国深化"放管服"改革着力培育和激发市场主体活力电视电话会议重点任务分工方案的通知	编制公布中央层面设定的行政许可事项清单，组织编制县级以上地方行政许可事项清单，将全部行政许可事项纳入清单管理
2021 年 8 月	国务院办公厅关于完善科技成果评价机制的指导意见	引入第三方评价，加快技术市场建设，加快构建政府、社会组织、企业、投融资机构等共同参与的多元评价体系
2021 年 8 月	国务院关于印发"十四五"就业促进规划的通知	支持中小微企业和个体工商户持续稳定发展增加就业
2021 年 9 月	国务院印发关于推进自由贸易试验区贸易投资便利化改革创新若干措施的通知	在自贸试验区实行产业链供地，对产业链关键环节、核心项目涉及的多宗土地实行整体供应
2021 年 10 月	国务院关于同意在全面深化服务贸易创新发展试点地区暂时调整实施有关行政法规和国务院文件规定的批复	在全面深化服务贸易创新发展试点地区暂时调整实施《旅行社条例》《商业特许经营管理条例》《专利代理条例》等有关规定
2021 年 10 月	国务院关于印发"十四五"国家知识产权保护和运用规划的通知	加强知识产权全链条保护，统筹推进知识产权审查授权、行政执法、司法保护、仲裁调解、行业自律、公民诚信等工作，构建严保护、大保护、快保护、同保护的工作格局，全面提升保护能力，着力营造公平竞争的市场环境

55

续表

时间	政策	相关内容
2021年11月	国务院办公厅关于鼓励和支持社会资本参与生态保护修复的意见	统一市场准入，规范市场秩序，建立公开透明的市场规则，为社会资本营造公平公正公开的投资环境，构建持续回报和合理退出机制，实现社会资本进得去、退得出、有收益
2021年11月	国务院办公厅关于进一步加大对中小企业纾困帮扶力度的通知	制造业中小微企业按规定延缓缴纳2021年第四季度部分税费
2021年11月	国务院关于开展营商环境创新试点工作的意见	首批试点城市为北京、上海、重庆、杭州、广州、深圳6个城市，共10个方面101项改革举措
2021年12月	国务院办公厅关于印发加强信用信息共享应用促进中小微企业融资实施方案的通知	将纳税、社会保险费和住房公积金缴纳、进出口、水电气、不动产、知识产权、科技研发等信息纳入共享范围

五、"最高检""最高法"政策

最高人民法院对标2021年1月印发的《建设高标准市场体系行动方案》，营造市场化、法治化、国际化营商环境，出台了《人民法院在线诉讼规则》《关于推动和保障管理人在破产程序中依法履职进一步优化营商环境的意见》等一系列司法解释和司法政策（见表6）。

2021年3月，最高人民检察院启动第二期企业合规改革试点工作，扩大涉案企业合规改革试点范围，在北京、上海、江苏、浙江等10个省份的27个市级检察院、165个基层检察院积极推进。

表6　2021年"最高法""最高检"出台的与民营经济相关政策

时间	政策	相关内容
2021年2月	最高人民法院、最高人民检察院、公安部、中国证券监督管理委员会《关于推动和保障管理人在破产程序中依法履职 进一步优化营商环境的意见》	管理人应当依法保障债权人、投资者及相关利益主体的知情权，提高破产事务处理的透明度
2021年3月	最高人民法院、最高人民检察院、公安部、中国证券监督管理委员会《关于进一步规范人民法院冻结上市公司质押股票工作的意见》	上市公司依照相关规定披露股票被冻结的情况时，应当如实披露人民法院案件债权额及执行费用、已在系统中被标记股票的数量，以及人民法院需要冻结的股票数量、冻结期限等信息

续表

时间	政策	相关内容
2021年4月	《人民法院知识产权司法保护规划（2021—2025年）》	推进知识产权案件繁简分流，完善简易程序规则，推动简单知识产权类案件适用小额诉讼程序
2021年6月	最高人民检察院、司法部、财政部、生态环境部、国务院国有资产监督管理委员会、国家税务总局、国家市场监督管理总局、中华全国工商业联合会、中国国际贸易促进委员会《关于建立涉案企业合规第三方监督评估机制的指导意见（试行）》	第三方机制适用于公司、企业等市场主体在生产经营活动中涉及的经济犯罪、职务犯罪等案件
2021年8月	《人民法院在线诉讼规则》	便利人民群众诉讼，提升审判质量效率
2021年9月	《最高人民法院关于加强新时代知识产权审判工作为知识产权强国建设提供有力司法服务和保障的意见》	准确适用个人信息保护法、数据安全法，加强互联网领域和大数据、人工智能、基因技术等新领域新业态知识产权司法保护
2021年12月	《最高人民法院关于进一步完善执行权制约机制加强执行监督的意见》	执行中发现企业法人不能清偿到期债务，并且资产不足以清偿全部债务或者明显缺乏清偿能力的，应当暂缓财产分配，及时询问申请执行人、被执行人是否申请或者同意将案件移送破产审查，避免影响各债权人的公平受偿权

第二章　民企营商环境
——内外经验结合，优化制度措施

　　2021年，面对新冠肺炎疫情反复、国际商贸不确定性上升、原材料价格大幅度上涨等多重挑战，在党中央、国务院的坚强领导下，各级党委政府积极出台政策举措支持民营经济发展，持续改善营商环境。《中华人民共和国国民经济和社会发展第十四个五年规划和2035年远景目标纲要》明确提出"构建一流营商环境"，要求"持续优化市场化法治化国际化营商环境"。国务院《关于深化"证照分离"改革进一步激发市场主体发展活力的通知》《关于开展营商环境创新试点工作的意见》等政策措施密集出台，打造市场化法治化国际化的一流营商环境步伐不断加快，更大力度利企便民。国家和相关部门加快修订《中华人民共和国反垄断法》，发布《国务院反垄断委员会关于平台经济领域的反垄断指南》《经营者反垄断合规指南》等6部指南，建立覆盖线上线下、日趋完备的竞争法律规则体系。各级地方政府认真落实党中央、国务院部署，结合自身实际，不断探索创新，纷纷出台各种举措，打造良好营商环境。

　　随着我国营商环境的不断改善和优化，各类市场主体发展信心和发展动力不断增强。但也要看到，构建一流的营商环境依然任重道远，在市场化、法治化、国际化、便利化等方面还有进一步提升的空间。当前，民营经济发展的社会舆论环境有所恶化，民企社会舆论负面评价较多，用工成本上升、融资难融资贵、国内市场需求不足以及税费负担重、节能减排压力大等都给民营经济发展带来了较大的压力。

第二章 民企营商环境——内外经验结合，优化制度措施

本章分别介绍世界银行《营商环境报告》《中国营商环境报告2021》、全国工商联2021年"万家民营企业评营商环境"、全国工商联"2021年民营企业500强"营商环境调查、中国工业综合指数等对营商环境的评价，以及大成企业首脑沙龙问卷调查情况，反映近两年民营企业营商环境的总体情况和变化趋势。

一、世界银行《营商环境报告》

良好的营商环境是一个国家或地区经济软实力的重要体现，是一个国家或地区提高综合竞争力的重要方面。世界各国都非常注重打造良好营商环境，以吸引投资和促进本国经济增长。同时，也有很多国际组织和相关机构对各国营商环境进行评估和排名，其中世界银行历年发布的《营商环境报告》（*Doing Business Report*）影响最大。

世界银行《营商环境报告》自2003年开始，每年发布一次，通过收集和监测主要国家最大城市商业相关的各项法规、条例和执行情况，旨在衡量中小企业生命周期中可能遇到的问题能够被多有效率地解决。指标主要包括开办企业、获得开工许可证、贷款、招聘、解雇、接入水电、合同执行、纳税、破产清算等环节需要的时间、人力和难度。

2019年10月24日世界银行发布的《2020年营商环境报告》显示，中国连续两年跻身全球营商环境改善最大的经济体排名前十，排名从2017年的第78位上升至2019年的第31位，跃升近50位，2019年中国营商环境排名在东亚太平洋地区位列第7位，仅次于日本。

从历年排名情况来看，2010年中国营商环境在全球排名为第87位，2012年为第99位，2015年为第80位。得益于中国不断推进改革和优化营商环境，2017年以来，中国营商环境在世界上的排名大幅提升（见图1）。

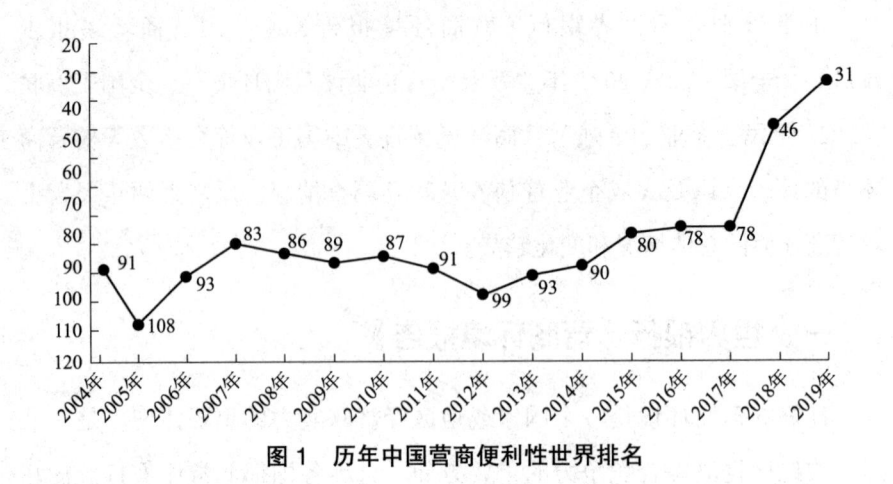

图 1　历年中国营商便利性世界排名

资料来源：世界银行，大成企业研究院整理。

2021年9月16日，世界银行集团发表声明，决定停发《营商环境报告》。目前，世界银行集团正在开发一个新项目"Business Enabling Environment"，以衡量全球各经济体的营商环境。2022年2月4日，世界银行将新的营商环境体系BEE项目概念说明发布到官方网站，并于2022年2月8日至3月8日收集相关意见和反馈。

从公布信息看，Business Enabling Environment（简称"BEE"）与Doing Business（简称"DB"）主要有以下五个方面差异：一是更新了指标体系，BEE项目的指标尚在开发中，初步考虑包括企业准入、获取经营场所、市政公用服务接入、雇佣劳工、金融服务、国际贸易、纳税、解决纠纷、促进市场竞争和办理破产等领域；二是拓展评估视角，相比DB项目而言，BEE项目从中小企业开展业务的便利性的角度转变为从整个私营企业行业发展的角度进行评估；三是扩大关注范围，BEE项目不仅关注监管框架，还将关注公共服务；四是增加信息收集，BEE项目不仅会收集法律法规的信息，还会收集实际执行情况的信息，主要使用两种数据收集方式，包括专家咨询和企业调查；五是拓宽覆盖范围，BEE

项目将尽可能地覆盖更多的国家和国家内部城市（见表1）。①

表1　世界银行新旧营商环境项目体系对比

项目名称	Doing Business（DB）	Business Enabling Environment（BEE）
概述	对影响单个中小企业的营商环境进行基准评估	对影响整个私营企业发展的商业法规和公共服务进行评估
领域	以商业法规为主，对公共服务有一定的考虑	均衡考虑监管框架和作为市场运行关键的公共服务
数据收集	一些指标只涉及法律法规，而其他指标只着眼于事实。通过专家咨询来收集数据。扩展案例研究的应用，以增强数据的可比性	全面覆盖监管框架和公共服务的法律法规和事实方面。通过专家咨询和企业层面调查相结合的方式收集事实数据。选择性使用案例研究
主题	DB主题的选择原则上是按照企业的生命周期进行，但它们的相对重要性却不均衡	BEE主题的选择也遵循企业的生命周期，并且包含其在市场的参与情况。原则上，所有主题都同等重要，不允许有重大遗漏
指标	指标按商业法规的效率和质量进行分类。然而，并不是所有的主题始终按照这些分组构成。此外，指标受到假设案例研究方法的影响，限制了其代表性	所有主题始终按照三组指标构成：（1）监管框架；（2）公共服务；（3）效率指标。此外，没有严格的案例研究限制，这些指标可以揭示更能表现经济的信息
得分	根据排名和分数评估经济体的表现。高度重视总体排名以最大限度地提高公众利益并推动改革	将根据可量化指标评估经济体表现。指标是否或如何分组以产生总分尚待决定。将避免围绕排名大肆宣传
覆盖范围	191个经济体中的主要商业城市。在11个经济体中第二大商业城市	尽可能地广泛覆盖国家和国家内部。国家内的覆盖范围可能因主题而异，取决于适用的法规是国家的还是地方的
更新	每年	根据专家咨询得出的指标数据每年更新，从企业层面调查获得的指标数据可能以3年为一个周期进行更新

二、《中国营商环境报告2021》

2018年以来，立足中国国情，以市场主体和社会公众满意度为导向，

---

① 根据微信公众号"营商环境国际交流促进中心"发布的作者为营商环境研究小组的文章《重磅！！！世行公布新营商环境测评体系概念说明》（网址https://mp.weixin.qq.com/s/LhzfrD5JybbTQxKJArdkxA）及世界银行官网相关信息整理。

牵头研究建立并不断完善中国营商环境评价体系，连续三年组织开展了6批次中国营商环境评价。2018年，组织在东、中、西部和东北地区22个城市开展了两批次营商环境试评价。2019年，组织在直辖市、计划单列市、省会城市和部分地县级市等41个城市开展了营商环境评价，并在东北地区21个城市开展了营商环境试评价。2020年，参评城市范围进一步扩展至80个城市，并首次将18个国家级新区纳入评价范围。

为系统介绍中国营商环境评价方法，全面展现优化营商环境工作积极成效，更好总结推广各地区、各部门优化营商环境的典型经验做法，切实发挥中国营商环境评价导向改革的积极作用，2020年起，国家发展改革委组织编写了《中国营商环境报告》并向社会发布。

2021年11月，《中国营商环境报告2021》出版，作为系列报告的第二部，在首部报告基础上系统介绍了2018年以来优化营商环境改革政策的发展脉络，以及中国营商环境评价体系和评价机制从探索建立、优化完善、到全面推开的发展历程，向社会多角度、全链条展示了优化营商环境改革方案和路线图。同时，创新形式、丰富载体、深入浅出、讲深讲透参评城市的首创经验和典型做法。

1. 中国营商环境评价指标体系

中国营商环境评价指标体系从衡量企业全生命周期、投资吸引力和监管与服务三个角度构建了18个一级指标和87个二级指标来评价营商环境状况，充分体现了指标体系的科学性，能够较好地反映一个地区的经济活力和政府在改善经济环境方面做出的努力和成效（见图2）。

在企业全生命周期链条视角设置15个指标，衡量中小企业获得感和办事便利度，聚焦企业生产经营活动的高频事项，从市场准入，投资建设，融资信贷，生产运营，退出市场五阶段全过程，设置开办企业，劳动力市场监督，办理建筑许可，政府采购，招标投标，获得电力，获得用水用气，登记财产，获得信贷，保护中小投资者，知识产权创造、保护和运用，跨境贸易，纳税，执行合同，办理破产 15 个指标，重点衡量"放管服"改革等举措落实情况，评估中小企业办理单个事项所需经历的政府审批与外部流程情况。通过对相关指标领域的评价，综合评估市场主体的满意度和获得感，推动地方政府更好地为企业和群众办事增便利、优服务。

在城市高质量发展视角设置 3 个指标，综合评价各地投资贸易便利度和长期投资吸引力，着眼企业和群众对美好生活的向往，聚焦与企业营商便利密切相关的政府监督、政务服务、城市品质，设置市场监管、政务服务、包容普惠创新 3 个指标，综合评估市场主体对各地实行公正监管、加强社会信用体系建设、推行"互联网+政务服务"、鼓励要素市场自由流动、增强创新创业创造活力、扩大市场开放、创建宜业宜居宜新环境等方面的满意度和获得感。通过对相关指标领域的评价，推动地方政府更好地提升监管效能和政务服务水平，加快推动城市高质量发展，着力营造公平透明、可预期的营商环境。

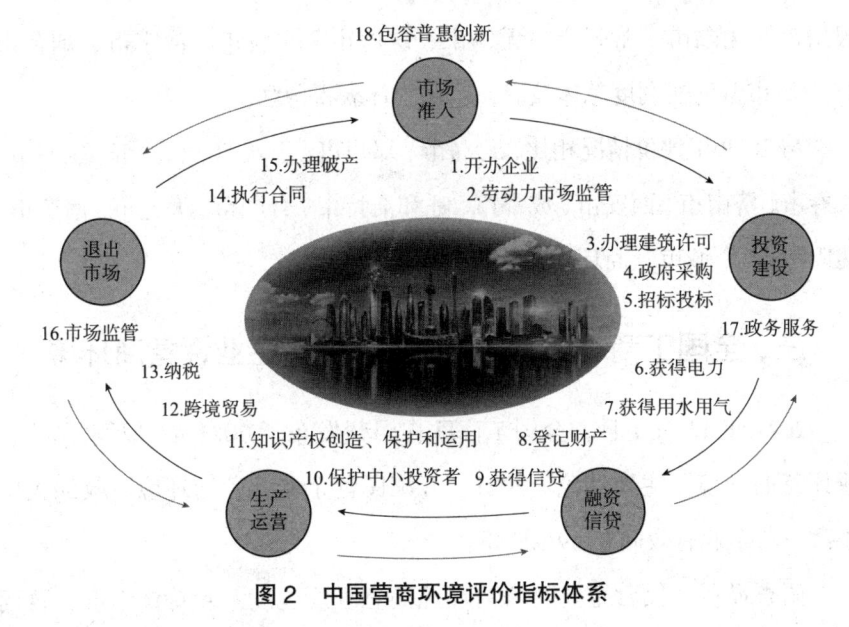

图 2　中国营商环境评价指标体系

资料来源：《中国营商环境报告 2021》

评价结果由国家发改委反馈给参评城市地方政府，指导和帮助参评城市及时掌握本地营商环境总体水平、存在的短板弱项、下一步改进的方向、可供学习借鉴的改革亮点，为各地持续优化营商环境提供决策参考。

2. 2020年中国营商环境评价情况

2020年参评城市包括4个直辖市、5个计划单列市、27个省会城市和44个地级市，参评新区包括18个国家级新区。

2020年各参评城市营商便利度水平整体提高，城市之间的差距缩小，特别是2019年参评城市的营商便利度均有明显提升，反映出以评促改、以评促优取得显著成效。

从2020年中国营商环境评价参评城市营商环境便利度情况看，上海市、深圳市、广州市、北京市、杭州市、苏州市、厦门市、南京市、济南市、成都市、青岛市、武汉市、西安市、衢州市、重庆市、东莞市、天津市、银川市、沈阳市、常州市、无锡市、珠海市、宁波市、济宁市、烟台市25个城市营商便利度总体较高，市场主体获得感强。

与2019年评价情况相比，青岛市、郑州市、重庆市、长沙市、昆明市、长春市、济南市、西安市、成都市、呼和浩特市、合肥市、大连市、南宁市、沈阳市14个城市营商环境优化提升幅度最大。

三、全国工商联2021年"万家民营企业评营商环境"[①]

2021年11月1日，全国工商联在温州发布了2021年"万家民营企业评营商环境"主要结论。2021"万家民营企业评营商环境"收回大中小微民营企业有效问卷69 120份。

调查显示，民营企业对营商环境满意程度连续三年持续上升，营商

---

① 全国工商联. 2021年"万家民营企业评营商环境"调查结论[N]. 中华工商时报，2021-11-02（2）.

环境百分制评价总分由 2019 年的 68.71 分、2020 年的 74.46 分上升到 2021 年的 77.18 分。按照得分，营商环境得分前十的省份（含直辖市）依次是浙江、广东、上海、江苏、山东、北京、四川、湖南、河南、福建；营商环境得分前十的城市（不含直辖市）依次是杭州、温州、苏州、深圳、宁波、青岛、南京、广州、长沙、成都。

评价结果显示，民营企业对营商环境改善的获得感不断增强，满意度不断提升。

（一）融资环境

对金融支持政策满意度上升，显著优于去年。在各种融资渠道中，样本企业对获得银行贷款的满意度最高。银行贷款仍是企业融资的最主要方式，分别有 48.72%、41.35%、17.95% 的企业从国有大型商业银行、中小型商业银行、民营银行获得贷款。

（二）政务环境

随着政府数字基础设施的不断完善，各地政务服务便利度进一步提高，企业获得感最强、认可度最高的 3 项举措分别是：税费缴纳便利、网上办事便利和开办企业便利。涉企政策制定与落实方面，企业对政策发布及时性满意度最高，其次是一站式政策服务平台建设。政商关系方面，全国样本企业对政商关系总体满意度评分，较去年提升幅度较大。

（三）法治环境

关于涉企法规的立改废等，企业满意度 5 分制评分均超过 4 分，较去年有所提升。在涉企法律法规、行政规章方面，样本企业对制定营商环境相关法律法规的满意度评分最高；制定包容审慎市场监管规定的满意度次之。废止或修订不合理的涉企法律法规、制定新兴产业发展的前瞻性法律法规一直是企业诟病问题，今年进步明显。

（四）市场环境

市场准入持续放开，样本企业反映民间投资准入门槛降低最明显的3个领域是教育、医疗和养老。"双减"、反垄断和防止资本无序扩张政策获企业认可。样本企业认可"双减"政策、反垄断和防止资本无序扩张政策的正向作用。

评价结果显示，全国样本企业对所在城市营商环境进一步优化存在期待。政务环境方面，期待不断加大减税降费、网络办事、政策落实等力度；市场环境方面，期待在国内统一大市场建设、公平监管执法、完善信用体系建设等方面持续改善；融资方面，企业对获得风险投资、政府产业基金支持有期待；法治环境方面，期待进一步完善企业维权统一服务平台、建立政法机关涉企服务协调机制；创新环境方面，期待在高端人才引进、创新成果转化上得到持续支持。

四、全国工商联"2021年民营企业500强"营商环境

根据《2021年民营企业500强调研分析报告》显示，2020年，《优化营商环境条例》正式实施，国务院办公厅印发《关于进一步优化营商环境更好服务市场主体的实施意见》后，各级单位、政府聚焦市场主体关切，深化"放管服"改革，持续打造市场化法治化国际化营商环境。随着营商环境的优化，民营企业的获得感和满意度不断提升。影响民营企业发展的主要因素仍然集中于用工成本上升、税费负担重、融资难融资贵等。与前两年相比，认为这些因素影响较大的企业数量略有下降，但并未得到明显改善。用工成本上升连续六年成为影响民营企业500强发展的最主要因素。

在市场环境方面，用工成本上升、融资难融资贵、国内市场需求不

足三项因素的影响最大。在政策政务环境方面，税费负担重、节能减排压力大对企业的影响最大。在法治环境方面，民营500强企业关注的重点仍是市场秩序不够规范和对知识产权的保护不够这两个因素。在政商环境方面，对民营经济的负面舆论较多，仍是500强企业关注的焦点，其次还有地方保护主义和政府沟通不畅、政府部门和国企拖欠账款较多、较久等方面的问题。

在民营企业500强对营商环境的感受方面，458家实际填报的500强企业中，有267家企业认为政府服务企业力度加大，占民营企业500强的53.40%；有224家企业认为税费负担有所降低，占民营企业500强的44.80%；有220家企业认为市场监管进一步加强，占民营企业500强的比例为44.00%；有217家企业认为有利于民营经济发展的氛围进一步加强，占民营企业500强的43.40%。

在融资支持方面，实际填报的444家500强企业中，有280家企业认为融资难融资贵问题得到改善，占填报企业的63.06%，占民营企业500强的56.00%；有164家企业认为融资难融资贵问题未得到改善，占填报企业的36.94%，占民营企业500强的32.80%。在希望政府给予的融资支持方面，454家实际填报的500强企业中，希望加大银行对民营企业的信贷力度和信贷额度、加大银行民营企业的长期贷款业务的投放、同等条件下实现民营企业与国有企业政策一致性的企业数量，分别为379家、317家和307家，占500强比例分别为75.80%、63.40%和61.40%。

从减税降费政策落实对民营企业500强的影响看，生产成本方面，下降10%以内的企业为203家，占500强比例为40.60%；暂无影响或无明显影响的企业201家，占500强比例为40.20%。营业利润方面，上涨10%以内的企业181家，占500强比例为36.20%，暂无影响或无明显影响的企业183家，占500强比例为36.60%。民营企业500强希望政府围绕减税降费、降成本等方面进一步出台支持政策。其中，希望进一步减免税收、降低税率的企业 424 家，占 500 强比例为 84.80%；希望进一步优化电价，降低企业用电成本和希望进一步降低物流运输成本的企业均为 262 家，占 500 强比例为 52.40%。

五、中国工业综合指数

中国工业综合指数（简称 ICI 指数）是中国工业经济运行月度的监测指数，由中国工业经济联合会每月发布。该指数是从经济活动监测和预测角度出发，选定了涉及工业经济发展变化因素的 18 项指标为依据，构建的一整套反映中国工业经济运行活动的重要评价指标体系，是中国工业经济运行宏观监测指数，也是反映工业经济运行活动的重要评价指数和工业经济变化的晴雨表。ICI 指数每月公布一个综合指数即中国工业综合指数，五个二级指数，分别为：工业生产状况指数、经营环境指数、效益状况指数、工业预期发展指数和 ICI 制造业指数。二级指数中的经营环境指数，反映我国工业企业对营商环境的感受，具有重要参考意义。经营环境指数包括税费负担指数、融资难易指数、应收账款指数、市场秩序指数等几个方面的分项指数。

2021 年 12 月，中国工业综合指数为 46.7%，环比回落 4.8 个百分点，再次跌至荣枯线之下，表明中国工业经济运行中存在一些问题。

其中，工业企业经营环境指数为 50.5%，环比回落 2.2 个百分点，高于荣枯线，经营环境较稳定，税负问题依然存在，融资问题小幅改善。（见图 3）具体来看，税费负担指数为 42.8%，环比回落 3.9 个百分点，持续位于荣枯线以下，税费政策还需深化；融资难易指数为 47.4%，环比回升 2.0 个百分点，持续位于荣枯线下方，说明当前企业融资在政府出台、调整相关政策后还需持续深化、加强巩固；应收账款指数为 53.0%，环比回落 2.4 个百分点，今年以来均位于荣枯线之上，保持稳定。市场秩序指数 58.7%，环比回落 4.6 个百分点，持续高于荣枯线且处于高位，市场秩序持续改善。[①]

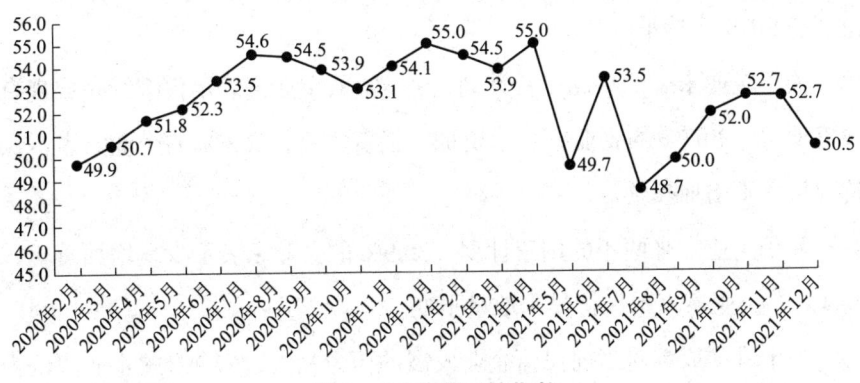

图 3　ICI 经营环境指数

数据来源：中国工业经济联合会网站

六、大成企业首脑沙龙问卷调查情况

2021 年 10 月，大成企业首脑沙龙（2021·宁波）在浙江举行，70 余位国内知名大型民营企业的董事长或主要决策人参加了沙龙活动。沙龙期间向参会企业家做了问卷调查，回收问卷 64 份。

问卷调查显示，关于对宏观经济形势的判断，关于对 2022 年我国经济增速的预判，有 37.5% 的企业家认为是 5% 以下，有 34.4% 的企业家认为是 5%~6%。

关于当前我国企业经营的总体状况，57.8% 的企业家认为比较艰难，17.2% 的企业家认为一般。

对我国民营经济的发展前景，14.1% 的企业家非常有信心，51.6% 的企业家比较有信心，34.4% 的企业家信心不足。

关于对企业发展的评价，42.2% 的企业家预计 2020 年、2021 年两年

[①] 中国工业经济联合会，2021 年 12 月份中国工业综合指数为 46.7%.http://www.sasac.gov.cn/n16582853/n16582898/c22888991/content.html

平均营收增长率等于或高于 2019 年。45.3% 的企业家认为 2020 年、2021 年两年平均利润为盈利，较 2019 年有所增长，17.2% 的企业家表示企业盈利与 2019 年持平。

关于企业未来两年的投资计划，32.8% 的企业家表示仅继续完成现有投资项目，29.7% 的企业家表示要加大投资力度，26.6% 的企业家表示保持观望，不增加投资。

关于企业未来两年的用工计划，35.9% 的企业家表示少量增加员工，34.4% 的企业家表示保持员工数量不变。

关于哪项成本对当前民营企业发展的压力最大，67.2% 的企业家认为是税收成本，64.1% 的企业家认为是工资成本，59.4% 的企业家认为是融资成本，54.7% 的企业家认为是原材料成本，51.6% 的企业家认为是社保成本。

第三章　民企法人就业
——小微单位大增，就业增长稳定

2020年伊始，突如其来的新冠肺炎疫情对我国经济发展造成了前所未有的影响。鉴于此，中央及时做出新的安排，在扎实做好"六稳"的基础上，提出了"六保"的新任务，形成了"六稳"加"六保"的工作框架。无论是"六稳"还是"六保"，居民就业都被摆在突出重要的位置，"保市场主体"也受到中央重视。截至2020年年末，全国企业法人单位数约为2 505.55万家，同比增长18.8%；其中私人控股企业法人单位数约为2 390.31万家，占比高达95.4%，同比增长20.65%。这反映了党中央国务院出台的各项减税降费、保市场主体政策收到较好效果。2021年，我国经济持续恢复发展，不断创造新的就业岗位。据国家统计局公布，2021年城镇新增就业1 269万人，达到了1 100万人以上的预期目标；全国城镇调查失业率平均为5.1%，低于5.5%左右的预期目标。

此外，据2021年中国统计年鉴显示，2020年年底我国城镇整体就业人数约为4.63亿人。由于1990年及以后的就业人员数据是根据全国人口普查推算的，因此以2020年11月1日零时为标准时点开展的第七次全国人口普查数据发布后，国家统计局对2011—2019年的城镇整体就业人数进行了修订。其中除私营企业和个体工商户外的其他各经济类型城镇就业人员未做调整，但2016—2019年的城镇整体就业人数有所提高，同时私营企业和个体工商户的就业人员数量不再发布。考虑到近年来随着新经济业态的不断涌现，新就业形态蓬勃发展，各种灵活的就业模式吸纳了许多劳动力就业，而这主要集中于私营企业和个体工商户。因此，本章将在简述城镇整体就业数据的基础上，对灵活就业相关情况进行简要介绍。

一、民企法人单位

2020年，全国企业法人单位为25 055 456家，按控股情况分，国有控股企业法人单位为293 473家，占比为1.17%；私人控股企业法人单位为23 903 057家，占比为95.4%；港澳台商控股企业法人单位131 106家，占比为0.52%；外商控股企业法人单位102 477家，占比为0.41%。其中，私人控股企业法人单位占比自2010年以来逐步增加，由2010年的78.65%提升至2020年的95.4%。

从增速方面来看，2010—2020年，全国企业法人单位数年均增长14.41%，国有控股为1.63%，私人控股为16.64%，港澳台商控股为3.87%，外商控股为0.41%。2012—2020年，全国企业法人单位数年均增长14.83%，国有控股为0.66%，私人控股为17.56%，港澳台商控股为3.25%，外商控股为-0.78%。2015—2020年，全国企业法人单位数年均增长14.75%，国有控股为0.15%，私人控股为17.49%，港澳台商控股为5.2%，外商控股为0.55%（见表1、表2）。

表1　2010—2020年按控股情况分企业法人单位数及增长情况

单位：家

年度	全国	国有控股	集体控股	私人控股	港澳台商控股	外商控股	其他
2010	6 517 670	249 622	269 565	5 126 438	89 681	98 412	683 952
2011	7 331 200	261 944	270 139	5 792 102	95 382	102 989	808 644
2012	8 286 654	278 479	271 295	6 552 049	101 518	109 103	974 210
2013	8 208 273	220 508	212 585	7 059 996	83 840	85 896	545 448
2014	10 617 154	263 348	248 221	9 027 688	98 661	97 793	881 443

续表

年度	全国	国有控股	集体控股	私人控股	港澳台商控股	外商控股	其他
2015	12 593 254	291 263	253 199	10 677 612	101 730	99 693	1 169 757
2016	14 618 448	310 992	243 393	12 537 206	103 849	99 987	1 323 021
2017	18 097 682	325 800	249 946	16 204 143	113 103	111 628	1 093 062
2018	18 568 617	241 673	165 243	17 379 291	112 042	80 253	590 115
2019	21 091 270	266 434	172 503	19 811 755	123 562	92 856	624 160
2020	25 055 456	293 473	180 550	23 903 057	131 106	102 477	444 793
年均增长率（%）							
2010—2020	14.41	1.63	-3.93	16.64	3.87	0.41	-4.21
2012—2020	14.83	0.66	-4.96	17.56	3.25	-0.78	-9.34
2015—2020	14.75	0.15	-6.54	17.49	5.20	0.55	-17.58

注：绝对值数据来源于历年中国统计年鉴及《中国经济普查年鉴2018》；年均增长率为本院计算

表2　2010—2020年按控股情况分企业法人单位占比情况

单位：%

年度	国有控股	集体控股	私人控股	港澳台商控股	外商控股	其他
2010	3.83	4.14	78.65	1.38	1.51	10.49
2011	3.57	3.68	79.01	1.30	1.40	11.03
2012	3.36	3.27	79.07	1.23	1.32	11.76
2013	2.69	2.59	86.01	1.02	1.05	6.65
2014	2.48	2.34	85.03	0.93	0.92	8.30
2015	2.31	2.01	84.79	0.81	0.79	9.29
2016	2.13	1.66	85.76	0.71	0.68	9.05
2017	1.80	1.38	89.54	0.62	0.62	6.04
2018	1.30	0.89	93.59	0.60	0.43	3.18
2019	1.26	0.82	93.93	0.59	0.44	2.96
2020	1.17	0.72	95.40	0.52	0.41	1.78

注：绝对值数据来源于历年中国统计年鉴及《中国经济普查年鉴2018》；占比为本院计算

二、民营经济就业

2020 年，我国城镇整体就业人数约为 4.63 亿人，较上年增加 1 022 万人、增长 2.26%。2010—2020 年，城镇就业人数整体增长 33.4%、年均增速为 2.92%；2012—2020 年，城镇就业人数整体增长 24.09%、年均增速为 2.74%；2015—2020 年，城镇就业人数整体增长 13.09%、年均增速为 2.49%（见表 3）。

表 3　2010—2020 年按经济类型分城镇就业人员情况

单位：万人

年度	城镇整体	国有单位	城镇集体单位	股份合作单位	有限责任公司	股份有限公司	私营企业	港澳台商投资单位	外商投资单位	个体
2010	34 687	6 516	597	156	2 613	1 024	6 071	770	1 053	4 467
2011	36 003	6 704	603	149	3 269	1 183	6 912	932	1 217	5 227
2012	37 287	6 839	590	149	3 787	1 243	7 557	969	1 246	5 643
2013	38 527	6 365	566	108	6 069	1 721	8 242	1 397	1 566	6 142
2014	39 703	6 312	537	103	6 315	1 751	9 857	1 393	1 562	7 009
2015	40 916	6 208	481	92	6 389	1 798	11 180	1 344	1 446	7 800
2016	42 051	6 170	453	86	6 381	1 824	12 083	1 305	1 361	8 627
2017	43 208	6 064	406	77	6 367	1 846	13 327	1 290	1 291	9 348
2018	44 292	5 740	347	66	6 555	1 875	13 952	1 153	1 212	10 440
2019	45 249	5 473	296	60	6 608	1 879	14 567	1 157	1 203	11 692
2020	46 271	5 563	271	69	6 542	1 837	暂无	1 159	1 216	暂无
年均增长率（%）										
2010—2020	2.92	-1.57	-7.59	-7.83	9.61	6.02	—	4.17	1.45	—
2012—2020	2.74	-2.55	-9.27	-9.17	7.07	5.00	—	2.26	-0.30	—
2015—2020	2.49	-2.17	-10.84	-5.59	0.47	0.43	—	-2.92	-3.41	—

注：绝对值数据来源于 2021 年中国统计年鉴及国家统计局网站；年均增长率为本院计算

从各经济类型城镇就业人数及占比情况来看，2010—2019 年私营企业和个体工商户就业人数占比均呈现逐年攀升的趋势，直至 2020 年相关就业数据未发布。私营企业就业人数占比从 2010 年的 17.5% 增长至 2019

年的32.19%，个体工商户就业人数占比从2010年的12.88%增长至2019年的25.84%。2019年，私营企业和个体工商户的就业人数之和构成了城镇整体就业人数的50%以上（见表4）。

表4　2010—2020年按经济类型分城镇就业人员占比情况

单位：%

年度	国有单位	城镇集体单位	股份合作单位	有限责任公司	股份有限公司	私营企业	港澳台商投资单位	外商投资单位	个体
2010	18.79	1.72	0.45	7.53	2.95	17.50	2.22	3.04	12.88
2011	18.62	1.67	0.41	9.08	3.29	19.20	2.59	3.38	14.52
2012	18.34	1.58	0.40	10.16	3.33	20.27	2.60	3.34	15.13
2013	16.52	1.47	0.28	15.75	4.47	21.39	3.63	4.06	15.94
2014	15.90	1.35	0.26	15.91	4.41	24.83	3.51	3.93	17.65
2015	15.17	1.18	0.22	15.61	4.39	27.32	3.28	3.53	19.06
2016	14.67	1.08	0.20	15.17	4.34	28.73	3.10	3.24	20.52
2017	14.03	0.94	0.18	14.74	4.27	30.84	2.99	2.99	21.63
2018	12.96	0.78	0.15	14.80	4.23	31.50	2.60	2.74	23.57
2019	12.10	0.65	0.13	14.60	4.15	32.19	2.56	2.66	25.84
2020	12.02	0.59	0.15	14.14	3.97	—	2.50	2.63	—

注：绝对值数据来源于2021年中国统计年鉴及国家统计局网站；占比为本院计算

此外，人力资源和社会保障部以及国家统计局对外公布的信息显示，目前我国灵活就业人员已经达到2亿人。"灵活就业"概念最早是在社会保障范畴进行探讨，自1997年以来，我国养老保险政策经过不断调整，逐步覆盖城镇个体劳动者、城镇个体工商户等自谋职业者以及采取各种灵活方式就业的人员等。但在近几年，随着互联网技术的发展，数字经济、平台经济快速崛起，网络零售、移动出行、在线娱乐等新产业模式蓬勃发展，为劳动者居家就业、远程办公、兼职就业等创造了条件，灵活就业群体不断扩大、灵活就业方式日益多元。

2020年7月31日，国务院出台了《国务院办公厅关于支持多渠道灵活就业的意见》，指出个体经营、非全日制以及新就业形态等灵活多样的就业方式，是劳动者就业增收的重要途径，对拓宽就业新渠道、培育发展新动能具有重要作用。此后，相关政府部门持续深化"放管服"改革，多措并举，支持自主创业、多渠道灵活就业。2022年1月17日，国务院新闻办举行的2021年国民经济运行情况新闻发布会透露，一些平台外卖骑手达400多万人；在平台上从事主播及相关从业人员达160多万人，比2019年增加近3倍。各行各业的灵活就业人士构成了我国民营经济发展领域的重要组成力量。

第四章 民企工资增长
——工资同步提升，收入差距仍大

受新冠肺炎疫情影响，2020年全国居民人均可支配收入、城镇私营和非私营单位就业人员平均工资及农民工月均收入增速均有所下滑，其中农民工就业最多的住宿餐饮、居民服务、批发零售等行业受疫情冲击最大，导致农民工月均收入增速降幅最大，年增速从此前多年的超6%降至不足3%。

一、居民可支配收入情况

2021年全国居民人均可支配收入35 128元，比上年名义增长9.1%，扣除价格因素，实际增长8.1%；比2019年增长14.3%，两年平均增长6.9%，扣除价格因素，两年平均实际增长5.1%。分城乡看，城镇居民人均可支配收入47 412元，增长8.2%，扣除价格因素，实际增长7.1%；农村居民人均可支配收入18 931元，增长10.5%，扣除价格因素，实际增长9.7%（见表1、图1）。城乡居民人均可支配收入比值为2.50，比上年缩小0.06。"十三五"期间，全国、城镇、农村居民人均可支配收入年均增速分别为7.9%、7.0%、8.4%。

表1 全国居民可支配收入数据

单位：元、%

年份	居民可支配收入				增长率			
	全国	城镇	农村	城镇/农村	全国	城镇	农村	农村/城镇
2013	18 311	26 467	9 430	2.81	10.9	—	—	—

续表

年份	居民可支配收入				增长率			
	全国	城镇	农村	城镇/农村	全国	城镇	农村	农村/城镇
2014	20 167	28 844	10 489	2.75	10.1	9.0	11.2	1.25
2015	21 966	31 195	11 422	2.73	8.9	8.2	8.9	1.09
2016	23 821	33 616	12 363	2.72	8.4	7.8	8.2	1.06
2017	25 974	36 396	13 432	2.71	9.0	8.3	8.6	1.05
2018	28 228	39 251	14 617	2.69	8.7	7.8	8.8	1.12
2019	30 733	42 359	16 021	2.64	8.9	7.9	9.6	1.21
2020	32 189	43 834	17 131	2.56	4.7	3.5	6.9	1.99
2021	35 128	47 412	18 931	2.50	9.1	8.2	10.5	1.29
年均增长率								
2015—2020					7.9	7.0	8.4	

注：年均增长率数为大成课题组依据国家统计局公开数据计算得出

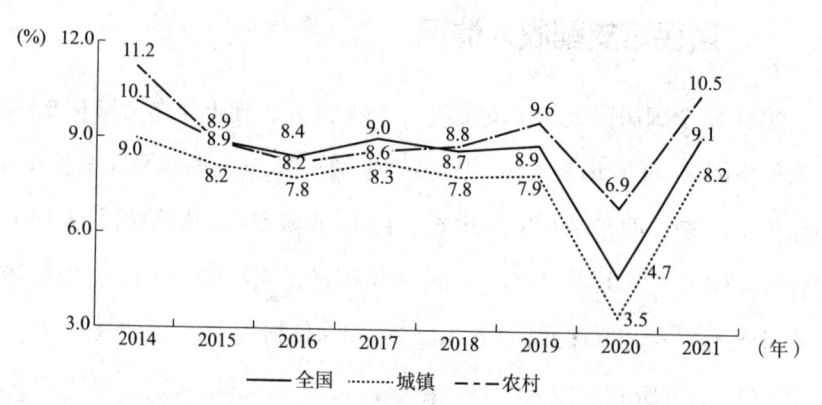

图1 2014—2020年全国居民人均可支配收入增长情况

二、城镇单位就业人员年平均工资情况

2020年全国城镇私营单位就业人员年平均工资为57 727元，比上年增加4 123元，名义增长7.7%，增速比2019年回落0.4个百分点。扣除价格因素，2020年全国城镇私营单位就业人员年平均工资实际增长5.3%。

2020年全国城镇非私营单位就业人员年平均工资为97 379元，比上年增加6 878元，名义增长7.6%，增速比2019年回落2.2个百分点。扣除价格因素，2020年全国城镇非私营单位就业人员年平均工资实际增长5.2%（见表2、图2）。

表2 2010—2020年城镇私营、非私营单位就业人员年平均工资情况

单位：元、%

年份	平均工资			增长率		
	私营单位	非私营单位	私营/非私营	私营单位	非私营单位	私营/非私营
2010	20 759	36539	56.8	14.1	13.3	1.06
2011	24 556	41 799	58.7	18.3	14.4	1.27
2012	28 752	46 769	61.5	17.1	11.9	1.44
2013	32 706	51 483	63.5	13.8	10.1	1.36
2014	36 390	56 360	64.6	11.3	9.5	1.19
2015	39 589	62 029	63.8	8.8	10.1	0.87
2016	42 833	67 569	63.4	8.2	8.9	0.92
2017	45 761	74 318	61.6	6.8	10.0	0.68
2018	49 575	82 413	60.2	8.3	10.9	0.76
2019	53 604	90 501	59.2	8.1	9.8	0.83
2020	57 727	97 379	59.3	7.7	7.6	1.01
年均增长率						
2010—2015				13.8	11.2	
2015—2020				7.8	9.4	
2012—2020				9.1	9.6	
2010—2020				10.8	10.3	

注：年均增长率数和私营/非私营为大成课题组依据国家统计局公开数据计算得出

"十二五"和"十三五"期间，城镇私营单位就业人员年平均工资年均增速分别为13.8%、7.8%；非私营单位分别为11.2%、9.4%。2011—2014年，由于城镇私营单位就业人员年平均工资增速比非私营单位高，所以私营单位与非私营单位工资差距明显收窄。但2015年以来，私营单位工资增速落后于非私营单位，两者工资差距又重新开始拉大。2020年由于非私营单位工资增速降幅较大，两者工资差距再次收窄，不知这一

趋势是否会持续（见图2）。

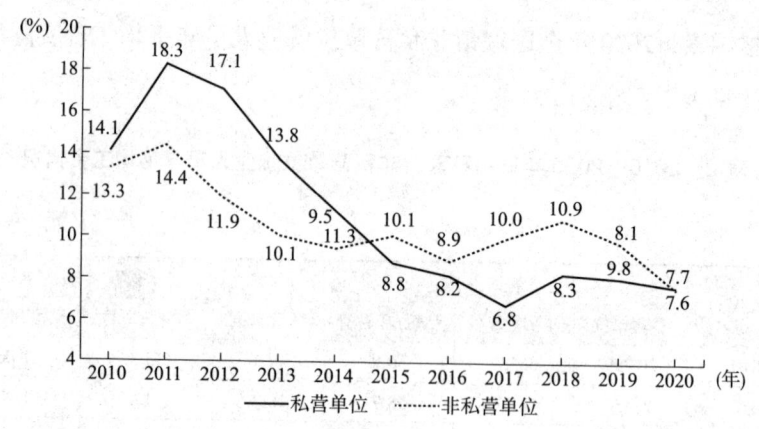

图2 2010—2020年城镇私营、非私营单位就业人员年平均工资名义增长率情况

（一）按区域分

2020年城镇私营、非私营单位就业人员年平均工资由高到低依次是东部、西部、中部和东北；私营、非私营单位的工资差距，中部地区差距最小。非私营单位最高和最低区域的平均工资之比为1.45，与上年基本持平；私营单位最高和最低区域的平均工资之比为1.45，差距比上年小幅收窄（见表3）。

表3 2018—2020年分地区城镇私营、非私营单位就业人员年平均工资情况

单位：元、%

地区	2018年 非私营	2018年 私营	2018年 私营/非私营	2019年 非私营	2019年 私营	2019年 私营/非私营	2020年 非私营	2020年 私营	2020年 私营/非私营
全国	82 413	49 575	60.2	90 501	53 604	59.2	97 379	57 727	59.3
东部	93 253	55 230	59.2	104 069	59 471	57.1	112 372	63 601	56.6
中部	68 969	41 047	59.5	73 457	43 927	59.8	78 193	48 861	62.5
西部	75 755	43 842	57.9	81 954	46 777	57.1	88 000	50 510	57.4
东北	65 411	37 071	56.7	71 521	39 861	55.6	77 631	43 928	56.6

注：数据源自国家统计局，私营/非私营为大成课题组计算得出

2020年城镇私营单位的同比名义增长率从高到低依次为中部、东北部、西部和东部，城镇非私营单位的同比名义增长率从高到低依次为东北部、东部、西部和中部（见表4）。

表4　2018—2020年分地区城镇私营、非私营单位就业人员年平均工资名义增长率情况

单位：%

地区	2018年		2019年		2020年	
	非私营	私营	非私营	私营	非私营	私营
全国	11.0	8.3	9.8	8.1	7.6	7.7
东部	10.0	9.2	11.7	7.7	8.0	6.9
中部	12.7	8.8	6.5	7.0	6.4	11.2
西部	10.9	6.3	8.2	6.7	7.4	8.0
东北	9.9	6.9	9.6	7.5	8.2	10.2

注：数据源自国家统计局

（二）按行业分

2020年，私营单位年平均工资最高的三个行业分别为信息传输、软件和信息技术服务业101 281元，金融业82 930元，科学研究和技术服务业72 233元，分别为全国平均水平的1.75倍、1.44倍和1.25倍。年平均工资最低的三个行业分别是农林牧渔业38 956元，住宿和餐饮业42 258元，水利、环境和公共设施管理业43 287元，分别为全国平均水平的67%、73%和75%。

2020年，非私营单位年平均工资最高的三个行业分别是信息传输/软件/信息技术服务业177 544元，科学研究/技术服务业139 851元，金融业133 390元，分别为全国平均水平的1.82倍、1.44倍和1.37倍。年平均工资最低的三个行业分别是农林牧渔业48 540元，住宿/餐饮业48 833元，居民服务、修理和其他服务业60 722元，分别为全国平均水平的50%、50%和62%。

最高与最低行业平均工资之比，非私营单位为3.66，差距较2019年的4.10有所收窄；私营单位为2.60，差距较2019年的2.26略有扩大。

对比私营、非私营单位情况，2020年私营单位工资与非私营单位工资差距最大的是教育、文化/体育/娱乐业、电力/热力/燃气/水生产和供应业，私营单位工资分别为非私营单位的45.5%、45.8%、46.5%；工资差距最小的是住宿/餐饮业、建筑业、农林牧渔业，私营单位工资分别为非私营单位的86.5%、81.9%、80.3%。所有行业私营单位的平均工资均低于同行业非私营单位水平（见表5）。

表5 2018—2020年城镇单位分行业就业人员年工资情况

单位：元、%

行业	2018年 非私营	2018年 私营	2018年 私营/非私营	2019年 非私营	2019年 私营	2019年 私营/非私营	2020年 非私营	2020年 私营	2020年 私营/非私营
合计	82 413	49 575	60.2	90 501	53 604	59.2	97 379	57 727	59.3
农林牧渔业	36 466	36 375	99.8	39 340	37 760	96.0	48 540	38 956	80.3
采矿业	81 429	44 096	54.2	91 068	49 675	54.5	96 674	54 563	56.4
制造业	72 088	49 275	68.4	78 147	52 858	67.6	82 783	57 910	70.0
电力/热力/燃气/水生产和供应业	100 162	44 239	44.2	107 733	49 633	46.1	116 728	54 268	46.5
建筑业	60 501	50 879	84.1	65 580	54 167	82.6	69 986	57 309	81.9
批发和零售业	80 551	45 177	56.1	89 047	48 722	54.7	96 521	53 018	54.9
交通运输/仓储/邮政业	88 508	50 547	57.1	97 050	54 006	55.6	100 642	57 313	56.9
住宿/餐饮业	48 260	39 632	82.1	50 346	42 424	84.3	48 833	42 258	86.5
信息传输/软件/信息技术服务业	147 678	76 326	51.7	161 352	85 301	52.9	177 544	101 281	57.0
金融业	129 837	62 943	48.5	131 405	76 107	57.9	133 390	82 930	62.2
房地产业	75 381	51 393	68.3	80 157	54 416	67.9	83 807	55 759	66.5

续表

行业	2018年 非私营	2018年 私营	2018年 私营/非私营	2019年 非私营	2019年 私营	2019年 私营/非私营	2020年 非私营	2020年 私营	2020年 私营/非私营
租赁/商务服务业	85 147	53 382	62.7	88 190	57 248	64.9	92 924	58 155	62.6
科学研究/技术服务业	123 343	61 876	50.2	133 459	67 642	50.7	139 851	72 233	51.6
水利/环境/公共设施管理业	56 670	42 409	74.8	61 158	44 444	72.7	63 914	43 287	67.7
居民服务/修理/其他服务业	55 343	41 058	74.2	60 232	43 926	72.9	60 722	44 536	73.3
教育	92 383	46 228	50	97 681	50 761	52.0	106 474	48 443	45.5
卫生/社会工作	98 118	52 343	53.3	108 903	57 140	52.5	115 449	60 689	52.6
文化/体育/娱乐业	98 621	44 592	45.2	107 708	49 289	45.8	112 081	51 300	45.8

注：数据源自国家统计局，私营/非私营为大成课题组计算得出

2020年，从行业平均工资的增速来看，私营单位年平均工资增速最高的三个行业依次为信息传输/软件/信息技术服务业、采矿业、制造业，分别增长18.7%、9.8%和9.6%。增速最低的三个行业依次为教育、水利/环境/公共设施管理业、住宿/餐饮业，分别下降4.6%、2.6%和0.4%。

非私营单位增速最高的三个行业依次为农林牧渔业、信息传输/软件/信息技术服务业、教育，分别增长23.4%、10.0%和9.0%。增速最低的三个行业依次为住宿/餐饮业、居民服务/修理/其他服务业、金融业，分别增长-3.0%、0.8%和1.5%。

对比2020年私营、非私营单位年平均工资增长率情况，18个行业大类中，有11个行业私营单位平均工资名义增长率高于非私营单位，分别是：信息传输/软件/信息技术服务业、金融业、采矿业、制造业、住宿/餐饮业、交通运输/仓储/邮政业、科学研究/技术服务业、电力/热力/燃气/水生产和供应业、居民服务/修理/其他服务业、批发和零售业、

卫生/社会工作（见表6、表7）。

表6 2011—2020年城镇私营单位分行业就业人员年平均工资年均增长率

单位：%

行业	2011	2012	2013	2014	2015	2016	2017	2018	2019	2020	2010—2020	2015—2020
合计	18.3	17.1	13.8	11.3	8.8	8.2	6.8	8.3	8.1	7.7	10.8	7.8
农林牧渔业	17.4	14.3	12.2	9.0	7.5	8.4	9.5	6.1	3.8	3.2	9.1	6.2
采矿业	21.6	16.3	11.4	8.3	6.6	3.7	4.1	6.9	12.7	9.8	10.0	7.4
制造业	20.1	16.9	13.5	11.3	9.2	8.1	6.8	9.5	7.3	9.6	11.2	8.3
电力/热力/燃气/水生产和供应业	17.3	15.3	16.2	12.1	4.4	11.5	7.5	6.6	12.2	9.3	11.2	9.4
建筑业	17.5	18.4	12.8	11.3	7.4	7.4	4.8	8.4	6.5	5.8	9.9	6.6
批发和零售业	14.4	19.5	12.4	10.8	8.1	8.1	7.0	6.7	7.8	8.8	10.3	7.7
交通运输/仓储/邮政业	18.0	8.5	17.7	17.4	4.1	5.5	7.4	10.2	6.8	6.1	10.1	7.2
住宿/餐饮业	19.1	14.6	14.3	7.8	8.2	8.9	6.3	7.4	7.0	-0.4	9.2	5.8
信息传输/软件/信息技术服务业	13.9	11.1	11.5	15.9	13.1	10.2	10.8	8.4	11.8	18.7	12.5	11.9
金融业	-6.1	14.1	13.9	11.5	8.0	12.2	3.8	20.4	20.9	9.0	10.5	13.1
房地产业	16.3	13.9	13.8	8.0	10.4	10.3	4.3	7.0	5.9	2.5	9.2	6.0
租赁/商务服务业	13.6	17.3	14.0	8.7	11.1	9.3	7.4	3.9	7.2	1.6	9.3	5.8
科学研究/技术服务业	8.4	16.9	17.1	10.8	6.3	8.6	6.1	6.5	9.3	6.8	9.6	7.5
水利/环境/公共设施管理业	17.1	15.0	18.3	8.3	10.0	7.7	2.4	3.3	4.8	-2.6	8.2	3.1
居民服务/修理/其他服务业	12.0	17.2	14.2	11.3	13.7	7.9	7.2	6.9	7.0	1.4	9.3	6.1
教育	8.1	12.6	18.4	6.8	2.8	6.7	9.5	6.9	9.8	-4.6	8.3	5.5
卫生/社会工作	18.6	14.0	16.1	9.9	9.0	8.5	7.5	10.7	9.2	6.2	10.9	8.4
文化/体育/娱乐业	13.3	15.5	16.1	5.3	9.2	9.3	7.8	8.2	10.5	4.1	9.9	8.0

注：数据源自国家统计局，年均增长率为大成课题组计算得出

表7 2011—2020年城镇非私营单位分行业就业人员年平均工资年均增长率

单位：%

行业	2011	2012	2013	2014	2015	2016	2017	2018	2019	2020	年均增速 2010—2020	年均增速 2015—2020
合计	14.4	11.9	10.1	9.5	10.1	8.9	10.0	10.9	9.8	7.6	10.3	9.4
农林牧渔业	16.5	16.5	13.8	9.8	12.7	5.2	8.6	-0.1	7.9	23.4	11.8	8.7
采矿业	18.2	9.0	5.6	2.6	-3.7	1.9	14.8	17.2	11.8	6.2	8.1	10.2
制造业	18.6	13.6	11.5	10.6	7.7	7.5	8.4	11.8	8.4	5.9	10.4	8.4
电力/热力/燃气/水生产和供应业	11.4	10.4	15.3	9.3	7.6	6.3	7.7	10.9	7.6	8.3	9.5	8.2
建筑业	16.6	13.6	15.3	8.9	6.7	6.5	6.7	8.9	8.4	6.7	9.8	7.4
批发和零售业	20.9	14.0	8.6	11.0	8.0	7.8	9.4	13.1	10.5	8.4	11.1	9.8
交通运输/仓储/邮政业	16.3	13.4	8.6	9.4	8.5	7.0	8.9	10.3	9.7	3.7	9.5	7.9
住宿/餐饮业	17.6	13.8	8.9	9.5	9.5	6.3	5.5	5.5	4.3	-3.0	7.6	3.7
信息传输/软件/信息技术服务业	10.1	13.5	12.9	10.9	11.1	9.3	8.7	10.9	9.3	10.0	10.7	9.6
金融业	15.6	10.6	11.0	8.7	6.0	2.3	4.6	5.7	1.2	1.5	6.6	3.0
房地产业	19.4	9.2	9.2	8.9	8.4	8.7	5.8	8.7	6.5	4.6	8.9	6.8
租赁/商务服务业	18.7	13.2	17.6	7.3	8.0	5.9	6.0	4.6	3.6	5.4	8.9	5.1
科学研究/技术服务业	14.0	7.8	10.6	7.4	8.7	8.1	11.6	14.4	8.2	4.8	9.5	9.4
水利/环境/公共设施管理业	13.0	12.0	11.1	8.5	11.0	9.7	9.4	8.5	7.9	4.5	9.6	8.0
居民服务/修理/其他服务业	17.6	5.9	9.4	9.0	7.0	6.2	6.3	9.5	8.8	0.8	8.0	6.3
教育	10.8	10.5	8.8	8.9	17.7	11.9	12.0	10.8	5.7	9.0	10.6	9.9
卫生/社会工作	14.8	13.8	10.3	9.1	13.2	11.7	12.0	9.4	11.0	6.0	11.1	10.0

续表

行业	2011	2012	2013	2014	2015	2016	2017	2018	2019	2020	年均增速 2010—2020	年均增速 2015—2020
文化/体育/娱乐业	15.6	11.9	10.8	8.5	13.0	9.8	9.9	12.3	9.2	4.1	10.5	9.0
公共管理/社会保障和社会组织	10.0	9.5	6.9	7.8	17.3	13.9	13.3	9.4	7.3	10.7	10.6	10.9

注：数据源自国家统计局，年均增长率为大成课题组计算得出

（三）按登记注册类型分

城镇单位的7种登记注册类型中，2020年平均工资水平最高的是外商投资（112 089元）、股份有限公司（108 583元）、国有（108 132元），平均工资水平最低的是私营（57 727元）、集体（68 590元）。从平均工资的增长速度来看，港澳台商投资（9.7%）、国有（9.3%）增速最高，外商投资（5.1%）、股份有限公司（5.3%）增速最低（见表8、图3）。

表8　2018—2020年城镇按登记注册类型分单位就业人员年平均工资情况

单位：元、%

登记注册类型	平均工资 2018	平均工资 2019	平均工资 2020	名义增长率 2018	名义增长率 2019	名义增长率 2020
私营	49 575	53 604	57 727	8.3	8.1	7.7
非私营	82 413	90 501	97 379	10.9	9.8	7.6
其中：国有	89 474	98 899	108 132	10.3	10.5	9.3
集体	60 664	62 612	68 590	9.8	3.2	9.5
有限责任公司	72 114	79 515	84 439	12.9	10.3	6.2
股份有限公司	93 316	103 087	108 583	9.7	10.5	5.3
港澳台商投资	82 027	91 304	100 155	12.3	11.3	9.7
外商投资	99 367	106 604	112 089	10.3	7.3	5.1

注：数据源自国家统计局

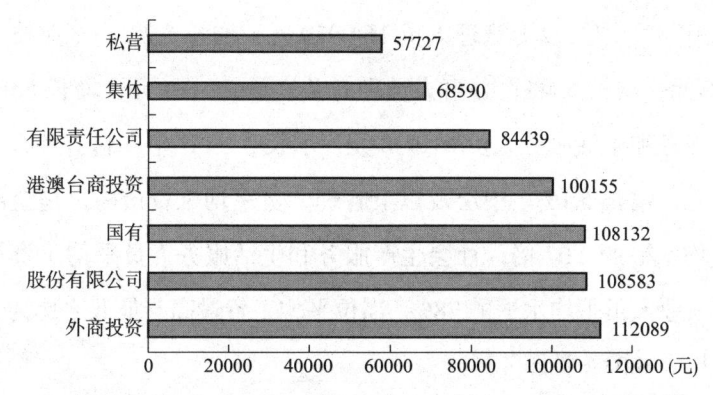

图 3　2020 年城镇按登记注册类型分单位就业人员年平均工资情况

私营　57727
集体　68590
有限责任公司　84439
港澳台商投资　100155
国有　108132
股份有限公司　108583
外商投资　112089

三、规模以上企业就业人员分岗位年平均工资情况

2020 年全国规模以上企业就业人员年平均工资为 79 854 元，比上年增长 6.1%，增速呈现逐年下降的趋势（见表 9），与居民可支配收入增速、城镇单位就业人员年平均工资增速趋势一致。

表 9　2017—2020 年规模以上企业分登记注册类型就业人员年平均工资

单位：元、%

登记注册类型	2017 年 平均工资	2018 年 平均工资	增速	2019 年 平均工资	增速	2020 年 平均工资	增速
全国	61 578	68 380	11.0	75 229	10.0	79 854	6.1
私营	49 864	54 554	9.4	60 551	11.0	63 309	4.6
私营/全国	81.0	79.8	—	80.5	—	79.3	—
国有	78 549	82 364	4.9	91 607	11.2	97 739	6.7
集体	44 930	48 053	7.0	50 983	6.1	54 061	6.0
有限责任公司	63 069	71 633	13.6	79 949	11.6	84 780	6.0
股份有限公司	73 044	81 413	11.5	91 052	11.8	97 324	6.9
港澳台商投资	71 872	80 847	12.5	90 164	11.5	98 765	9.5
外商投资	87 914	97 083	10.4	106 180	9.4	112 290	5.8
其他	55 169	66 781	21.0	75 406	12.9	73 459	-2.6

注：数据源自国家统计局，增速为大成课题组计算得出

其中，中层及以上管理人员 164 979 元，增长 5.2%；专业技术人员 112 576 元，增长 6.4%；办事人员和有关人员 75 167 元，增长 6.0%；社会生产服务和生活服务人员 61 938 元，增长 3.2%；生产制造及有关人员 62 610 元，增长 5.1%。中层及以上管理人员平均工资最高，是全部就业人员平均水平的 2.07 倍；社会生产服务和生活服务人员平均工资最低，是全部就业人员平均水平的 78%。岗位平均工资最高与最低之比为 2.66，比上年扩大 0.03（见图 4）。

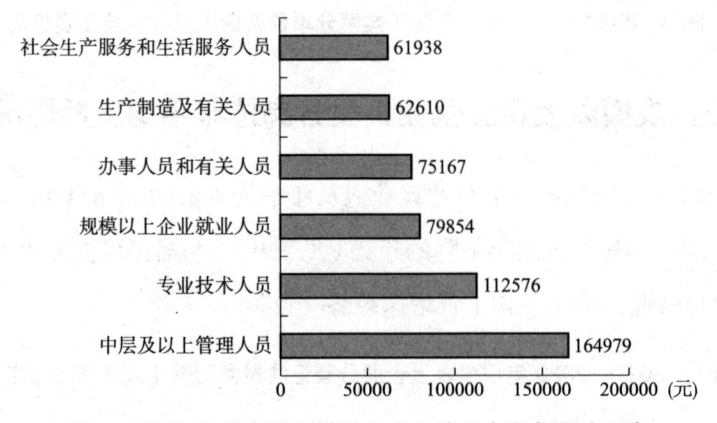

图 4　2020 年分岗位规模以上企业就业人员年平均工资

分登记注册类型看，中层及以上管理人员、办事人员和有关人员、社会生产服务和生活服务人员三类岗位平均工资最高的企业类型均为外商投资企业，平均工资分别为 329 642 元、122 663 元、85 165 元；专业技术人员平均工资最高的是港澳台商投资企业，平均工资为 174 155 元；生产制造及有关人员平均工资最高的是国有企业，平均工资为 81 424 元；中层及以上管理人员、专业技术人员、办事人员和有关人员、社会生产服务和生活服务人员、生产制造及有关人员五类岗位平均工资最低的企业类型均为集体企业，平均工资分别为 104 404 元、63 604 元、52 311 元、46 303 元和 48 220 元。五类岗位平均工资在各类企业类型中最高与最低之比分别为 3.16、2.74、2.34、1.84 以及 1.69（见表 10）。私营企业各类岗位工资均处在较低水平，低于外商投资、港澳台商投资、国有企业，也低于全国平均水平。

表10 2020年规模以上企业分登记注册类型分岗位就业人员年平均工资

单位：元、%

登记注册类型	规模以上企业就业人员	中层及以上管理人员	专业技术人员	办事人员和有关人员	社会生产服务和生活服务人员	生产制造及有关人员
全国	79 854	164 979	112 576	75 167	61 938	62 610
私营	63 309	114 189	82 179	59 666	48 275	54 674
私营/全国	79.3	69.2	73.0	79.4	77.9	87.3
国有	97 739	195 147	125 796	87 319	72 818	81 424
国有/全国	122.4	118.3	111.7	116.2	117.6	130.0
集体	54 061	104 404	63 604	52 311	46 303	48 220
集体/全国	67.7	63.3	56.5	69.6	74.8	77.0
有限责任公司	84 780	178 070	118 483	75 699	65 224	67 097
有限责任/全国	106.2	107.9	105.2	100.7	105.3	107.2
股份有限公司	97 324	220 942	130 603	90 237	75 683	74 064
股份公司/全国	121.9	133.9	116.0	120.0	122.2	118.3
港澳台商投资	98 765	253 516	174 155	108 406	82 467	63 963
港澳台/全国	123.7	153.7	154.7	144.2	133.1	102.2
外商投资	112 290	329 642	171 742	122 663	85 165	73 293
外商/全国	140.6	199.8	152.6	163.2	137.5	117.1
其他	73 459	130 831	84 270	64 751	55 059	54 167
其他/全国	92.0	79.3	74.9	86.1	88.9	86.5

注：数据源自国家统计局，各登记注册类型/全国为大成课题组计算得出

四、农民工月均收入情况

2020年农民工月均收入4 072元，比上年增加110元，增长2.8%。其中，外出农民工月均收入4 549元，比上年增加122元，增长2.7%；本地农

民工月均收入3 606元，比上年增加106元，增长3.0%，增速快于外出农民工。

分地区看，在各地区就业的农民工月均收入均有增长。其中，在东部地区就业的农民工月均收入4 351元，比上年增加129元，增长3.1%；在中部地区就业的农民工月均收入3 866元，比上年增加72元，增长1.9%；在西部地区就业的农民工月均收入3 808元，比上年增加85元，增长2.3%；在东北地区就业的农民工月均收入3 574元，比上年增加105元，增长3.0%。

分行业看，农民工就业集中的六大主要行业月均收入继续增长。其中，从事制造业农民工月均收入4 096元，比上年增加138元，增长3.5%；从事交通运输/仓储/邮政业农民工月均收入4 814元，比上年增加147元，增长3.1%；从事建筑业农民工月均收入4 699元，比上年增加132元，增长2.9%；从事住宿/餐饮业农民工月均收入3 358元，比上年增加69元，增长2.1%；从事批发和零售业农民工月均收入3 532元，比上年增加60元，增长1.7%；从事居民服务/修理/其他服务业农民工月均收入3 387元，比上年增加50元，增长1.5%（见表11、表12）。

表11　2013—2020年农民工月均收入情况

单位：元

行业	月均收入							
	2013年	2014年	2015年	2016年	2017年	2018年	2019年	2020年
合计	2 609	2 864	3 072	3 275	3 485	3 721	3 962	4 072
制造业	2 537	2 832	2 970	3 233	3 444	3 732	3 958	4 096
建筑业	2 965	3 292	3 508	3 687	3 918	4 209	4 567	4 699
批发和零售业	2 432	2 554	2 716	2 839	3 048	3 263	3 472	3 532
交通运输/仓储/邮政业	3 133	3 301	3 553	3 775	4 048	4 345	4 667	4 814
住宿/餐饮业	2 366	2 566	2 723	2 872	3 019	3 148	3 289	3 358

续表

行业	月均收入							
	2013年	2014年	2015年	2016年	2017年	2018年	2019年	2020年
居民服务修理和其他服务业	2 297	2 532	2 686	2 851	3 022	3 202	3 337	3 387

注：数据源自国家统计局2014—2020年《农民工监测调查报告》

表12 2014—2020年农民工月均收入增速情况

单位：%

行业	同比增速							年均增长率	
	2014年	2015年	2016年	2017年	2018年	2019年	2020年	2013—2020年	2015—2020年
合计	9.8	7.2	6.6	6.4	6.8	6.5	2.8	6.6	5.8
制造业	11.6	4.9	8.9	6.5	8.4	6.1	3.5	7.1	6.7
建筑业	11.0	6.6	5.1	6.3	7.4	8.5	2.9	6.8	6.0
批发和零售业	5.0	6.4	4.5	7.4	7	6.4	1.7	5.5	5.4
交通运输/仓储/邮政业	5.3	7.7	6.2	7.2	7.3	7.4	3.1	6.3	6.2
住宿/餐饮业	8.4	6.2	5.5	5.1	4.3	4.5	2.1	5.1	4.3
居民服务/修理/其他服务业	10.2	6.1	6.1	6.0	6.0	4.2	1.5	5.7	4.7

注：同比增速源自国家统计局2014—2020年《农民工监测调查报告》，年均增长率为大成课题组依据同比增长数据计算得出

2013年以来农民工月均收入年均增速为6.6%，不仅低于全国、城镇、农村居民的人均可支配收入增速，也低于城镇私营、非私营单位就业人员年均工资增速。

2015年以来农民工收入增速下滑幅度更大，年均增速仅为5.8%。相比之下，全国居民人均可支配收入年均增速为7.9%，城镇居民人均可支配收入年均增速为7.0%，农村居民人均可支配收入年均增速为8.4%，城镇私营单位就业人员工资年均增速为7.8%，城镇非私营单位就业人员工资年均增速为9.4%（见表13）。

表13　2014—2020年农民工收入与全国居民可支配收入、
城镇单位就业人员工资增速比较

单位：%

指标	同比增速							年均增长率	
	2014年	2015年	2016年	2017年	2018年	2019年	2020年	2013—2020年	2015—2020年
农民工月均收入	9.8	7.2	6.6	6.4	6.8	6.5	2.8	6.6	5.8
全国居民人均可支配收入	10.1	8.9	8.4	9.0	8.7	8.9	4.7	8.4	7.9
城镇居民人均可支配收入	9.0	8.2	7.8	8.3	7.8	7.9	3.5	7.5	7.0
农村居民人均可支配收入	11.2	8.9	8.2	8.6	8.8	9.6	6.9	8.9	8.4
城镇私营单位就业人员年均工资	11.3	8.8	8.2	6.8	8.3	8.1	7.7	8.5	7.8
城镇非私营单位就业人员年均工资	9.5	10.1	8.9	10	10.9	9.8	7.6	9.5	9.4

注：同比增速源自国家统计局，年均增长率为大成课题组依据同比增长数据计算得出

五、各地最低工资标准情况

截至2021年12月31日，今年已有22个地区上调了最低工资标准。比较各地最低工资标准水平，东部经济发达地区最低工资较高，上海、深圳、北京、广东（除深圳）、江苏、浙江、天津、山东、湖北这9个地区的最低工资标准超过2 000元。上海月最低工资标准为2 590元，属全国最高。西南、西北、东北等地区的最低工资标准较低，其中安徽省第四档最低工资标准仅为1 340元。各地第一档最低工资标准的中位数为1 890元，为2020年城镇私营单位就业人员月平均工资（4 810.58元）的39.3%（见表14）。

2021年各地最低工资标准第一档平均数为1 956元，比2020年的1 836元增加120元，增幅为6.5%。

表 14　2021 年全国各地区最低工资标准情况

单位：元

地区	实行日期	月最低工资标准			
		第一档	第二档	第三档	第四档
上海	2021.07.01	2 590			
深圳	2021.12.01	2 360			
北京	2021.08.01	2 320			
广东（除深圳）	2021.12.01	2 300	1 900	1 720	1 620
江苏	2021.08.01	2 280	2 070	1 840	
浙江	2021.08.01	2 280	2 070	1 840	
天津	2021.07.01	2 180			
山东	2021.10.01	2 100	1 900	1 700	
湖北	2021.09.01	2 010	1 800	1 650	1 520
内蒙古	2021.12.01	1 980	1 910	1 850	
陕西	2021.05.01	1 950	1 850	1 750	
宁夏	2021.09.01	1 950	1 840	1 750	
辽宁	2021.11.01	1 910	1 710	1 580	1 420
河北	2019.11.01	1 900	1 790	1 680	1 580
河南	2018.10.01	1 900	1 700	1 500	
新疆	2021.04.01	1 900	1 700	1 620	1 540
山西	2021.10.01	1 880	1 760	1 630	
吉林	2021.12.01	1 880	1 760	1 640	1 540
黑龙江	2021.04.01	1 860	1 610	1 450	
江西	2021.04.01	1 850	1 730	1 610	
西藏	2021.07.01	1 850			
海南	2021.12.01	1 830	1 730	1 680	
甘肃	2021.09.01	1 820	1 770	1 720	1 670
广西	2020.03.01	1 810	1 580	1 430	
福建	2020.01.01	1 800	1 720	1 570	1 420
重庆	2019.01.01	1 800	1 700		
贵州	2019.12.01	1 790	1 670	1 570	
四川	2018.07.01	1 780	1 650	1 550	

续表

地区	实行日期	月最低工资标准			
		第一档	第二档	第三档	第四档
湖南	2019.10.01	1 700	1 540	1 380	1 220
青海	2020.01.01	1 700			
云南	2018.05.01	1 670	1 500	1 350	
安徽	2021.12.03	1 650	1 500	1 430	1 340
平均数		1 956	1 748	1 620	1 487
2020年平均数		1 836	—	—	—

注：根据各地政府、人社厅网站数据整理，截至2021年12月31日

第五章　民间投资回升
——增速明显回升，占比重新提高

2021年民间固定资产投资稳定增长，由于基数效应，投资增速逐月回落。在1—5月间两年平均增速持续加快，5月之后两年平均增速基本稳定，加速势头明显回落。2021年个体经营、私营企业的固定资产投资均取得不错的增长；建筑业、教育行业、制造业民间投资增速均超10%。但从2020—2021两年平均来看，民间投资增速仅高于近十年的最低点2016年，民间投资占全国固定资产投资比重仅高于近十年的最低点2017年。长周期看情况更不容乐观，全国固定资产投资增速特别是民间投资增速下台阶的趋势非常明显，从持续多年的两位数高增长，到近年的个位数增长来看，持续优化营商环境、提振民间投资信心依然任重道远。

一、民间固定资产投资整体情况

2021年固定资产投资稳定恢复，结构持续优化。全年全国固定资产投资（不含农户）544 547亿元，同比增长4.9%，比2019年增长8.0%。其中，民间固定资产投资307 659亿元，同比增长7.0%，全年各月民间投资累计增速均高于全国增速（见表1、图1）。2021年资本形成总额对经济增长贡献率为13.7%，拉动GDP增长1.1个百分点。相比之下，最终消费支出对经济增长贡献率为65.4%，拉动GDP增长5.3个百分点；货物和服务净出口对经济增长贡献率为20.9%，拉动GDP增长1.7个百分点。

表1 2021年全国、国有控股、民间及外商固定资产投资月度数据

单位：亿元、%

时间	全国固定资产投资 绝对值	全国固定资产投资 同比增长	民间投资 绝对值	民间投资 同比增长	民间投资 占比	国有及国有控股 同比增长	外商投资企业 同比增长
2021.1—2	45 236	35.0	26 183	36.4	57.9	32.9	22.9
2021.1—3	95 994	25.6	55 022	26.0	57.3	25.3	11.9
2021.1—4	143 804	19.9	82 519	21.0	57.4	18.6	10.4
2021.1—5	193 917	15.4	112 472	18.1	58.0	11.8	10
2021.1—6	255 900	12.6	147 957	15.4	57.8	9.6	9.3
2021.1—7	302 533	10.3	173 473	13.4	57.3	7.1	8.4
2021.1—8	346 913	8.9	198 559	11.5	57.2	6.2	8.1
2021.1—9	397 827	7.3	227 473	9.8	57.2	5.0	6.6
2021.1—10	445 823	6.1	254 462	8.5	57.1	4.1	1.9
2021.1—11	494 082	5.2	281 027	7.7	56.9	3.0	3.8
2021.1—12	544 547	4.9	307 659	7.0	56.5	2.9	5.0

注：数据源自国家统计局，不含农户

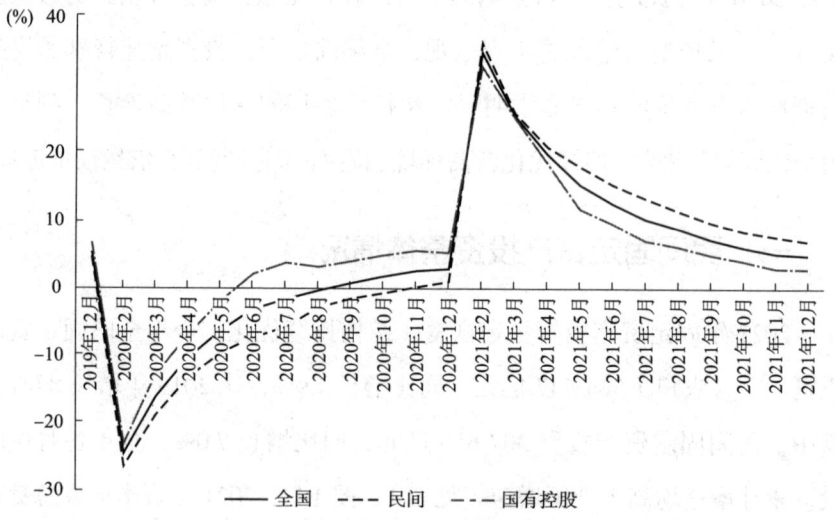

图1 2019年以来固定资产投资月度累计同比增速

由于2020年开年的基数较低，所以2021年投资增速逐月回落。但全国固定资产投资两年平均增速在1—4月间持续加快，4月之后基本保持稳定。民间固定资产投资启动慢些，在5月之后两年平均增速基本稳定。

以 2019 年为基期，全国固定资产投资两年平均增速为 3.9%，民间投资两年平均增速为 3.8%（见图 2）。

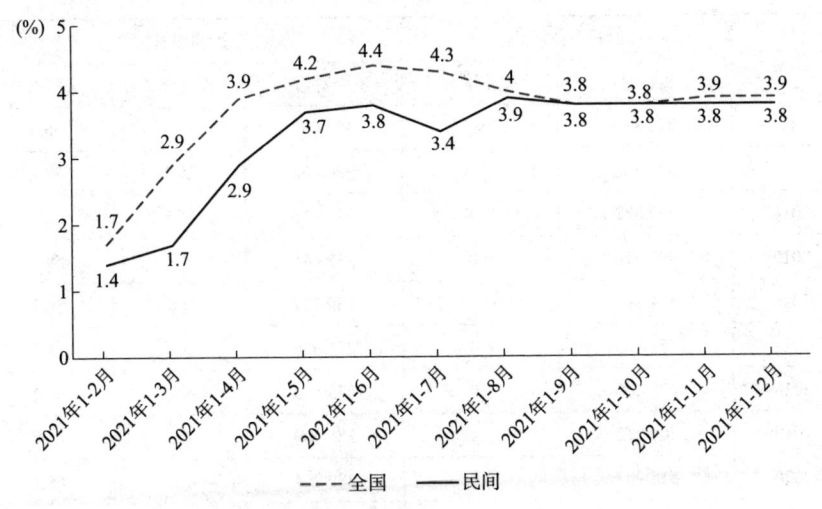

图 2　2021 年各月全国与民间固定资产投资两年平均增速

2021 年全国投资总额中，民间投资占 56.5%，全年各月民间投资占比整体呈下行态势。2021 年民间投资占比有所提升，已高于 2020 年的水平，整体恢复到 2012—2019 年的水平。2016 年以来的 6 年中，只有 2018 和 2021 两年民间投资增速高于全国增速，这也导致这些年民间投资占比一直低于 2014—2015 年的高点（见图 3、表 2、图 4）。

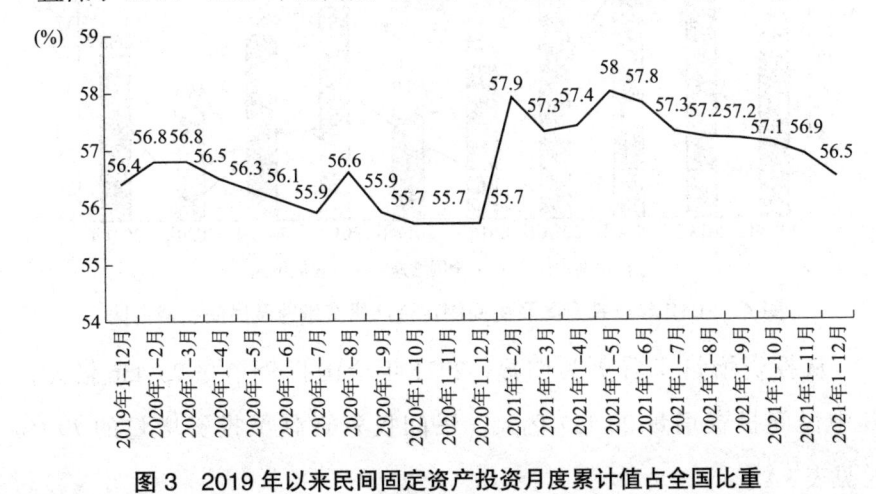

图 3　2019 年以来民间固定资产投资月度累计值占全国比重

表2　全国及民间固定资产投资年度数据

单位：亿元、%

年份	固定资产投资（不含农户） 绝对值	固定资产投资（不含农户） 同比增长	民间投资 绝对值	民间投资 同比增长	民间投资 占比
2012	271 843	18.4	153 698	-	56.5
2013	318 772	17.3	184 662	20.1	57.9
2014	362 881	13.8	213 811	15.8	58.9
2015	395 518	9.0	232 644	8.8	58.8
2016	424 399	7.3	239 137	2.8	56.3
2017	451 729	6.4	251 650	5.2	55.7
2018	478 460	5.9	273 543	8.7	57.2
2019	504 212	5.4	286 400	4.7	56.8
2020	518 907	2.9	289 264	1.0	55.7
2021	544 547	4.9	307 659	7.0	56.5

注：数据源自国家统计局

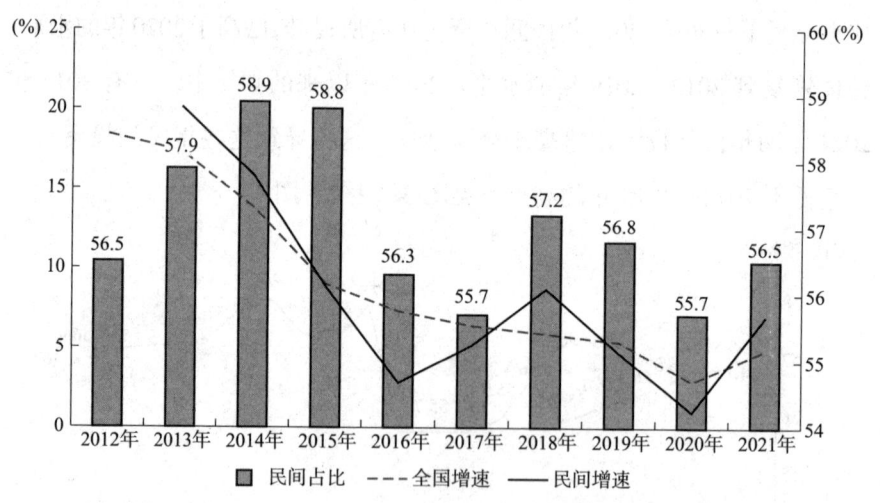

图4　2012年以来全国及民间固定资产投资增速及民间投资占比

从投资增量来看更为明显，2021年全国投资增量25 436亿元，其中民间投资增量20 127亿元，民间投资贡献了投资增量的79.1%（见表3）。

表 3 2013—2021 年民间投资增量贡献率情况

单位：亿元、%

年份	全国投资增量	民间投资增量	增量贡献率
2013	47 014	30 905	65.7
2014	44 005	29 173	66.3
2015	32 657	18 817	57.6
2016	28 873	6 513	22.6
2017	27 172	12 439	45.8
2018	26 656	21 894	82.1
2019	25 832	12 857	49.8
2020	14 624	2 864	19.6
2021	25 436	20 127	79.1

注：增量和贡献率为大成课题组依据国家统计局发布的同比增长率计算得出

二、各地区投资情况

分地区看，2021 年东部地区投资同比增长 6.4%，中部地区投资增长 10.2%，西部地区投资增长 3.9%，东北地区投资增长 5.7%。中部地区投资增长迅猛，西部地区投资增速已连续三年走低（见表 4）。

表 4 四大区域固定资产投资增速

单位：%

时间	东部地区	中部地区	西部地区	东北地区	全国
2016	9.1	12.0	12.2	−23.5	7.3
2017	8.3	6.9	8.5	2.8	6.4
2018	5.7	10.0	4.7	1.0	5.9
2019	4.1	9.5	5.6	−3.0	5.4
2020	3.8	0.7	4.4	4.3	2.9
2021	6.4	10.2	3.9	5.7	4.9

注：数据来源于国家统计局

三、按登记注册类型分

分登记注册类型看,内资企业投资同比增长4.7%,港澳台商企业投资增长16.4%,外商企业投资增长5.0%。今年个体经营、港澳台商投资企业、私营企业的固定资产投资都取得不错的增长,但股份有限公司投资大幅下降13.6%,国有及国有控股固定资产投资增速也只有2.9%(见表5)。

各登记注册类型企业中,私营企业在2019年之前基本上保持着最高的投资增速。2019年大幅下降,录得负增长。2020年尽管有疫情影响,但投资增长排名靠前。2021年私营企业投资增速进一步恢复(见表6)。

表5 2021年按登记注册类型分固定资产投资同比增长季度情况

单位:%

登记注册类型	2021年1—3月	2021年1—6月	2021年1—9月	2021年1—12月
全国投资	25.6	12.6	7.3	4.9
内资	25.8	12.4	7.1	4.7
国有企业	9.6	−4.2	−7.6	0.7
集体企业	34.8	22.8	8.3	5.5
股份合作企业	10.5	−7.0	−9.4	42.4
联营企业	66.9	49.5	37.6	35.8
有限责任公司	29.8	17.1	10.4	3.9
股份有限公司	−2.0	−14.2	−16.4	−13.6
私营企业	36.2	22.1	16.8	12.7
港澳台商投资	32.3	19.9	14.6	16.4
外商投资	11.9	9.3	6.6	5.0
个体经营	71.5	42.1	33.3	28.0

注:数据源自国家统计局

表6 2012年以来按登记注册类型分固定资产投资同比增长年度情况

单位:%

登记注册类型	2012年	2013年	2014年	2015年	2016年	2017年	2018年	2019年	2020年	2021年
全国投资	18.4	17.3	13.8	9.0	7.3	6.4	5.9	5.4	2.9	4.9
内资	21.0	20.5	16.3	10.6	7.8	7.7	6.5	5.5	2.8	4.7

续表

登记注册类型	2012年	2013年	2014年	2015年	2016年	2017年	2018年	2019年	2020年	2021年
国有企业	15.7	17.4	15.1	11.8	−6.7	9.0	−2.6	−1.7	−12.1	0.7
集体企业	18.1	14.4	14.9	1.7	−42.0	−13.2	−19.6	1.7	−21.4	5.5
股份合作企业	10.6	20.3	10.8	−10.6	−31.2	−10.3	−28.3	10.9	−34.3	42.4
联营企业	29.0	12.2	16.1	3.3	−47.9	−19.3	−11.5	−9.4	−10.7	35.8
有限责任公司	17.5	14.6	11.5	7.0	35.4	5.3	−0.4	17.1	10.8	3.9
股份有限公司	13.0	6.3	−3.9	−6.9	−15.7	−2.5	0.0	12.4	−12.2	−13.6
私营企业	30.3	32.9	24.5	14.6	10.1	11.2	25.3	−2.6	5.1	12.7
港澳台商投资	8.0	7.0	8.7	0.0	18.5	−4.0	−11.5	7.5	4.2	16.4
外商投资	14.5	4.5	−0.3	−2.8	12.4	−2.7	6.1	−0.7	10.6	5.0
个体经营	34.3	8.6	2.0	9.9	5.7	5.2	−9.3	0.4	−7.5	28.0

注：数据源自国家统计局

四、各行业民间投资

分产业看，2021年第一产业投资14 275亿元，比上年增长9.1%，两年平均增速为13.7%，民间投资比上年增长9.5%；第二产业投资167 395亿元，比上年增长11.3%，两年平均增速为5.8%，民间投资比上年增长13.5%；第三产业投资362 877亿元，比上年增长2.1%，两年平均增速为2.7%，民间投资比上年增长3.6%，服务业受疫情冲击最为严重（见表7）。

表7 三大产业固定资产投资额与增速

单位：亿元、%

时间	第一产业 全国投资额	第一产业 全国增速	第一产业 民间增速	第二产业 全国投资额	第二产业 全国增速	第二产业 民间增速	第三产业 全国投资额	第三产业 全国增速	第三产业 民间增速	全国增速	民间增速
2018年	11 075	12.9	12.4	144 455	6.2	8.8	322 931	5.6	8.5	5.9	8.7
2019年	11 136	0.6	1.7	149 005	3.2	2.0	344 071	6.5	6.7	5.4	4.7
2020年	13 302	19.5	14.2	149 154	0.1	−3.6	356 451	3.6	3.2	2.9	1.0
2021年	14 275	9.1	9.5	167 395	11.3	13.5	362 877	2.1	3.6	4.9	7.0

注：数据源自国家统计局

第二产业中，工业投资比上年增长11.4%。其中，采矿业投资增长10.9%，民间投资增长3.9%；制造业投资增长13.5%，两年平均增速为4.8%，民间投资增长14.7%，制造业技改投资增长13.6%，持续高于制造业投资增速；电力、热力、燃气及水生产和供应业投资增长1.1%，民间投资增长3.8%（见表9、图5、图6）。

第三产业中，基础设施投资（不含电力、热力、燃气及水生产和供应业）比上年增长0.4%，两年平均增速为0.3%，基础设施民间投资增长12.0%。其中，水利管理业投资增长1.3%，民间投资增长7.0%；公共设施管理业投资下降1.3%，民间投资下降2.5%；道路运输业投资下降1.2%，民间投资增长14.9%；铁路运输业投资下降1.8%，民间投资下降13.2%。房地产开发投资14.76万亿元，比上年增长4.4%，两年平均增速为5.7%，其中住宅投资增长6.4%。

高技术产业投资比上年增长17.1%，比全部投资增速高12.2个百分点，拉动全部投资增长1.2个百分点，两年平均增长13.8%。高技术制造业投资增长22.2%，比制造业投资增速高8.7个百分点，拉动制造业投资增长4.5个百分点。高技术服务业投资增长7.9%，比服务业投资增速高5.8个百分点，拉动服务业投资增长0.3个百分点。

民生补短板领域投资持续加力，社会领域投资比上年增长10.7%，其中，卫生投资增长24.5%；教育投资增长11.7%，民间投资增长24.9%；农、林、牧、渔业投资比上年增长9.3%，民间投资增长9.9%；交通运输、仓储和邮政业投资比上年增长1.6%，民间投资增长3.8%；电力、热力、燃气及水生产和供应业投资比上年增长1.1%，民间投资增长3.8%（见表9、图6）。

从表8可以看出，在固定资产投资的四个主要领域中（基础设施、房地产、制造业、其他领域），制造业投资是支撑2021年投资增长的主力，而制造业投资主要由民间投资主导，这也是2021年民间投资增量占全国固定资产投资增量近八成的主要原因。同样，2020年投资增速大幅下滑也主要体现在民间制造业投资的负增长（见图5）。

表8 固定资产投资主要领域增速

单位：%

时间	基建投资	房地产开发投资	制造业投资	制造业民间投资	全国投资	民间投资
2018年	3.8	9.4	9.5	10.3	5.9	8.7
2019年	3.8	10.0	3.1	2.8	5.4	4.7
2020年	0.9	7.0	−2.2	−4.6	2.9	1.0
2021年	0.4	4.4	13.5	14.7	4.9	7.0

注：数据源自国家统计局，基础设施投资不含电力、热力、燃气及水生产和供应业

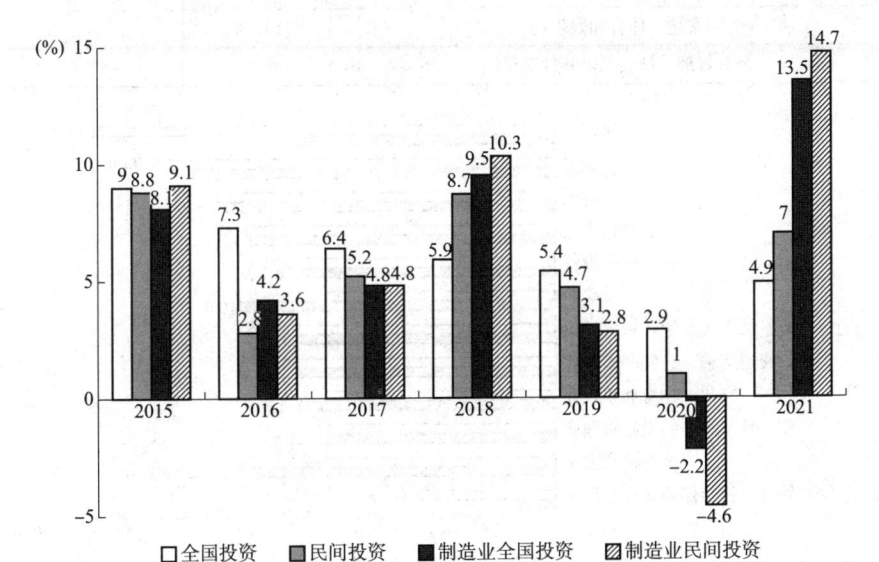

图5 制造业投资增速与全国投资增速对比

11个行业门类中，民间投资增速高于行业增速的有7个；4个行业增速超过民间投资整体增速，7个行业增速低于民间投资整体增速，其中3个行业出现负增长。制造业9个大类中，民间投资增速高于行业增速的有6个；6个行业增速超过民间投资整体增速，3个行业增速低于民间投资整体增速，没有负增长的行业（见表9、图6、表10、图7）。

表9　2021年11个行业门类全国和民间投资同比增速

单位：%

行业门类	全国	民间
固定资产投资	4.9	7.0
农林牧渔业	9.3	9.9
采矿业	10.9	3.9
制造业	13.5	14.7
电力、热力、燃气及水生产和供应业	1.1	3.8
建筑业	1.6	34.7
交通运输、仓储和邮政业	1.6	3.8
水利、环境和公共设施管理业	−1.2	−2.0
教育	11.7	24.9
卫生和社会工作	19.5	−2.9
文化、体育和娱乐业	1.6	0.4
公共管理、社会保障和社会组织	−38.2	−17.6

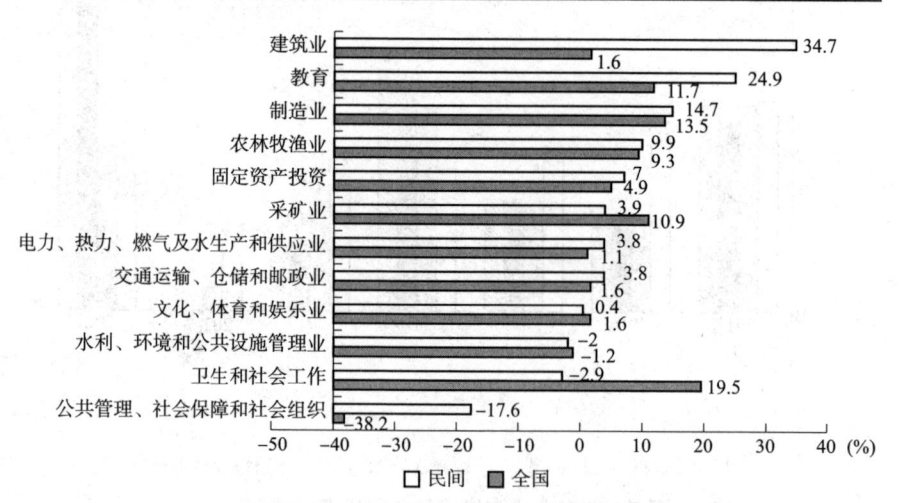

图6　2021年11个行业门类全国和民间投资同比增速

表10　2021年制造业9个大类全国和民间投资同比增速

单位：%

行业大类	全国	民间
制造业	13.5	14.7
非金属矿物制品业	14.1	14.8

104

续表

行业大类	全国	民间
黑色金属冶炼和压延加工业	14.6	22.2
有色金属冶炼和压延加工业	4.6	11.0
通用设备制造业	9.8	11.1
专用设备制造业	24.3	22.9
汽车制造业	-3.7	0.8
铁路、船舶、航空航天和其他运输设备制造业	20.5	16.3
电气机械和器材制造业	23.3	23.0
计算机、通信和其他电子设备制造业	22.3	26.1

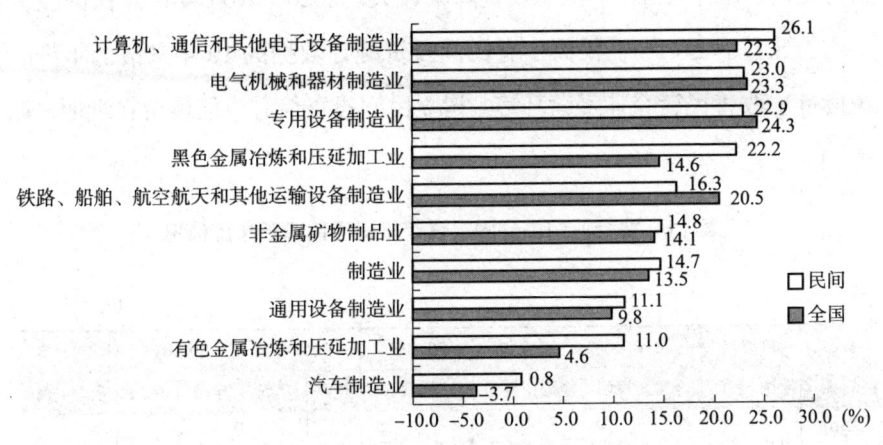

图7　2021年制造业9个大类全国和民间投资同比增速

五、民间投资长期趋势不容乐观

首先，疫情影响仍在持续。2020年民间投资增速仅有1%，2021年的增速看似较高，但是是建立在2020年同期基数较低的基础上。与2019年相比，全国固定资产投资两年平均增长3.9%，民间投资仅增长3.8%。民间投资明显跟随宏观经济形势的变化，其增速从2012年一路下降至2016年的低点。而国有控股的投资则明显体现了政府的逆周期调控，在2016年大幅增长。新一轮经济周期到达顶点后，2019年民间投资再度下行，

105

国有投资则逆势上行。2020年以来疫情持续，扰乱了经济周期，也给民营企业的生产经营带来诸多困难。

其次，"入世"以来特别是2008年"四万亿"以来持续多年的高投资，投资的边际产出已经明显下降，投资增速下台阶的趋势非常明显，从持续的两位数高增长，到只有个位数的增长。经济转型升级，摆脱高强度的投资与不可持续的债务依赖非常迫切。

最后，民间投资占比也在逐年下降，2015年以来，除了2018年的短暂反弹，整体上一路下行。2021年占比看似比2020年有所提高，是因为疫情影响下2020年民间投资降幅较大。2020—2021年两年民间投资平均占比只有56.1%，仅高于有民间投资统计数据的10年来最低年份的2017年。改善民营企业经营环境、树立民间投资信心不能停留在纸面（见表11）。

表11 按行业门类分固定资产投资同比增长年度情况

单位：%

行业门类	2015年 全国	2015年 民间	2016年 全国	2016年 民间	2017年 全国	2017年 民间	2018年 全国	2018年 民间	2019年 全国	2019年 民间	2020年 全国	2020年 民间	2021年 全国	2021年 民间
全国投资	9.0	8.8	7.3	2.8	6.4	5.2	5.9	8.7	5.4	4.7	2.9	1.0	4.9	7.0
农林牧渔业	30.8	32.8	19.5	16.0	9.1	12.0	12.3	12.4	0.7	2.1	19.1	13.5	9.3	9.9
采矿业	-8.8	-9.9	-20.4	-13.0	-10.0	-19.0	4.1	13.3	24.1	18.8	-14.1	-7.2	10.9	3.9
制造业	8.1	9.1	4.2	3.6	4.8	4.8	9.5	10.3	3.1	2.8	-2.2	-4.6	13.5	14.7
电力、热力、燃气及水生产和供应业	16.6	33.4	11.3	11.8	0.8	4.6	-6.7	-8.3	4.5	-5.9	17.6	12.3	1.1	3.8
建筑业	10.2	10.4	-6.5	-13.5	-19.0	-11.9	-13.9	0.2	-19.8	-64.2	9.2	-13.2	1.6	34.7
交通运输、仓储和邮政业	14.3	24.5	9.5	-2.4	14.8	3.5	3.9	1.2	3.4	0.8	1.4	-3.8	1.6	3.8

续表

行业门类	2015年 全国	2015年 民间	2016年 全国	2016年 民间	2017年 全国	2017年 民间	2018年 全国	2018年 民间	2019年 全国	2019年 民间	2020年 全国	2020年 民间	2021年 全国	2021年 民间
水利、环境和公共设施管理业	20.4	29.2	23.3	6.2	21.2	20.8	3.3	6.7	2.9	-1.9	0.2	-10.7	-1.2	-2.0
教育	15.2	15.8	20.7	13.7	20.2	13.2	7.2	12.5	17.7	28.3	12.3	6.1	11.7	24.9
卫生和社会工作	29.7	53.3	21.4	19.9	18.1	25.4	8.4	7.7	5.3	2.9	26.8	4.6	19.5	-2.9
文化、体育和娱乐业	8.9	11.3	16.4	4.1	12.9	13.9	21.2	39.3	13.9	16.5	1.0	-3.6	1.6	0.4
公共管理、社会保障和社会组织	9.1	25.9	4.3	-25.6	-2.0	-16.5	18.0	-21.5	-15.6	-21.9	-6.4	-24.8	-38.2	-17.6

注：数据源自国家统计局

第六章 民营工业发展
——回升快于全国，利润增长显著

2021年，面对疫情不利影响和复杂多变的国内外形势，我国工业发展总体平稳，产业链供、应链保障能力不断增强，转型升级深入推进，新动能持续壮大。从相关统计数据来看，工业生产保持增长，主要指标处于合理区间。2021年，规模以上工业增加值比上年增长9.6%，两年平均增长6.1%，其中私营工业企业同比增长10.2%。企业经营情况得到改善，工业企业盈利能力得到加强，2021年全国规模以上工业企业实现利润总额87 092.1亿元，比上年增长34.3%（按可比口径计算），比2019年增长39.8%，两年平均增长18.2%，其中私营企业实现利润总额29 150.4亿元，比上年增长27.6%。规模以上工业企业营业收入利润率达到6.81%，为近年来较高水平，其中私营工业企业营业收入利润率为5.73%。运营效率方面，2021年私营工业企业每百元资产实现的营业收入在三类企业中最高，为133.9元。亏损面方面，私营企业工业企业亏损面在三类企业中最低，为14.6%。

总体来看，2021年我国工业企业经营状况持续改善，效益有所改善。但也要看到，全球疫情的形势仍在持续演变，外部环境更趋复杂严峻，工业发展面临较多的不稳定因素和不确定性，特别是由于原材料价格上涨、能源供给紧张、芯片短缺等影响，工业增速稳中放缓，下行压力加大。

一、各类型工业企业增加值增长情况

2021年，规模以上工业增加值同比增长9.6%，两年平均增长6.1%。

第六章　民营工业发展——回升快于全国，利润增长显著

分经济类型看，国有控股工业企业增加值同比增长8.5%；私营工业企业增长10.2%，外商及港澳台商投资企业增长8.9%。全年来看，私营工业企业工业月度增加值累计增速一直在各类型企业中最高（见表1、表2、图1、图2）。

表1　2021年规模以上工业企业增加值累计同比增速

单位：%

	2021年3月	2021年6月	2021年9月	2021年12月
全国工业企业	24.5	15.9	11.8	9.6
国有控股工业企业	16.9	11.9	9.6	8.5
私营工业企业	29.7	18.3	11.6	10.2
外商及港澳台商投资企业	29.2	17.0	13.1	8.9

注：月度数据来源于国家统计局网站，本章同

图1　2021年工业企业增加值累计同比增速

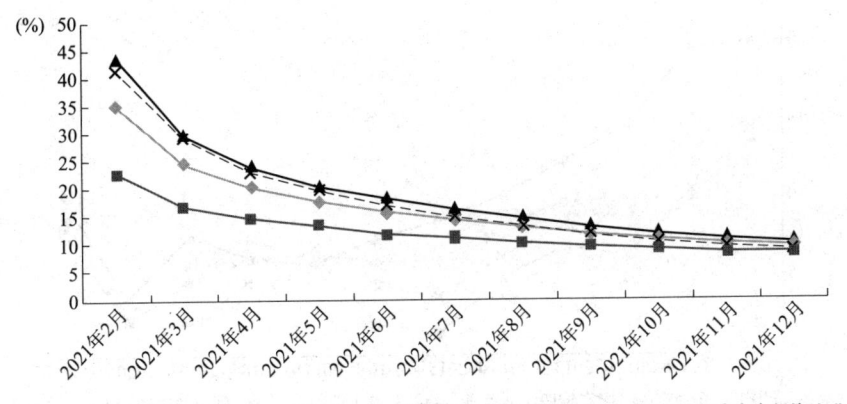

表2　2010—2021年规模以上工业企业增加值同比增速

单位：%

年份	全国工业企业	国有控股工业企业	私营工业企业	外商及港澳台商投资企业
2010	12.1	13.7	20.0	14.5
2011	13.9	9.9	19.5	10.4

续表

年份	全国工业企业	国有控股工业企业	私营工业企业	外商及港澳台商投资企业
2012	10	6.4	14.6	6.3
2013	9.7	6.9	12.4	8.3
2014	8.3	4.9	10.2	6.3
2015	6.1	1.4	8.6	3.7
2016	6	2	7.5	4.5
2017	6.6	6.5	5.9	6.9
2018	6.2	6.2	6.2	4.8
2019	5.7	4.8	7.7	2
2020	2.8	2.2	3.7	2.4
2021	9.6	8.0	10.2	8.9

注：数据来源于国家统计局网站

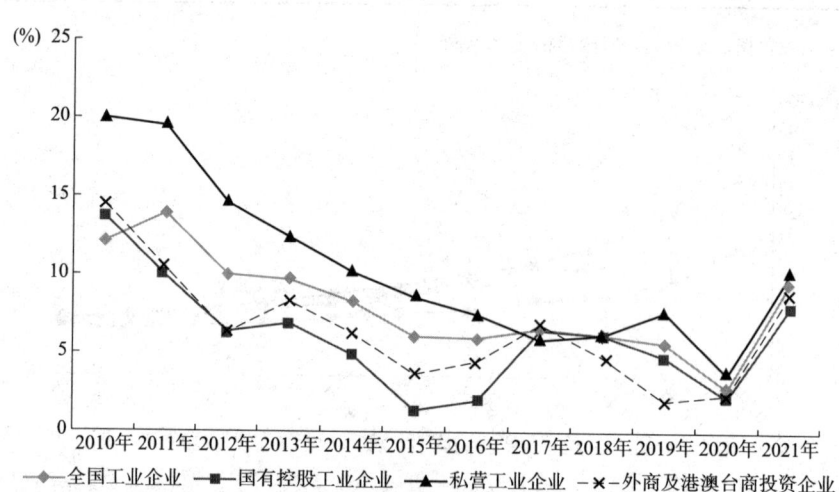

图2 2010—2021年工业企业增加值累计同比增速

二、各类型工业企业营业收入情况

2021年，规模以上工业企业实现营业收入1 279 226.5亿元，同比增长19.4%。其中国有控股企业营业收入328 916.2亿元，同比增长21.2%；私营工业企业实现营业收入509 166.4亿元，增长18.9%；外商及港澳台商投资企业实现营业收入287 986.2亿元,同比增长14.8%(见表3、表4、表5、表6、图3、图4、图5)。

表3 2021年规模以上工业企业营业收入

单位:亿元

		2021年3月	2021年6月	2021年9月	2021年12月
全国工业企业	总额	274 828	592 932	911 624	1 279 227
	同比增长	38.7	27.9	22.2	19.4
国有及国有控股工业企业	总额	75 509	156 516	237 078	328 916
	同比增长	32.8	26.9	23.0	21.2
私营工业企业	总额	104 494	231 893	357 138	509 166
	同比增长	41	28.6	22.1	18.9
外商及港澳台商投资企业	总额	274 828	592 932	207 330	287 986
	同比增长	38.7	27.9	17.6	14.8

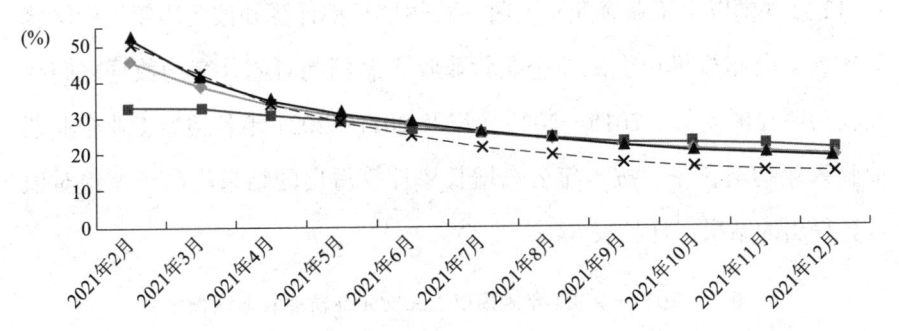

图3 2021年规模以上工业企业营业收入同比增速

表4 2010—2021年规模以上工业企业营业收入

单位:亿元

年份	全国工业企业	国有控股工业企业	私营工业企业	外商及港澳台商投资企业
2010	697 744	194 340	207 838	188 729
2011	841 830	228 900	247 278	216 304
2012	929 292	245 076	285 622	221 949

续表

年份	全国工业企业	国有控股工业企业	私营工业企业	外商及港澳台商投资企业
2013	1 038 659	257 817	342 003	242 964
2014	1 107 033	262 692	372 176	252 630
2015	1 109 853	241 669	386 395	245 698
2016	1 158 999	238 990	410 188	250 393
2017	1 133 161	265 393	381 034	247 620
2018	1 057 327	290 754	343 843	236 959
2019	1 067 397	287 708	361 133	234 410
2020	1 083 658	279 607	413 564	243 187
2021	1 279 227	328 916	509 166	287 986

注：1. 年度绝对值数据来源于历年《中国统计年鉴》，2021年数据为统计局网站公布12月数据，本章同。2. 2017年及以前为主营业务收入，2018年及以后为营业收入，本章同

值得注意的是，年均增长率方面，按照国家统计局当年12月公布的1—12月规模以上工业企业营业收入总额增长率计算和按照历年《中国统计年鉴》公布规模以上工业企业营业收入总额绝对值计算的数据之间存在较为明显的差异。2015—2020年以及2011—2021年各类型工业企业营业收入年均增长率，按当年公布增长率计算得出的结果均高于按绝对值计算得出的结果，详见表5。

表5　2011—2021年规模以上工业企业营业收入增长率

单位：%

年份	全国工业企业	国有控股工业企业	私营工业企业	外商及港澳台商投资企业
2011	27.2	20.4	37	19.4
2012	11	6.3	17.4	5.4
2013	11.2	6.1	15.4	9
2014	7	2.1	9.2	5.5
2015	0.8	−7.8	4.5	−0.8
2016	4.9	0.3	6.5	3.4
2017	11.1	15	8.8	10.3

第六章 民营工业发展——回升快于全国，利润增长显著

续表

年份	全国工业企业	国有控股工业企业	私营工业企业	外商及港澳台商投资企业
2018	8.5	9.2	8.4	5.4
2019	3.8	3.7	5.6	0.1
2020	0.8	−0.9	0.7	0.9
2021	19.4	21.2	18.9	14.8
按当年公布增长率计算的年均增长率				
2015—2020	5.8	5.3	6.0	4.0
2011—2021	7.7	5.2	9.4	5.3
按绝对值计算的年均增长率				
2015—2020	−0.5	3.0	1.4	−0.2
2011—2021	4.3	3.7	7.5	2.9

注：年均增长率为统计局网站公布的当年1—12月累计增长率，本章同。

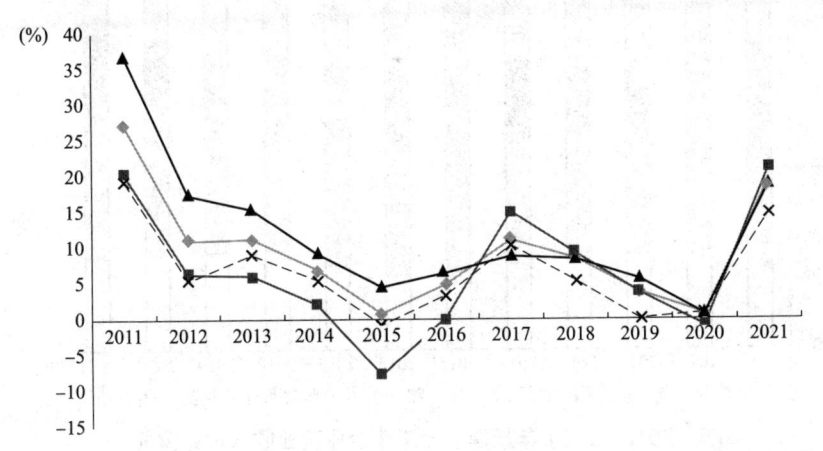

图4 2011—2021年规模以上工业企业营业收入同比增速

表6 2010—2021年规模以上工业企业营业收入占比情况

单位：%

年份	国有控股工业企业	私营工业企业	外商及港澳台商投资企业
2010	27.9	29.8	27
2011	27.2	29.4	25.7
2012	26.4	30.7	23.9

113

续表

年份	国有控股工业企业	私营工业企业	外商及港澳台商投资企业
2013	24.8	32.9	23.4
2014	23.7	33.6	22.8
2015	21.8	34.8	22.1
2016	20.6	35.4	21.6
2017	23.4	33.6	21.9
2018	27.5	32.5	22.4
2019	27.0	33.8	22.0
2020	25.8	38.2	22.4
2021	25.7	39.8	22.5

注：占比为按照统计局公布的绝对数计算得出，本章同

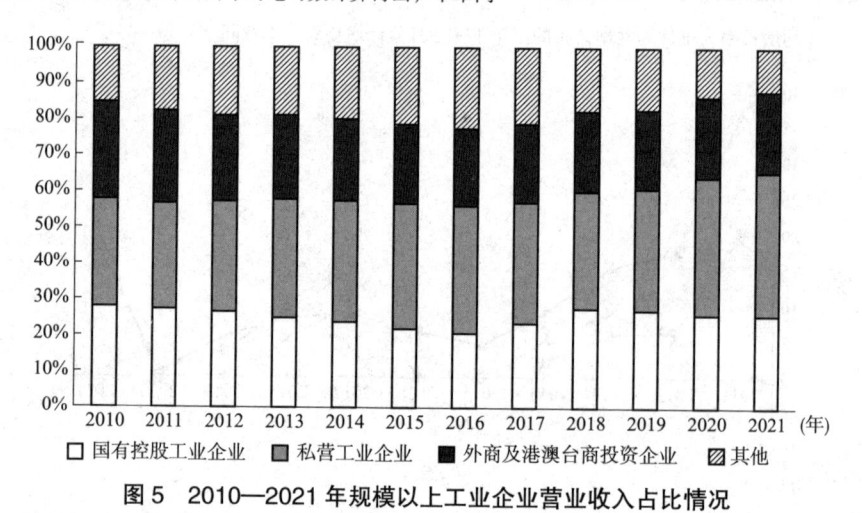

图5 2010—2021年规模以上工业企业营业收入占比情况

三、各类型工业企业利润总额情况

2021年，全国规模以上工业企业实现利润总额87 092亿元，同比增长34.3%，比上年增长34.3%（按可比口径计算），比2019年增长39.8%，两年平均增长18.2%。其中国有控股企业利润总额为22 770亿元，同比增长56.0%；私营工业企业为29 150亿元，增长27.6%；外商及港

澳台商投资企业为 22 846 亿元，同比增长 21.1%（见表 7、表 8、表 9、表 10、图 6、图 7、图 8）。

国有控股工业企业收入利润率在三类企业中最高，究其原因，与国有控股工业企业较多分布在上游行业，在大宗商品价格上涨中受益更多有关。从营收和利润增速情况看，今年以来，国有控股和私营工业企业营收增速相差不大，而利润增速则与之形成反差，从 3 月份开始，国有控股工业企业利润总额增速开始高于私营工业企业，且私营和外商及港澳台商投资企业利润增速下滑的幅度也较国有企业更大。

表 7　2021 年规模以上工业企业利润总额情况

单位：亿元、%

		2021 年 3 月	2021 年 6 月	2021 年 9 月	2021 年 12 月
全国工业企业	总额	6 165	13 774	19 851	87 092
	同比增长	137.3	66.9	44.7	34.3
国有及国有控股工业企业	总额	6 165	13 774	19 851	22 770
	同比增长	199.4	111.9	77.9	56.0
私营工业企业	总额	5 163	12 164	18 606	29 150
	同比增长	91.9	47.1	30.7	27.6
外商及港澳台商投资企业	总额	5 128	11 434	16 978	22 846
	同比增长	160.9	60.9	31.7	21.1

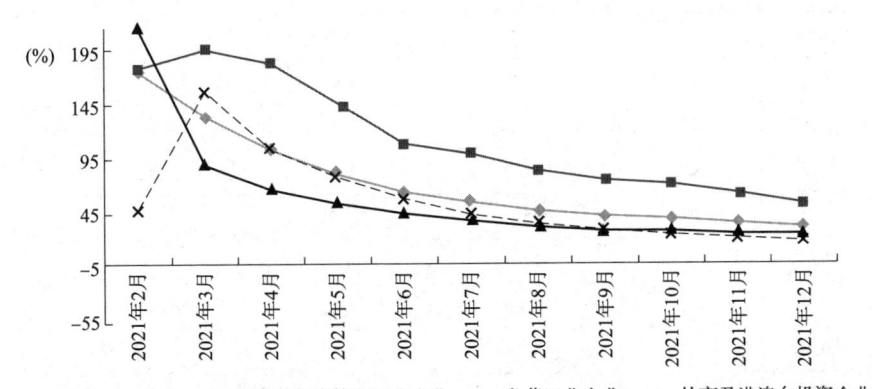

图 6　2021 年规模以上工业企业利润总额同比增速

表8 2010—2021年规模以上工业企业利润总额

单位：亿元

年份	全国工业企业	国有控股工业企业	私营工业企业	外商及港澳台商投资企业
2010	53 050	14 738	15 103	15 020
2011	61 396	16 458	18 156	15 494
2012	61 910	15 176	20 192	13 966
2013	68 379	15 918	23 327	15 803
2014	68 155	14 508	23 550	16 577
2015	66 187	11 417	24 250	15 906
2016	71 921	12 324	25 495	17 597
2017	74 916	17 216	23 043	18 412
2018	71 609	19 285	21 763	16 944
2019	65 799	16 068	20 651	16 483
2020	68 465	15 346	23 800	18 167
2021	87 092	22 770	29 150	22 846

表9 2011—2021年规模以上工业企业利润总额增长率

单位：%

年份	全国工业企业	国有控股工业企业	私营工业企业	外商及港澳台商投资企业
2011	25.4	15	46	10.6
2012	5.3	−5.1	20	−4.1
2013	12.2	6.4	14.8	15.5
2014	3.3	−5.7	4.9	9.5
2015	−2.3	−21.9	3.7	−1.5
2016	8.5	6.7	4.8	12.1
2017	21	45.1	11.7	15.8
2018	10.3	12.6	11.9	1.9
2019	−3.3	−12	2.2	−3.6
2020	4.1	−2.9	3.1	7
2021	34.3	56.0	27.6	21.1

续表

年份	全国工业企业	国有控股工业企业	私营工业企业	外商及港澳台商投资企业
	按当年公布增长率计算的年均增长率			
2015—2020	7.8	8.3	6.7	6.4
2011—2020	8.8	5.6	10.2	7.0
	按绝对值计算的年均增长率			
2015—2020	0.7	6.1	−0.4	2.7
2011—2020	3.6	3.3	4.8	4.0

年均增长率方面，与营收总额的情况类似，2015—2020年以及2011—2021年各类型工业企业利润总额的年均增长率，按当年公布增长率计算得出的结果均高于按绝对值计算得出的结果，详见表9。

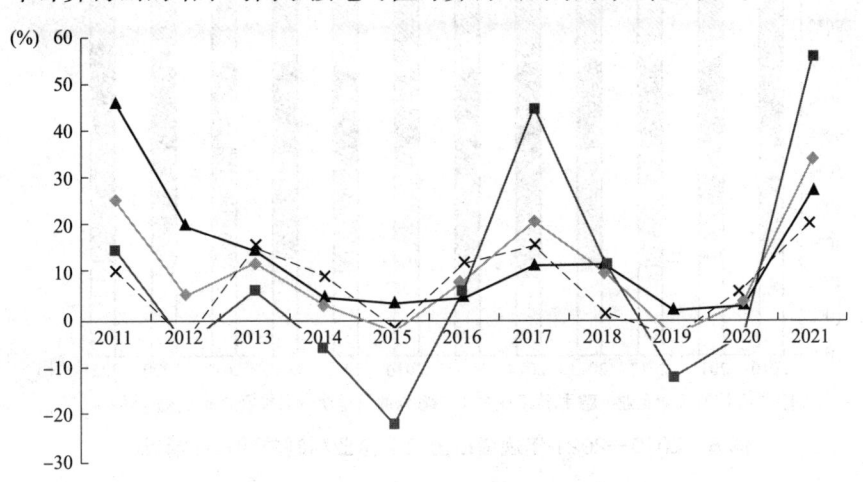

图7　2011—2021年规模以上工业企业利润总额同比增速

表10　2010—2021年规模以上工业企业利润总额占比情况

单位：%

年份	国有控股工业企业	私营工业企业	外商及港澳台商投资企业
2010	27.8	28.5	28.3
2011	26.8	29.6	25.2
2012	24.5	32.6	22.6

续表

年份	国有控股工业企业	私营工业企业	外商及港澳台商投资企业
2013	23.3	34.1	23.1
2014	21.3	34.6	24.3
2015	17.2	36.6	24
2016	17.1	35.4	24.5
2017	23.0	30.8	24.6
2018	26.9	30.4	23.7
2019	24.4	31.4	25.1
2020	22.4	34.8	26.5
2021	26.1	33.5	26.2

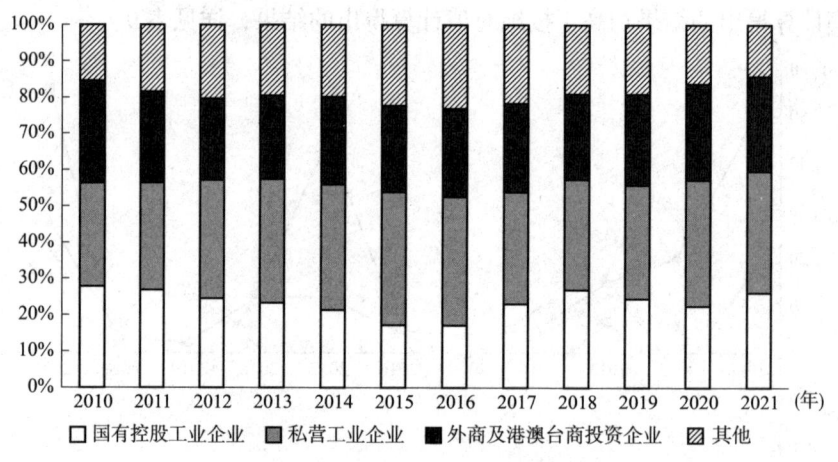

图8 2010—2021年规模以上工业企业利润总额占比情况

四、各类型工业企业资产及资产负债率情况

2021年12月末，规模以上工业企业资产总额为1 412 880亿元，同比增长9.9%。其中国有控股企业资产总额518 296亿元，同比增长6.8%；私营工业企业资产总额409 090亿元，同比增长11.9%；外商及港澳台商投资企业资产总额288 150亿元，同比增长8.8%（见表11、表12、表13、表14、图9、图10、图11）。

第六章 民营工业发展——回升快于全国，利润增长显著

表11 2021年规模以上工业企业资产总额

单位：亿元、%

		2021年3月	2021年6月	2021年9月	2021年12月
全国工业企业	总额	1 287 000	1 326 303	1 367 924	1 412 880
	同比增长	9.5	9.3	9.1	9.9
国有及国有控股工业企业	总额	488 878	496 146	507 215	518 296
	同比增长	6.5	6.1	6.1	6.8
私营工业企业	总额	358 438	374 995	389 130	409 090
	同比增长	12.2	11.8	11.5	11.9
外商及港澳台商投资企业	总额	267 023	272 309	279 007	288 150
	同比增长	10.4	9.4	8.6	8.8

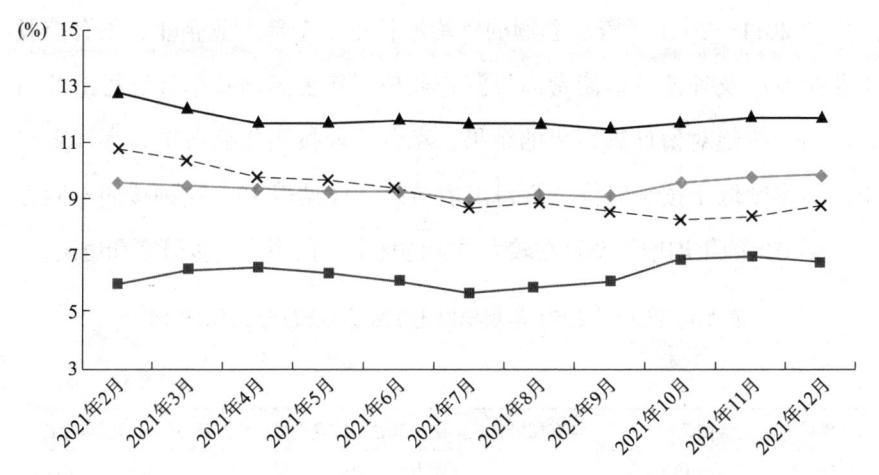

图9 2021年规模以上工业企业资产总额累计同比增速

表12 2010—2021年规模以上工业企业资产总额

单位：亿元

年份	全国工业企业	国有控股工业企业	私营工业企业	外商及港澳台商投资企业
2010	592 882	247 760	116 868	148 552
2011	675 797	281 674	127 750	161 988
2012	768 421	312 094	152 548	172 320
2013	870 751	343 986	187 704	188 661

续表

年份	全国工业企业	国有控股工业企业	私营工业企业	外商及港澳台商投资企业
2014	956 777	371 309	213 114	198 162
2015	1 023 398	397 404	229 007	201 303
2016	1 085 866	417 704	239 543	212 744
2017	1 121 910	439 623	242 637	215 998
2018	1 153 251	456 504	263 451	219 165
2019	1 205 869	469 680	282 830	228 744
2020	1 303 499	500 461	342 023	248 427
2021	1 412 880	518 296	409 090	288 150

年均增长率方面，与营收总额和利润总额的情况不同，2015—2020年以及 2011—2021 年资产总额的年均增长率，全部工业企业、国有控股工业企业以及外商及港澳台商投资企业按当年公布增长率计算得出的结果均高于按绝对值计算得出的结果，私营工业按当年公布增长率计算得出的结果则低于按绝对值计算得出的结果，详见表 13。这种按照不同方法计算得出的年均增长率存在较大差异的情况，值得进一步研究和讨论。

表 13 2011—2021 年规模以上工业企业资产总额增长率

单位：%

年份	全国工业企业	国有控股工业企业	私营工业企业	外商及港澳台商投资企业
2011	18.8	13.8	29.5	14.6
2012	12	9.3	19.4	6.6
2013	11.9	9.6	17.4	8.5
2014	9.3	6.3	13.6	6.5
2015	6.9	6.6	8.2	3.1
2016	7.1	5.9	7.3	6.9
2017	6.9	5.3	7.3	6.8
2018	6.1	3.9	6.6	5.8
2019	5.8	5.3	7.5	3.7
2020	6.9	5.1	8.7	6.7
2021	9.9	6.8	11.9	8.8

续表

年份	全国工业企业	国有控股工业企业	私营工业企业	外商及港澳台商投资企业
按当年公布增长率计算的年均增长率				
2015—2020	6.6	5.1	7.5	6.0
2011—2021	8.3	6.4	10.7	6.3
按绝对值计算的年均增长率				
2015—2020	5.0	4.7	8.4	4.3
2011—2021	7.7	6.3	12.3	5.9

图10　2011—2020年规模以上工业企业资产总额同比增速

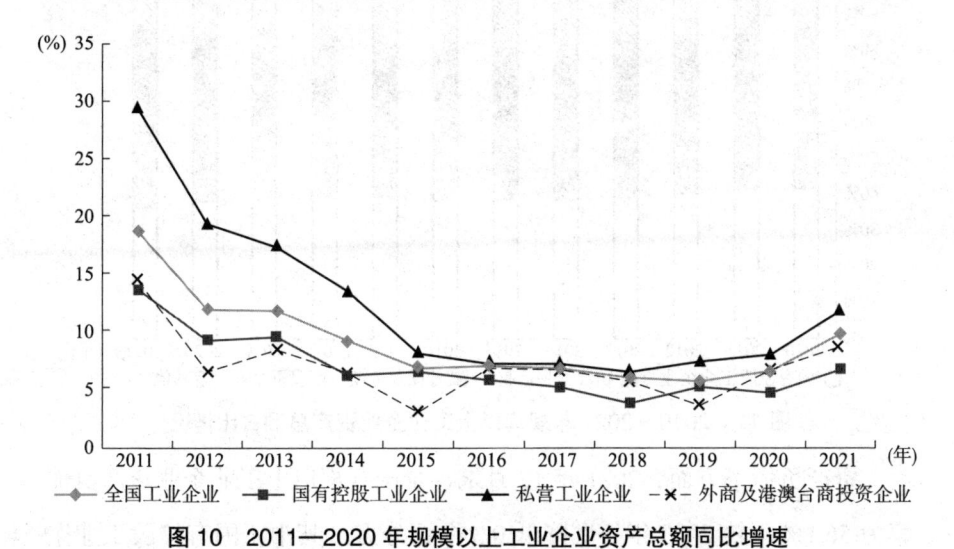

表14　2010—2021年规模以上工业企业资产总额占比情况

单位：%

年份	国有控股工业企业	私营工业企业	外商及港澳台商投资企业
2010	41.8	19.7	25.1
2011	41.7	18.9	24
2012	40.6	19.9	22.4
2013	39.5	21.6	21.7
2014	38.8	22.3	20.7
2015	38.8	22.4	19.7
2016	38.5	22.1	19.6
2017	39.2	21.6	19.3

续表

年份	国有控股工业企业	私营工业企业	外商及港澳台商投资企业
2018	39.6	22.8	19.0
2019	38.9	23.5	19.0
2020	38.4	26.2	19.1
2021	36.7	29.0	20.4

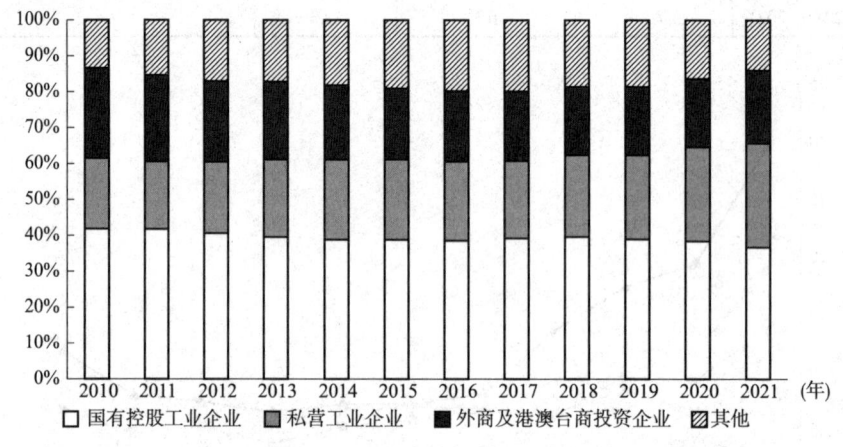

图11 2010—2021年规模以上工业企业资产总额占比情况

资产负债率方面，2021年12月末，全国规模以上工业企业资产负债率为56.1%，较2020年年底降低0.3个百分点。其中，国有控股工业企业资产负债率为57.1%，较2020年年底降低0.7个百分点；私营工业企业资产负债率从2018年开始升高的趋势稍有缓解，但仍达到57.6%，高于全国平均水平，比2020年年底降低了0.4个百分点；外商及港澳台商企业资产负债率最低，为53.6%，较2020年年底降低了0.2个百分点（见表15、表16、图12、图13）。

表15 2021年规模以上工业企业资产负债率

单位：%

	2021年3月	2021年6月	2021年9月	2021年12月
全国工业企业	56.3	56.5	56.3	56.1

第六章 民营工业发展——回升快于全国,利润增长显著

续表

	2021年3月	2021年6月	2021年9月	2021年12月
国有控股工业企业	57.0	57.0	57.0	57.1
私营工业企业	58.2	58.6	58.3	57.6
外商及港澳台商投资企业	53.4	53.7	53.4	53.6

注:数据来源为国家统计局网站

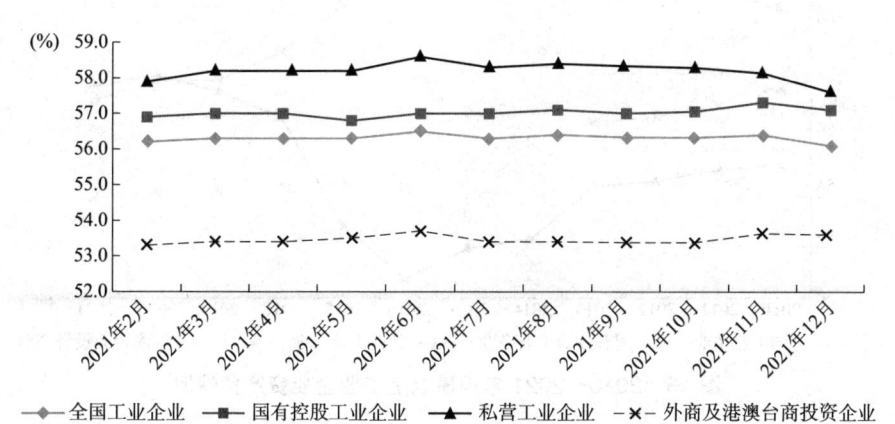

图12　2021年规模以上工业企业资产负债率

表16　2010—2021年工业企业资产负债率

单位:%

年份	全国工业企业	国有控股工业企业	私营工业企业	外商及港澳台商投资企业
2010	57.4	60.3	54.8	55.2
2011	58.1	61.2	54.6	56.9
2012	58	61.3	54.2	56.5
2013	58.1	62.3	54	56.3
2014	57.2	62	52.1	55.5
2015	56.6	61.9	51.8	54.5
2016	55.9	61.6	50.7	54
2017	56	60.5	52.6	54
2018	56.7	58.8	56.5	54.1
2019	56.5	57.8	57.4	53.8
2020	56.4	57.8	58.0	53.8

123

续表

年份	全国工业企业	国有控股工业企业	私营工业企业	外商及港澳台商投资企业
2021	56.1	57.1	57.6	53.6

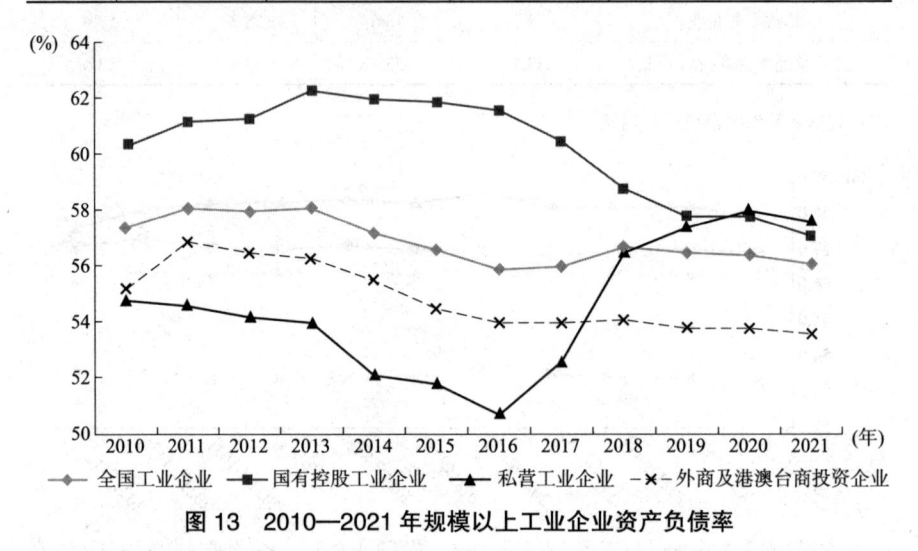

图13　2010—2021年规模以上工业企业资产负债率

五、各类型工业企业效益情况

营业收入利润率方面，2021年，全国规模以上工业企业营业收入利润率为6.8%，较2020年年末上升了0.5个百分点。其中，国有控股工业企业营业收入利润率为6.9%，较2020年年底上升了1.4个百分点；私营工业企业营业收入利润率为5.7%，较2020年年底降低0.1个百分点；外商及港澳台商投资企业营业收入利润率为7.9%，较2020年年底升高了0.4个百分点（见表17、表18、图14、图15）。

表17　2021年规模以上工业企业营业收入利润率

单位：%

	2021年3月	2021年6月	2021年9月	2021年12月
全国工业企业	6.6	7.1	7.0	6.8
国有控股工业企业	8.2	8.8	8.4	6.9

续表

	2021年3月	2021年6月	2021年9月	2021年12月
私营工业企业	4.9	5.3	5.2	5.7
外商及港澳台商投资企业	7.9	8.4	8.2	7.9

注：收入利润率根据统计局公布的绝对数计算得出，下同

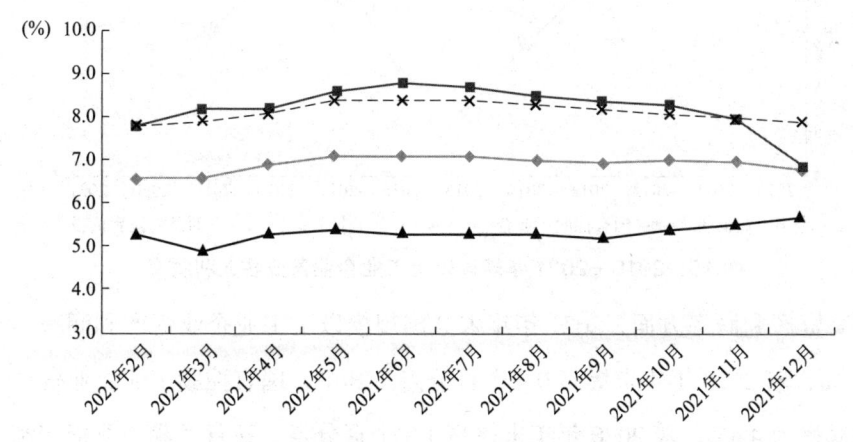

图14　2020年规模以上工业企业营业收入利润率

表18　2010—2021年工业企业营业收入利润率

单位：%

年份	全国工业企业	国有控股工业企业	私营工业企业	外商及港澳台商投资企业
2010	7.6	7.6	7.3	8.0
2011	7.3	7.2	7.3	7.2
2012	6.7	6.2	7.1	6.3
2013	6.6	6.2	6.8	6.5
2014	6.2	5.5	6.3	6.6
2015	6.0	4.7	6.3	6.5
2016	6.2	5.2	6.2	7.0
2017	6.6	6.5	6.0	7.4
2018	6.8	6.6	6.3	7.2
2019	6.2	5.6	5.7	7.0
2020	6.3	5.5	5.8	7.5
2021	6.8	6.9	5.7	7.9

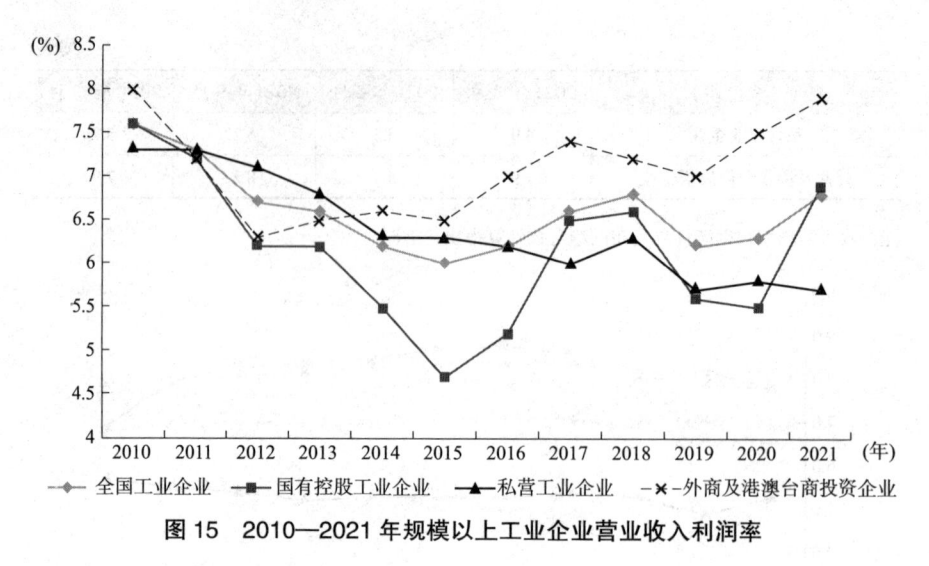

图 15 2010—2021 年规模以上工业企业营业收入利润率

资产利润率方面，2021 年年末全国规模以上工业企业资产利润率为 6.2%，较 2020 年年末提高 0.9 个百分点。其中，国有控股工业企业资产利润率为 4.4%，较 2020 年年末提高 1.3 个百分点；私营工业企业资产利润率为 7.1%，较 2020 年年末提高了 0.1 个百分点；外商及港澳台商投资企业资产利润率为 7.9%，高于全国平均水平，较 2020 年年末提高 0.6 个百分点（见表 19、表 20、图 16、图 17）。

表 19 2021 年规模以上工业企业资产利润率

单位：%

	2021 年 3 月	2021 年 6 月	2021 年 9 月	2021 年 12 月
全国工业企业	5.7	6.4	6.2	6.2
国有及国有控股工业企业	5.0	5.6	5.2	4.4
私营工业企业	5.8	6.5	6.4	7.1
外商及港澳台商投资企业	7.7	8.4	8.1	7.9

注：规模以上各类工业企业的资产利润率为大成企业研究院根据国家统计局网站和年鉴公布的相关数据计算得出。月度资产利润率计算公式为：资产利润率 = 利润总额 / 资产总额 × 12/ 月份数 ×100%

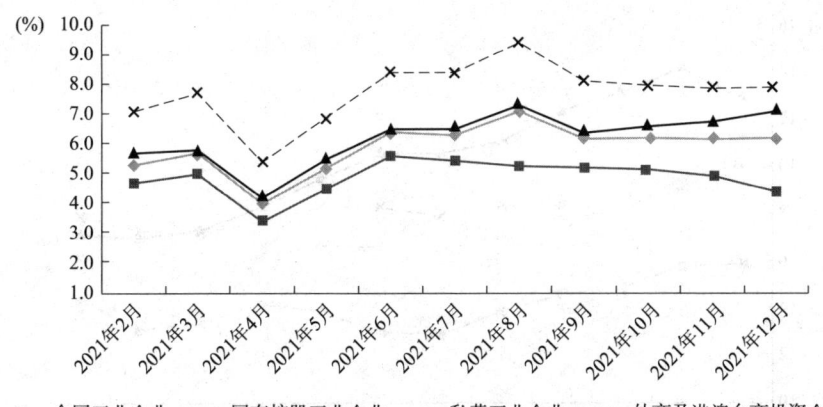

第六章 民营工业发展——回升快于全国，利润增长显著

图 16 2021年规模以上工业企业资产利润率

表 20 2010—2021年工业企业资产利润率

单位：%

年份	全国工业企业	国有控股工业企业	私营工业企业	外商及港澳台商投资企业
2010	8.9	5.9	12.9	10.1
2011	9.1	5.8	14.2	9.6
2012	8.1	4.9	13.2	8.1
2013	7.9	4.6	12.4	8.4
2014	7.1	3.9	11.1	8.4
2015	6.5	2.9	10.6	7.9
2016	6.6	3	10.6	8.3
2017	6.7	3.9	9.5	8.3
2018	6.2	4.2	8.3	7.7
2019	5.5	3.4	7.3	7.2
2020	5.3	3.1	7.0	7.3
2021	6.2	4.4	7.1	7.9

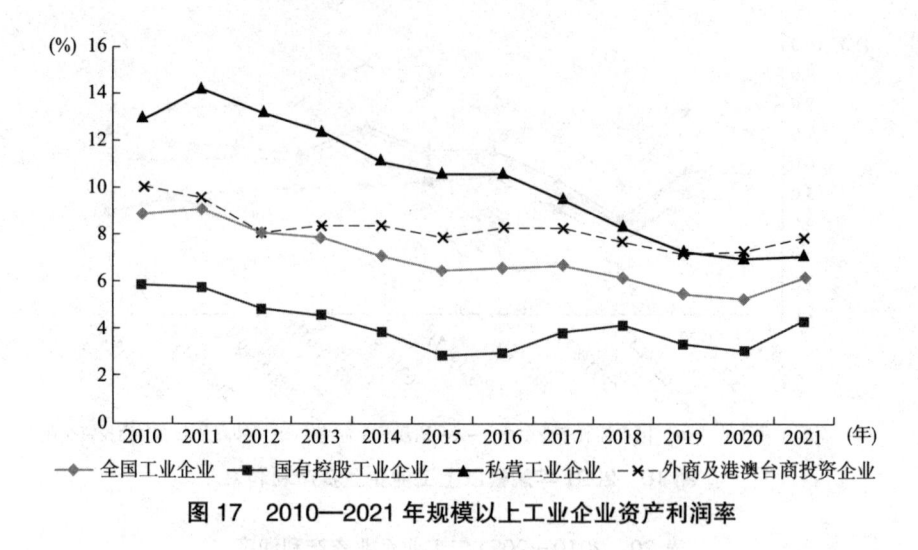

图 17　2010—2021 年规模以上工业企业资产利润率

每百元主营业务收入中的成本方面，2021 年，全国规模以上工业企业每百元主营业务收入中的成本为 83.7 元，较 2020 年下降了 0.2 元。其中，国有控股工业企业每百元主营业务收入中的成本在各类型企业中最低，为 81.7 元，较 2020 年下降了 0.6 元；私营工业企业每百元主营业务收入中的成本为 85.6 元，高于全国平均水平，较 2020 年下降了 0.3 元；外商及港澳台商投资企业每百元主营业务收入中的成本为 83.6 元，较 2020 年上升了 0.3 元（见表 21、表 22、图 18、图 19）。

表 21　工业企业每百元主营业务收入中的成本

单位：元

	2021 年 3 月	2021 年 6 月	2021 年 9 月	2021 年 12 月
全国工业企业	83.4	83.5	83.7	83.7
国有及国有控股工业企业	79.6	80.3	80.8	81.7
私营工业企业	86.2	86.2	86.3	85.6
外商及港澳台商投资企业	83.4	83.2	83.3	83.6

表22 2010—2021年工业企业每百元主营业务收入中的成本

单位：元

年份	全国工业企业	国有控股工业企业	私营工业企业	外商及港澳台商投资企业
2010	83.9	81.7	85.2	84.4
2011	84.1	82.0	85.0	85.0
2012	84.4	82.7	85.1	85.4
2013	84.8	82.7	85.9	85.3
2014	85.2	82.8	86.6	85.1
2015	85.1	82.7	86.6	84.8
2016	85.0	82.1	86.7	84.3
2017	84.4	81.5	86.5	84.1
2018	83.3	81.3	85.3	83.7
2019	83.5	81.9	85.3	83.5
2020	83.9	82.3	85.9	83.3
2021	83.7	81.7	85.6	83.6

注：2010—2019年每百元主营业务收入中的成本根据统计局公布的营收总额和营业成本总额绝对数计算得出，2020年、2021年数据为统计局网站公布当年1—12月数据

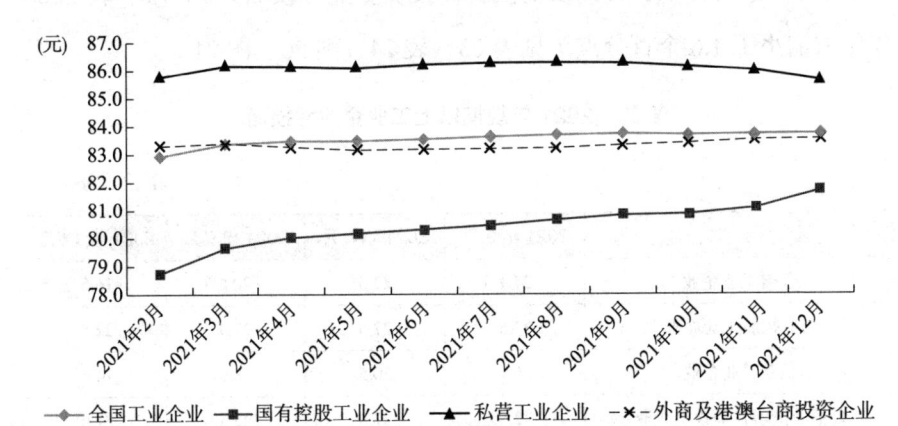

图18 2021年规模以上工业企业每百元主营业务收入中的成本

图 19 2010—2021 年规模以上工业企业百元主营业务收入中的成本

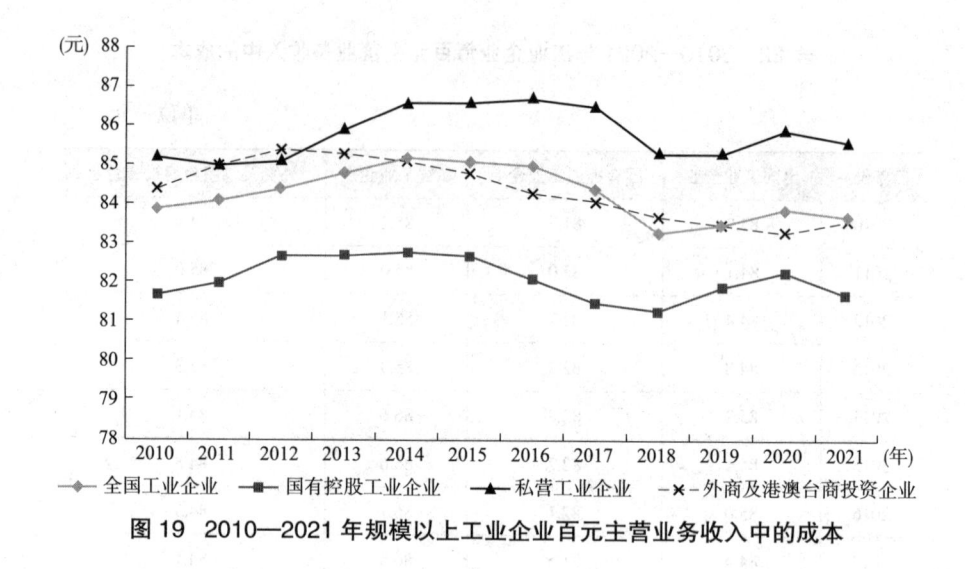

六、各类型工业企业亏损面

2021 年，全国规模以上工业企业亏损面为 16.5%，较 2020 年年末缩小了 0.8 个百分点。其中，国有控股工业企业亏损面为 22.8%，较 2020 年年末缩小了 0.1 个百分点；私营工业企业亏损面为 14.6%，较 2020 年缩小了 0.7 个百分点；外商及港澳台商投资企业亏损面为 21.6%，较 2020 年年末缩小了 1.6 个百分点（见表 23、表 24、图 20、图 21）。

表 23 2021 年规模以上工业企业亏损面

单位：%

	2021 年 3 月	2021 年 6 月	2021 年 9 月	2021 年 12 月
全国工业企业	27.1	22.5	20.6	16.5
国有控股工业企业	33.5	27.5	27.9	22.8
私营工业企业	25.0	20.5	18.6	14.6
外商及港澳台商投资企业	32.5	27.8	25.5	21.6

注：规模以上各类工业企业的亏损面为大成企业研究院根据国家统计局网站公布的相关数据计算得出

第六章　民营工业发展——回升快于全国，利润增长显著

表24　2010—2021年工业企业亏损面

单位：%

年份	全国工业企业	国有控股工业企业	私营工业企业	外商及港澳台商投资企业
2010	10	21.4	6.9	17.8
2011	9.4	20.6	5.9	17
2012	11.5	24	7.8	20.2
2013	11.3	24.7	7.8	20
2014	11.5	26.7	8.1	19.2
2015	12.6	28.9	9.1	20.8
2016	10.8	25.6	7.8	17.7
2017	11.8	24.7	9	19
2018	15.1	25	12.8	21.3
2019	15.9	23.6	13.6	21.9
2020	17.3	22.9	15.3	23.2
2021	16.5	22.8	14.6	21.6

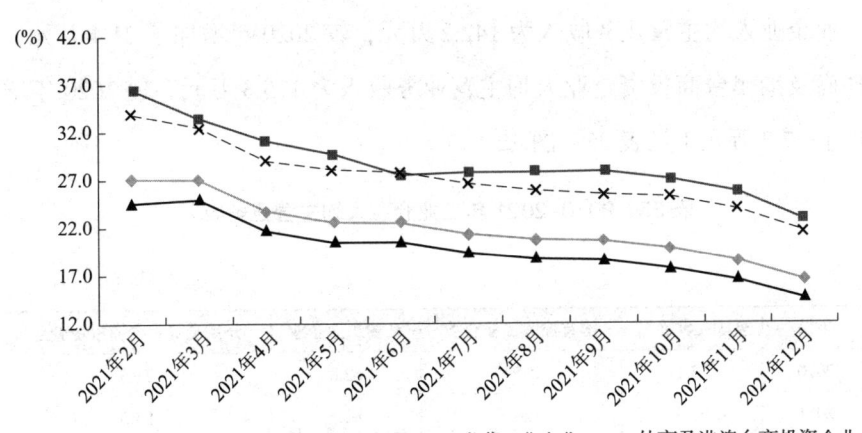

图20　2021年规模以上工业企业亏损面

131

图 21　2010—2021 年规模以上工业企业亏损面

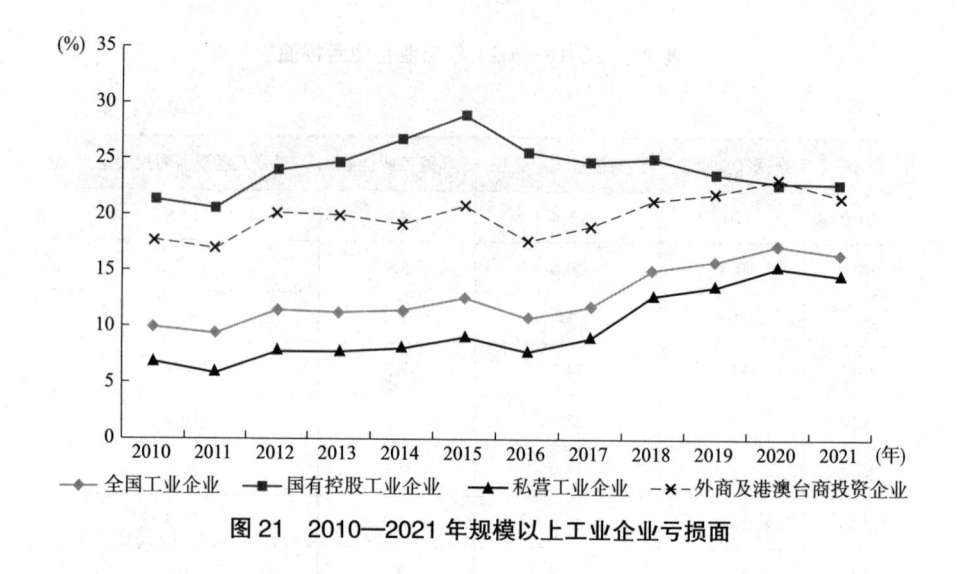

七、工业企业劳动生产率

人均主营业务收入方面，2021 年，全国规模以上工业企业人均主营业务收入为 172.0 万元，较 2020 年增加了 27 万元。其中，国有控股工业企业人均主营业务收入为 264.0 万元，较 2020 年增加了 48.4 万元；私营工业企业人均主营业务收入为 142.2 万元，较 2020 年增加了 21.4 万元；外商及港澳台商投资企业人均主营业务收入为 175.3 万元，较 2020 年增加了 27.2 万元（见表 25、图 22）。

表 25　2010-2021 年工业企业人均主营业务收入

单位：万元

年份	全国工业企业	国有控股工业企业	私营工业企业	外商及港澳台商投资企业
2010	73.1	105.8	62.8	71.3
2011	91.8	126.3	83.6	84.0
2012	97.1	129.5	91.5	86.2
2013	106.1	136.4	101.8	95.8
2014	111.0	142.6	106.2	102.2
2015	113.5	135.9	111.5	104.3

续表

年份	全国工业企业	国有控股工业企业	私营工业企业	外商及港澳台商投资企业
2016	122.3	140.9	120.7	114.7
2017	126.5	166.3	118.0	120.7
2018	126.5	190.8	103.6	127.6
2019	134.6	202.8	111.3	134.1
2020	145.0	215.6	120.8	148.1
2021	172.0	264.0	142.2	175.3

注：2010—2019年人均主营业务收入根据统计局公布的营业收入总额及平均用工人数的绝对数计算得出，2020年、2021年数据为统计局网站公布当年1—12月数据

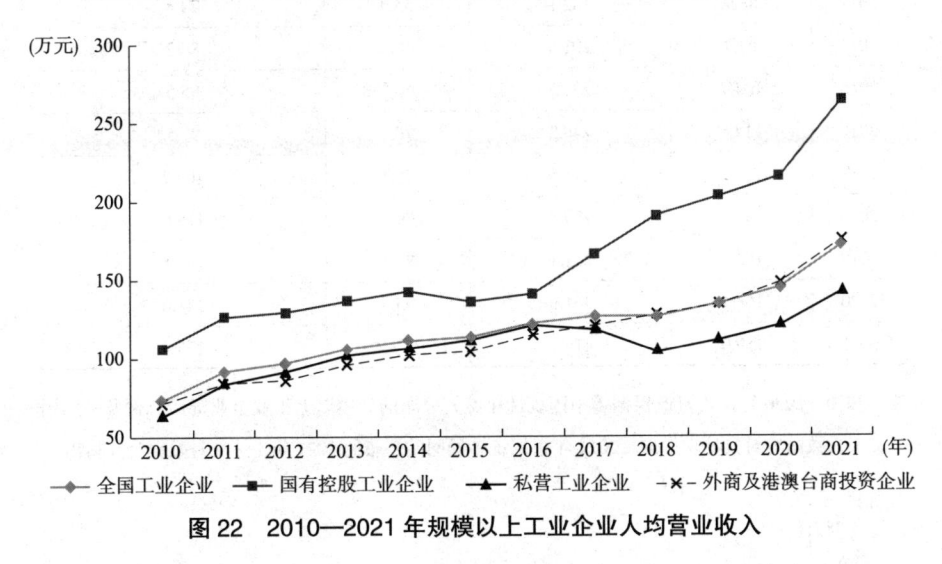

图22　2010—2021年规模以上工业企业人均营业收入

人均资产方面，2021年，全国规模以上工业企业人均资产为189.9万元，较2020年增加了21.8万元。其中，国有控股工业企业人均资产为416.1万元，较2020年增加了54.2万元；私营工业企业人均资产为114.2万元，较2020年增加了18.5万元；外商及港澳台商投资企业人均资产为175.4万元，较2020年增加了26.8万元（见表26、图23）。

从人均营收和人均资产的变化趋势来看，国有控股企业的人均营收和人均资产一直高于全国平均水平，并始终在三类企业中保持最高。私营工业企业的人均营收在2012—2016年略高于外商及港澳台商投资企业，2017

年开始至今一直在各类型企业中最低。私营工业企业的人均资产在三种类型企业中则一直处于最低位置（见表25、表26、图22、图23）。

表26 2010—2021年工业企业人均资产

单位：万元

年份	全国工业企业	国有控股工业企业	私营工业企业	外商及港澳台商投资企业
2010	62.1	134.9	35.3	56.1
2011	73.7	155.5	43.2	62.9
2012	80.3	164.9	48.9	67.0
2013	88.9	182.1	55.9	74.4
2014	95.9	201.5	60.8	80.2
2015	104.7	223.5	66.1	85.5
2016	114.6	246.3	70.5	97.5
2017	125.2	275.5	75.1	105.2
2018	138.0	299.5	79.4	118.0
2019	152.1	331.1	87.1	130.8
2020	168.1	361.9	95.7	148.6
2021	189.9	416.1	114.2	175.4

注：2010—2020年人均资产根据《中国统计年鉴》公布的规模以上工业企业资产总额及平均用工人数的绝对数计算得出，2021年根据统计局网站公布的2021年1—12月数据计算得出

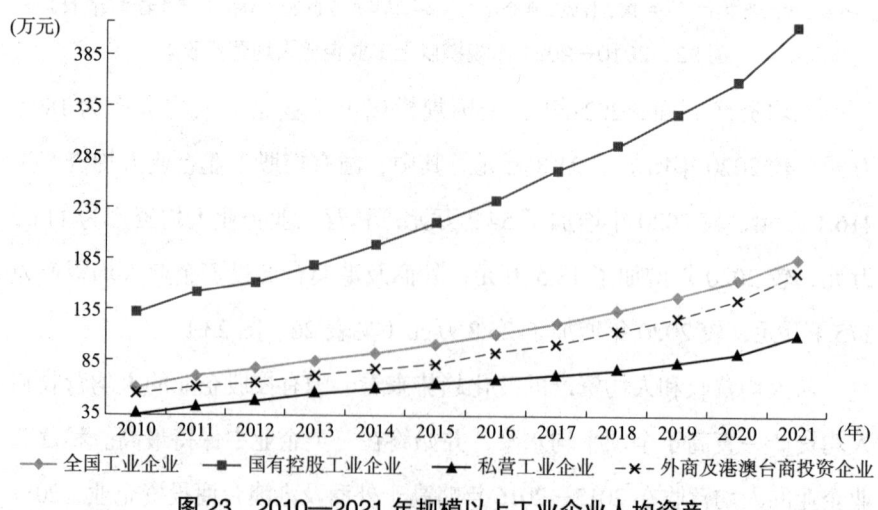

图23 2010—2021年规模以上工业企业人均资产

每百元资产实现的营业收入方面，2021年年末，全国规模以上工业企业每百元资产实现的营业收入为95.4元，较2020年年末提高了7.6元。其中，国有控股工业企业每百元资产实现的营业收入为65.7元，较2020年年末提高了6.3元；私营工业企业每百元资产实现的营业收入为133.9元，远高于全国平均水平，较2020年提高了3.9元；外商及港澳台商投资企业每百元资产实现的营业收入为104.2元，较2020年提高了2.1元（见表27、图24）。

表27　2010—2021年工业企业每百元资产实现的收入

单位：元

年份	全国工业企业	国有控股工业企业	私营工业企业	外商及港澳台商投资企业
2010	117.7	78.4	177.8	127.0
2011	124.6	81.3	193.6	133.5
2012	120.9	78.5	187.2	128.8
2013	119.3	74.9	182.2	128.8
2014	115.7	70.7	174.6	127.5
2015	108.4	60.8	168.7	122.1
2016	106.7	57.2	171.2	117.7
2017	101.0	60.4	157.0	114.6
2018	91.7	63.7	130.5	108.1
2019	88.5	61.3	127.7	102.5
2020	87.8	59.4	130.0	102.1
2021	95.4	65.7	133.9	104.2

注：2010—2019年每百元资产实现的收入根据统计局公布的资产总额和营收总额绝对数计算得出，2020年、2021年数据为统计局网站公布当年1—12月数据

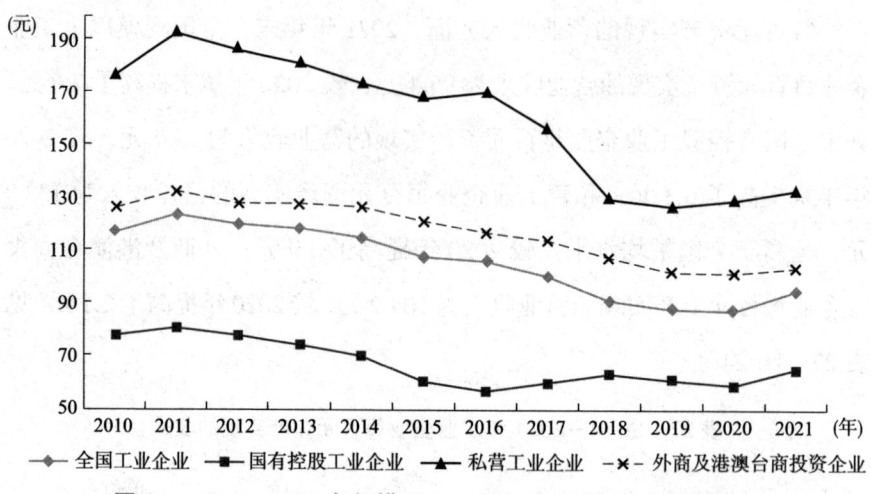

图24 2010—2021年规模以上工业企业百元资产实现的收入

第七章　大中小型企业
——中小占比上升，效益有所走低

2021年规模以上小型工业企业的数量、资产、营业收入绝对数和占全部规模以上工业企业的比例均保持2018年以来的增长势头，资产利润率、资产营收率、劳动生产率较上一年有所改善，但利润总额占比有所下降，用工人数有所减少，资产负债率有所提升，营收利润率有所下滑。疫情爆发以来，中小企业面临需求不足常态化的压力，2021年又叠加原材料价格大幅上涨的冲击，两项中小企业指数自2020年大幅下降后在2021年继续低位徘徊，企业对新增投资、新增借贷和新增用工态度谨慎，反映了对未来预期的不确定。

一、规模以上大中小型工业企业

（一）企业单位数

2020年，全国规模以上工业企业单位数399 375个，比2019年增长5.7%；"十三五"以来增长4.2%，年均增长0.8%；党的十八大以来增长16.2%，年均增长1.9%。规模以上大型工业企业单位数8 020个，比2019年增长-2.3%；"十三五"以来增长-16.7%，年均增长-3.6%；党的十八大以来增长-15.1%，年均增长-2.0%。规模以上中型工业企业单位数39 025个，比2019年增长-2.4%；"十三五"以来增长-27.8%，年均增长-6.3%；党的十八大以来增长-27.6%，年均增长-3.9%。规模以上小型工业企业单位数352 330个，比2019年增长6.9%；"十三五"以来增长10.3%，年均增长2.0%；党的十八大以来增长25.6%，年均增长2.9%。

2020年小型工业企业单位数占全部工业企业单位数的比例为88.2%，中型工业企业占比为9.8%，大型工业企业占比为2.0%。"十三五"以来，小型工业企业占比逐年增长，中型和大型工业企业占比逐年下降（见表1）。

2021年全国规模以上工业企业单位数40.9万个，比2020年增长2.3%。其中，大中型工业企业单位数4.7万个，比2020年增长0.6%；小型工业企业单位数36.1万个，比2020年增长2.6%。2021年小型工业企业单位数占全部工业企业单位数的比例为88.4%，大中型工业企业占比为11.6%（见表1）。

表1 规模以上大中小型工业企业单位数

单位：个、%

年份	工业企业		大型工业企业			中型工业企业			小型工业企业		
	单位数	增速	单位数	占比	增速	单位数	占比	增速	单位数	占比	增速
2010	452 872	4.3	3 742	0.8	15.0	42 906	9.5	12.8	406 224	89.7	3.3
2012	343 769	5.6	9 448	2.7	3.7	53 866	15.7	3.1	280 455	81.6	6.1
2015	383 148	7.6	9 633	2.5	3.8	54 070	14.1	3.4	319 445	83.4	8.5
2016	378 599	2.2	9 631	2.5	0.9	52 681	13.9	-0.5	316 287	83.5	2.7
2017	372 729	1.4	9 240	2.5	-2.6	49 614	13.3	-2.4	313 875	84.2	2.2
2018	378 440	-1.2	9 103	2.4	0.0	49 778	13.2	-2.6	319 559	84.4	-1.0
2019	377 815	-1.6	8 210	2.2	-4.1	39 974	10.6	-5.8	329 631	87.2	-0.8
2020	399 375	5.7	8 020	2.0	-2.3	39 025	9.8	-2.4	352 330	88.2	6.9
2021	408 732	2.3	绝对数47 340；占比11.6；增速0.6						361 392	88.4	2.6
累计增幅											
2012—2020		16.2		-15.1			-27.6			25.6	
2015—2020		4.2		-16.7			-27.8			10.3	

续表

年份	工业企业		大型工业企业			中型工业企业			小型工业企业		
	单位数	增速	单位数	占比	增速	单位数	占比	增速	单位数	占比	增速
年均增长率											
2012—2020		1.9			-2.0			-3.9			2.9
2015—2020		0.8			-3.6			-6.3			2.0

注：大中小企业的划型标准在2011年进行过调整。2021年小型工业企业数据为全国企业减大中型企业的计算数据，下同

（二）资产总计

2020年全国规模以上工业企业资产总计130.3万亿元，比2019年增长8.1%；"十三五"以来增长27.4%，年均增长5.0%；党的十八大以来增长69.6%，年均增长6.8%。规模以上大型工业企业资产总计60.4万亿元，比2019年增长6.2%；"十三五"以来增长27.0%，年均增长4.9%；党的十八大以来增长59.2%，年均增长6.0%。规模以上中型工业企业资产总计29.3万亿元，比2019年增长8.1%；"十三五"以来增长20.8%，年均增长3.9%；党的十八大以来增长58.8%，年均增长5.9%。规模以上小型工业企业资产总计40.6万亿元，比2019年增长11.1%；"十三五"以来增长33.2%，年均增长5.9%；党的十八大以来增长98.8%，年均增长9.0%（见表2）。

2020年小型工业企业资产总计占全部工业企业资产总计的比例为31.1%，中型工业企业占比为22.5%，大型工业企业占比为46.4%（见表2）。

2021年全国规模以上工业企业资产总计141.3万亿元，比2020年增长8.4%。其中，大中型工业企业资产总计96.9万亿元，比2020年增长7.9%；小型工业企业资产总计44.4万亿元，比2020年增长9.4%。2021年小型工业企业资产总计占全部工业企业资产总计的比例为31.4%，大中型工业

企业占比为68.6%（见表2）。

表2 规模以上大中小型工业企业资产总计

单位：亿元、%

年份	工业企业 资产总计	增速	大型工业企业 资产总计	占比	增速	中型工业企业 资产总计	占比	增速	小型工业企业 资产总计	占比	增速
2010	592 881.9	20.1	236 257	39.8	22.3	191 194.6	32.2	21.0	165 430.3	27.9	16.0
2012	768 421.2	13.7	379 618.4	49.4	10.7	184 742	24	13.4	204 060.8	26.6	20.1
2015	1 023 398.1	7.0	476 028.2	46.5	5.7	242 810.4	23.7	6.0	304 559.5	29.8	9.8
2016	1 085 865.9	6.1	508 070.4	46.8	6.7	258 989.4	23.9	6.7	318 806.1	29.4	4.7
2017	1 121 909.6	3.3	534 349.3	47.6	5.2	263 386.8	23.5	1.7	324 173.4	28.9	1.7
2018	1 153 251.2	2.8	545 158.1	47.3	2.0	260 495.7	22.6	-1.1	328 729.0	28.5	1.4
2019	1 205 868.9	4.6	569 249.1	47.2	4.4	271 433.5	22.5	4.2	365 186.4	30.3	11.1
2020	1 303 499.3	8.1	604 454.9	46.4	6.2	293 324.4	22.5	8.1	405 720.1	31.1	11.1
2021	1 412 880.0	8.4	绝对数968 921.2；占比68.6；增速7.9							443 958.8	31.4	9.4
累计增幅											
2012—2020		69.6			59.2			58.8			98.8
2015—2020		27.4			27.0			20.8			33.2
年均增长率											
2012—2020		6.8			6.0			5.9			9.0
2015—2020		5.0			4.9			3.9			5.9

（三）营业收入

2020年全国规模以上工业企业营业收入108.4万亿元，比2019年增长1.5%；"十三五"以来增长-2.4%，年均增长-0.5%；党的十八大以来增长16.6%，年均增长1.9%。规模以上大型工业企业营业收入45.2万亿元，比2019年增长0.2%；"十三五"以来增长7.2%，年均增长1.4%；

党的十八大以来增长17.5%，年均增长2.0%。规模以上中型工业企业营业收入24.3万亿元，比2019年增长1.1%；"十三五"以来增长-10.7%，年均增长-2.2%；党的十八大以来增长11.4%，年均增长1.4%。规模以上小型工业企业营业收入38.9万亿元，比2019年增长3.4%；"十三五"以来增长-6.6%，年均增长-1.3%；党的十八大以来增长19.1%，年均增长2.2%（见表3）。

2020年小型工业企业营业收入占全部工业企业营业收入的比例为35.9%，中型工业企业占比为22.4%，大型工业企业占比为41.7%（见表3）。

2021年全国规模以上工业企业营业收入127.9万亿元，比2020年增长18.0%。其中，大中型工业企业营业收入82.0万亿元，比2020年增长18.0%；小型工业企业营业收入45.9万亿元，比2020年增长18.2%。2021年小型工业企业营业收入占全部工业企业营业收入的比例为35.9%，大中型工业企业占比为64.1%（见表3）。

表3 规模以上大中小型工业企业营业收入

单位：亿元、%

年份	工业企业 营业收入	增速	大型工业企业 营业收入	占比	增速	中型工业企业 营业收入	占比	增速	小型工业企业 营业收入	占比	增速
2010	697 744	28.6	238 016.8	34.1	31.7	200 996.9	28.8	29.6	258 730.3	37.1	25.1
2012	929 291.5	10.4	384 664.5	41.4	7.2	218 356.9	23.5	11.9	326 270.1	35.1	13.4
2015	1 109 853	0.3	421 567.3	38.0	-3.5	272 360.5	24.5	1.5	415 925.1	37.5	3.5
2016	1 158 999	4.4	436 444.5	37.7	3.5	286 489.9	24.7	5.2	436 064.1	37.6	4.8
2017	1 133 161	-2.2	452 178.5	39.9	3.6	269 166.2	23.8	-6.0	411 816.1	36.3	-5.6
2018	1 049 490.5	-7.4	459 178.9	43.8	1.5	238 287.8	22.7	-11.5	352 023.8	33.5	-14.5
2019	1 067 397.2	1.7	451 017.6	42.3	-1.8	240 542.7	22.5	0.9	375 836.6	35.2	6.8
2020	1 083 658.4	1.5	451 853.1	41.7	0.2	243 175.3	22.4	1.1	388 630.1	35.9	3.4
2021	1 279 226.5	18.0	绝对数820 003.1；占比64.1；增速18.0						459 223.4	35.9	18.2

续表

年份	工业企业 营业收入	增速	大型工业企业 营业收入	占比	增速	中型工业企业 营业收入	占比	增速	小型工业企业 营业收入	占比	增速
累计增幅												
2012—2020		16.6			17.5			11.4			19.1
2015—2020		-2.4			7.2			-10.7			-6.6
年均增长率												
2012—2020		1.9			2.0			1.4			2.2
2015—2020		-0.5			1.4			-2.2			-1.3

（四）利润总额

2020年全国规模以上工业企业利润总额6.8万亿元，比2019年增长4.1%；"十三五"以来增长3.4%，年均增长0.7%；党的十八大以来增长10.6%，年均增长1.3%。规模以上大型工业企业利润总额2.9万亿元，比2019年增长-1.5%；"十三五"以来增长23.3%，年均增长4.3%；党的十八大以来增长15.6%，年均增长1.8%。规模以上中型工业企业利润总额1.8万亿元，比2019年增长9.8%；"十三五"以来增长0.7%，年均增长0.1%；党的十八大以来增长17.6%，年均增长2.0%。规模以上小型工业企业利润总额2.1万亿元，比2019年增长7.5%；"十三五"以来增长-13.6%，年均增长-2.9%；党的十八大以来增长-0.3%，年均增长0.0%（见表4）。

2020年小型工业企业利润总额占全部工业企业利润总额的比例为31.1%，中型工业企业占比为26.5%，大型工业企业占比为42.5%（见表4）。

2021年全国规模以上工业企业利润总额8.7万亿元，比2020年增长 27.2%。其中，大中型工业企业利润总额 6.3 万亿元，比 2020 年增长 33.1%；小型工业企业利润总额 2.4 万亿元，比 2020 年增长 14.1%。2021 年小型工业企业利润总额占全部工业企业利润总额的比例为 27.9%，大中型工业企业占比为 72.1%（见表 4）。

表 4　规模以上大中小型工业企业利润总额

单位：亿元、%

年份	工业企业 利润总额	增速	大型工业企业 利润总额	占比	增速	中型工业企业 利润总额	占比	增速	小型工业企业 利润总额	占比	增速
2010	68 378.9	53.6	26 557.4	33.2	61.8	17 449.8	32.7	52.6	24 371.7	34.1	47.2
2012	68 154.9	0.8	26 350.8	40.7	-4.8	17 802.1	24.9	0.6	24 002	34.5	8.6
2015	66 187.1	-2.9	23 582.3	35.6	-10.5	17 982.6	27.2	1.0	24 622.2	37.2	2.6
2016	71 921.4	8.7	26 787.8	37.2	13.6	19 405	27	7.9	25 728.6	35.8	4.5
2017	74 916.3	4.2	32 713.1	43.7	22.1	18 648.5	24.9	-3.9	23 554.7	31.4	-8.4
2018	71 608.9	-4.4	32 129.4	44.9	-1.8	15 520.5	21.7	-16.8	18 701.5	26.1	-20.6
2019	65 799.0	-8.1	29 526.4	44.9	-8.1	16 496.6	25.1	6.3	19 776.1	30.1	5.7
2020	68 465.0	4.1	29 085.0	42.5	-1.5	18 113.6	26.5	9.8	21 266.5	31.1	7.5
2021	87 092.1	27.2	绝对数：62 835.3；占比 72.1；增速 33.1			24 256.8	27.9	14.1
累计增幅											
2012—2020		10.6		15.6			17.6			-0.3	
2015—2020		3.4		23.3			0.7			-13.6	
年均增长率											
2012—2020		1.3		1.8			2.0			0.0	
2015—2020		0.7		4.3			0.1			-2.9	

（五）用工人数

2020 年全国规模以上工业企业用工人数 7 756.1 万人，比 2019 年

增长 -2.2%；"十三五"以来增长 -20.7%，年均增长 -4.5%；十八大以来增长 -18.9%，年均增长 -2.6%。规模以上大中型工业企业用工人数 4 582.6 万人，比 2019 年增长 -1.0%；"十三五"以来增长 -26.6%，年均增长 -6.0%；十八大以来增长 -28.3%，年均增长 -4.1%。规模以上小型工业企业用工人数 3173.5 万人，比 2019 年增长 1.5%；"十三五"以来增长 -10.1%，年均增长 -2.1%；十八大以来增长 0.0%，年均增长 0.0%。2020 年小型工业企业用工人数占全部工业企业用工人数的比例为 40.9%，大中型工业企业占比为 59.1%（见表 5）。

2021 年全国规模以上工业企业用工人数 7 439.2 万人，比 2020 年增长 -4.1%。其中，大中型工业企业用工人数 4 399.2 万人，比 2020 年增长 0.1%；小型工业企业用工人数 3 040.0 万人，比 2020 年增长 -4.2%。2021 年小型工业企业用工人数占全部工业企业用工人数的比例为 40.9%，大中型工业企业占比为 59.1%（见表 5）。

表 5　规模以上大中小型工业企业用工人数

单位：万人、%

年份	工业企业 用工人数	增速	大中型工业企业 用工人数	占比	增速	小型工业企业 用工人数	占比	增速
2010	9 544.7	8.1	5 390.2	56.5	3.2	4 154.5	43.5	-3.9
2012	9 567.3	4.4	6 394.5	66.8	-0.8	3 172.8	33.2	1.7
2015	9 775.0	-2.0	6 245.2	63.9	-0.9	3 529.8	36.1	1.7
2016	9 475.6	-3.1	6 051.6	63.9	0.0	3 424.0	36.1	0.1
2017	8 957.9	-5.5	5 664.9	63.2	-1.0	3 293.0	36.8	1.7
2018	8 356.4	-6.7	5 138.2	61.5	-2.8	3 218.2	38.5	4.8
2019	7 929.1	-5.1	4 732.8	59.7	-2.9	3 196.3	40.3	4.7
2020	7 756.1	-2.2	4 582.6	59.1	-1.0	3 173.5	40.9	1.5
2021	7 439.2	-4.1	4 399.2	59.1	0.1	3 040.0	40.9	-4.2
累计增幅									
2012—2020		-18.9		-28.3				0.0

续表

年份	工业企业		大中型工业企业			小型工业企业		
	用工人数	增速	用工人数	占比	增速	用工人数	占比	增速
2015—2020		−20.7			−26.6			−10.1
年均增长率								
2012—2020		−2.6			−4.1			0.0
2015—2020		−4.5			−6.0			−2.1

（六）资产负债率

2021年，全国规模以上工业企业资产负债率为56.1%，其中大中型、小型工业企业资产负债率分别为54.9%、58.7%（见表6）。2008年之前，小型工业企业的资产负债率高于大中型工业企业；2008年之后大中型工业企业资产负债率保持稳定，小型工业企业负债率小幅下降，因此小型工业企业负债率低于大中型工业企业；自2018年起，小型工业企业负债率再次反超大中型工业企业。

表6 规模以上大中小型工业企业资产负债率

单位：%

年份	工业企业	大中型工业企业	小型工业企业
2010	57.4	58.5	54.7
2012	58.0	59.1	54.7
2015	56.6	58.0	53.4
2016	55.9	57.2	52.8
2017	56.0	56.6	54.4
2018	56.7	56.6	57.0
2019	56.5	55.8	58.0
2020	56.4	55.5	58.4
2021	56.1	54.9	58.7

（七）资产利润率

2020年，全国规模以上工业企业资产利润率为5.3%，其中大型、中型、小型工业企业资产利润率分别为4.8%、6.2%、5.2%。2018年之前，小型工业企业的资产利润率高于中型工业企业，中型工业企业又高于大型工业企业。2018年中小型工业企业资产利润率降幅较大，近三年各规模企业的资产利润均处于较低水平（见表7）。2021年规上工业企业资产利润率为6.2%，小型工业企业、大中型工业企业资产利润率分别为5.5%、6.5%，整体均较上一年有所改善。

表7 规模以上大中小型工业企业资产利润率

单位：%

年份	2021	2020	2019	2018	2017	2016	2015	2012	2010
工业企业	6.2	5.3	5.5	6.2	6.7	6.6	6.5	8.1	8.9
大型工业企业	6.5	4.8	5.2	5.9	6.1	5.3	5.0	6.6	7.5
中型工业企业	6.5	6.2	6.1	6.0	7.1	7.5	7.4	8.3	9.1
小型工业企业	5.5	5.2	5.4	5.7	7.3	8.1	8.1	10.5	10.9

（八）资产营收率

2020年，全国规模以上工业企业资产营收率为83.1%，其中大型、中型、小型工业企业资产营收率分别为74.8%、82.9%、95.8%。与资产利润率的趋势类似，小型工业企业的资产营收率降幅大于大型工业企业，在2012年小型工业企业的资产营收率是大型工业企业的1.58倍，而至2020年这一差距缩小至1.28倍（见表8）。2021年规上工业企业资产营收率为90.5%，小型工业企业、大中型工业企业资产营收率分别为103.4%、84.6%，资产营收率改善的主要原因是营收增幅较大。

表 8 规模以上大中小型工业企业资产营收率

单位：%

年份	2021	2020	2019	2018	2017	2016	2015	2012	2010
工业企业	90.5	83.1	88.5	91.0	101.0	106.7	108.4	120.9	117.7
大型工业企业	84.6	74.8	79.2	84.2	84.6	85.9	88.6	101.3	100.7
中型工业企业		82.9	88.6	91.5	102.2	110.6	112.2	118.2	105.1
小型工业企业	103.4	95.8	102.9	107.1	127.0	136.8	136.6	159.9	156.4

（九）营收利润率

2020年，全国规模以上工业企业营收利润率为6.3%，其中大型、中型、小型工业企业营收利润率分别为6.4%、7.4%、5.5%（见表9）。2021年，规上工业企业营收利润率为6.8%，小型工业企业、大中型工业企业营收利润率分别为5.3%、7.7%，营收利润率的改善主要是由于大中型工业企业，小型工业企业利润增速跟不上营收增速，营收利润率反而走低。

表 9 规模以上大中小型工业企业营收利润率

单位：%

年份	2021	2020	2019	2018	2017	2016	2015	2012	2010
工业企业	6.8	6.3	6.2	6.8	6.6	6.2	6.0	6.7	7.6
大型工业企业	7.7	6.4	6.5	7.0	7.2	6.1	5.6	6.5	7.4
中型工业企业		7.4	6.9	6.5	6.9	6.8	6.6	7.1	8.6
小型工业企业	5.3	5.5	5.3	5.3	5.7	5.9	5.9	6.5	7.0

（十）劳动生产率

2020年，全国规模以上工业企业劳动生产率为136.7万元/人，其中大中型、小型工业企业劳动生产率分别为146.9万元/人、121.6万元/人（见表10）。2021年，规上工业企业劳动生产率为172.0万元/人，小型企业、大中型工业企业劳动生产率分别为151.1万元/人、186.4万元/人，劳动生产率经历了2017—2018年的下滑后逐年提高，一方面是营业收入整体保持增长，另一方面用工人数整体有所缩减。

表10　规模以上大中小型工业企业劳动生产率

单位：万元/人

年份	2021	2020	2019	2018	2017	2016	2015	2012	2010
工业企业	172.0	136.7	112.6	107.4	113.6	118.4	116.0	101.4	73.1
大中型工业企业	186.4	146.9	114.3	111.7	112.1	112.0	108.5	97.6	81.4
小型工业企业	151.1	121.6	109.8	99.7	116.3	130.8	131.1	109.1	62.3

二、中小企业相关指数

（一）中小企业发展指数

中小企业发展指数（Small and Medium Enterprises Development Index, SMEDI）由中国中小企业协会研究部于2010年2季度开始按季度发布，至今已有11年时间，从2019年7月开始按月发布。该指数选择了2500家中小企业作为观测样本，并于2019年扩展至3000家，样本企业覆盖全国各省市和各行业。该指数利用中小企业对本行业运行和企业生产经营状况的判断和预期数据编制而成，反映中小企业经济运行状况。

2011年起中小企业指数大幅下降，多年来在低位徘徊，最近两年受疫情影响进一步下台阶。其中，工业行业分指数在2009—2012年"四万亿经济刺激"之后，降幅尤大。在2020和2021年疫情期间，工业指数降幅略小于整体指数，反映了疫情对工业的影响略小于对服务业的影响（见表11）。

表 11 中小企业发展指数及 8 个行业分指数

年份	中国中小企业发展指数	工业	建筑业	房地产业	交通运输、邮政、仓储业	批发零售业	住宿、餐饮业	信息传输、计算机服务和软件业	社会服务业
2009	103.0	108.4	101.7	101.1	99.1	102.1	99.5	100.4	100.9
2010	106.3	102.5	103.3	126.6	97.9	111.2	100.8	115.3	112.7
2011	93.5	92.9	88.3	94.5	88.6	95.2	91.0	95.0	98.3
2012	90.8	88.1	91.0	101.3	89.6	91.2	86.8	85.6	97.7
2013	95.7	94.8	99.3	107.7	87.8	95.1	81.9	94.2	99.3
2014	92.8	91.9	95.1	100.9	85.8	92.2	77.4	92.7	97.5
2015	91.8	91.5	96.5	98.4	84.8	91.1	75.3	93.2	94.7
2016	92.5	92.2	96.5	99.3	85.7	92.6	76.3	92.4	95.1
2017	93.1	92.9	97.0	99.9	86.3	93.0	77.2	93.0	95.5
2018	93.0	92.7	97.3	99.5	85.7	93.1	77.7	92.7	95.5
2019	92.7	92.5	97.0	98.5	85.7	92.6	77.9	92.3	94.9
2020	87.0	87.8	91.5	94.6	77.0	87.1	66.6	83.0	88.1
2021	86.4	86.9	90.2	93.7	76.8	87.5	66.9	83.4	88.2

（二）"经济日报—中国邮政储蓄银行小微企业运行指数"

"经济日报—中国邮政储蓄银行小微企业运行指数"由中国邮政储蓄银行（总行战略发展部）和经济日报社联合自2015年5月起每月发布。邮储银行让3.9万个实体网点、3.5万名信贷经理参与到指数数据的采集工作中，建成覆盖全国近75%县域地区的小微企业样本库，每期指数实际样本抽取数量不少于2500户。指数取值范围为0~100，50为临界点，表示一般状态；指数大于50时，表示企业情况向好；指数小于50时，表示企业情况趋差。

自2015年发布以来，指数总体稳定运行。最近两年受疫情影响，指数走低（见表12）。2021年尽管绩效指数上升，但反映预期的信心指数和扩张指数有下行趋势，新增投资和新增雇佣下降，反映了企业对未来预期的不确定性。

从制造业行业分指数来看，2020年改善明显，与疫情影响下总指数大幅下滑形成鲜明对比，其走势也与前述中小企业发展指数工业行业分指数形成反差。

表12 小微企业运行指数及7个行业分指数

年份	总指数	信心指数	扩张指数	农林牧渔业	制造业	建筑业	交通运输业	批发零售业	住宿餐饮业	服务业
2015	46.5	47.7	45.9	45.4	44.6	45.5	47.0	48.7	48.7	47.1
2016	46.0	48.0	45.0	44.6	44.0	44.5	47.1	48.5	48.6	47.2
2017	46.7	49.2	45.9	45.0	45.0	44.1	47.5	49.5	48.6	47.4
2018	46.5	49.5	46.0	44.9	44.4	43.8	47.3	49.5	48.8	47.8
2019	46.2	49.1	45.2	45.0	44.1	43.1	47.5	49.2	49.2	47.6
2020	44.1	41.1	42.8	43.5	45.2	40.7	43.2	45.2	39.9	41.1
2021	44.4	41.4	42.3	43.5	45.1	40.7	42.9	45.6	40.4	41.3

第八章　民企外经外贸

——逆转疫情冲击，再创历史新高

据世贸组织估计，2021年全球经济逐步复苏，货物贸易增长量达到10.8%，经济增速超过5%。中国在党中央的坚强领导下，出台实施一系列稳主体、稳市场、保外贸的政策措施，极大促进了进出口业务蓬勃发展，使得中国在全球产业链、供应链中的重要性进一步提升。2021年我国对外贸易再次刷新历史记录，其中，进出口总额增加近六成，达到6.1万亿美元，出口增加近三成，达到3.4万亿美元，贸易顺差扩大到了6 764亿美元，民营企业进口额首次超过外资企业，突破1万亿美元大关；对外直接投资流量首次位居世界第一，占据全球对外直接投资流量总额的二成以上。在疫情持续的两年来，中国经济展现出极大的韧性、抗压性和活力，经受住了考验，并取得了长足进步。

值得关注的是，广义的民营企业在2021年的进出口和对外投资方面表现亮眼，在对外贸易中占比进一步提升。全部民营企业占进出口总额近五成，占出口总额近六成，继续担纲对外贸易的中流砥柱。此外，在2020年我国对外直接投资的存量和流量中，广义的民营企业投资占比都超过了广义的国有企业，重要性大大彰显。可以说，民营企业是缔造中国贸易空前繁荣最重要的贡献者。

一、2021年1—12月各类型企业进出口数据分析

2021年，我国政府出台了一系列卓有成效的政策措施，有力保障了

外贸产业链、供应链的稳定畅通，激发了市场主体活力，为外贸企业纾困。这些举措包括完善执行减税降费、大力支持中小微制造业融资、深化跨境贸易便利化改革、推进自由贸易试验区贸易投资便利化改革创新，等等。在党中央的坚强领导下，2021年我国对外贸易总额再次刷新了对外贸易的历史最好记录——进出口总额6.1万亿美元，增幅（同比，下同）高达30%，出口总额3.4万亿美元，增长29.9%；贸易顺差达到6764亿美元，较去年进一步扩大了26.4%，增速与去年大致持平。值得关注的是，2021年全年我国进口额2.7万亿美元，增长30.1%，实现了较大突破，也从侧面印证了中国市场的开放性在不断提升（见表1、表2、表3）。

纵观2021年全年各季度，我国外贸呈现持续的强劲增长势头，第一季度进出口额增长38.6%，第二季度增长37.4%，第三季度增长32.8%，第四季度增长30.0%，每季度增速都在三成以上（见表1）。

从2021年1—12月的海关数据中还能看出，民营企业作为我国市场主体的重要性继续提升——全部民营企业进出口额2.96万亿美元，比去年同期增长了35.6%，贡献了全部增量的55.4%，占比增至48.9%。与此同时，国有企业进出口额0.92万亿美元，增长52.6%，占比增至15.2%；外资企业进出口额2.2万亿美元，增长43.8%，占比降至35.9%（见表1）。

表1　2021年1—12月进出口总额情况（商品贸易方式企业性质）

单位：亿美元、%

		2020年12月	2021年3月	2021年6月	2021年9月	2021年12月
全国企业	进出口金额	46 463	13 036	27 852	43 741	60 515
	进出口增长额	684	3 606	7 555	10 774	14 052
	进出口增长率	1.5	38.6	37.4	32.8	30.0
国有企业	进出口金额	6 657	1 977	4 238	6 716	9 190
	进出口增长率	−13.8	18.6	34.0	36.1	52.6
	进出口比重	14.3	15.2	15.2	15.4	15.2
	进出口增长额	−1 068	309	1 076	1 781	2 532
	进出口贡献率	−152.2	8.6	14.2	16.5	18.0

续表

		2020年12月	2021年3月	2021年6月	2021年9月	2021年12月
外商投资企业	进出口金额	17 976	4 914	10 185	15 785	21 717
	进出口增长率	-1.4	31.5	28.6	24.2	43.8
	进出口比重	38.7	37.7	36.6	36.1	35.9
	进出口增长额	-263	1 178	2 267	3 073	3 741
	进出口贡献率	-37.5	32.7	30.0	28.5	26.6%
民营企业	进出口金额	21 830	6 145	13 429	21 240	29 609
	进出口增长率	10.3	52.6	45.7	38.6	35.6
	进出口比重	47.0	47.1	48.2	48.6	48.9
	进出口增长额	2 032	2 119	4 212	5 919	7 779
	进出口贡献率	289.6	58.8	55.7	54.9	55.4
贸易差额		5 350	1 164	2 515	4 275	6 764

资料来源：中国海关总署

出口贸易方面，2021年1—12月，我国出口总额为3.4万亿美元，增长了29.9%。其中，民营企业出口额1.9万亿美元，增长33.9%，占比继续扩大到57.7%；外资企业出口额1.2万亿美元，增长23.7%，占比进一步缩小至34.3%；国有企业出口额2 689亿美元，增长29.5%，占8%（见表2）。

表2　2021年1—12月出口总额情况（商品贸易方式企业性质）

单位：亿美元、%

		2020年12月	2021年3月	2021年6月	2021年9月	2021年12月
全国企业	出口金额	25 906	7 100	15 184	24 008	33 640
	出口增长率	3.6	49	38.6	33.0	29.9
	出口占比	100	100	100	100	100
	出口增长额	916	2 319	4 196	5 894	7 733
国有企业	出口金额	2 075	564	1 247	1 968	2 689
	出口增长率	-12.0	17.8	24.9	29.0	29.5
	出口比重	8.0	7.9	8.2	8.2	8.0
	出口增长额	-281	82	247	440	615
	出口贡献率	-30.7	3.5	5.9	7.5	7.9

续表

		2020年12月	2021年3月	2021年6月	2021年9月	2021年12月
外商投资企业	出口金额	9 323	2 577	5 286	8 243	11 530
	出口增长率	-3.5	40.6	30.0	26.1	23.7
	出口比重	36.0	36.3	34.8	34.3	34.3
	出口增长额	-338	744	1 219	1 706	2 207
	出口贡献率	-36.9	32.1	29.1	28.9	28.5
民营企业	出口金额	14 509	3 958	8 651	13 798	19 420
	出口增长率	11.8	60.6	46.1	37.3	33.9
	出口比重	56.0	55.7	57.0	57.5	57.7
	出口增长额	1 536	1 494	2 730	3 749	4 912
	出口贡献率	167.6	64.4	65.1	63.6	63.5

资料来源：中国海关总署

进口贸易方面，2021年1—12月，我国进口总额为2.7万亿美元，增长了30.1%。其中，民营企业进口额1万亿美元，首次与外资企业持平，增长39.2%，占比提升至37.9%；外资企业进口额1万亿美元，增长17.5%，占比增至37.9%；国有企业进口额6 500亿美元，增长40.2%，占比增至24.2%（见表3）。

表3 2021年1—12月进口总额情况（商品贸易方式企业性质）

单位：亿美元、%

		2020年12月	2021年3月	2021年6月	2021年9月	2021年12月
全国企业	进口金额	20 556	5 936	12 668	19 733	26 875
	进口增长率	-1.1	28.0	36.0	32.6	30.1
	进口占比	100	100	100	100	100
	进口增长额	-215	1 286	3 359	4 879	6 319
国有企业	进口金额	4 582	1 413	2 991	4 748	6 500
	进口增长率	-14.7	19.6	37.8	38.2	40.2
	进口比重	22.3	23.8	23.6	24.1	24.2
	进口增长额	-787	228	829	1 341	1 918
	进口贡献率	366.1	17.7	24.7	6.8	30.4

续表

		2020年12月	2021年3月	2021年6月	2021年9月	2021年12月
外商投资企业	进口金额	8 653	2 336	4 899	7 543	10 187
	进口增长率	0.9	23.0	27.3	22.1	17.5
	进口比重	42.1	39.4	38.7	38.2	37.9
	进口增长额	75	434	1 048	1 368	1 534
	进口贡献率	−9.6	33.8	31.2	28.0	24.3
民营企业	进口金额	7 321	2 187	4 779	7 442	10 188
	进口增长率	7.3	40.0	45.0	41.2	39.2
	进口比重	35.6	36.8	37.7	37.7	37.9
	进口增长额	496.6	625	1 482	2 170	2 868
	进口贡献率	−231.1	48.6	44.1	44.5	45.4

资料来源：中国海关总署

二、2010—2021年中国对外贸易情况回顾

"十二五"以来，我国进出口总额由2010年的3万亿美元增至2021年的6.1万亿美元，年均增长6.7%；出口总额由2010年的1.6万亿美元增至2021年的3.4万亿美元，年均增长7.1%；进口总额由2010年的1.4万亿美元增至2021年的2.7万亿美元，年均增长6.1%。各类企业中，民营企业外贸额保持连年增长，国有企业、外资企业外贸额时有下降，但2021年各类企业进出口均取得增长，其中，国有企业增长38%，外资企业增长20.8%，民营企业增长5.6%，增幅小于国有企业和外资企业，占比仍然位居第一。2010—2021年，民营企业进出口额年均增长13.3%，国有企业进出口额年均增长3.6%，外资企业进出口额年均增长2.8%（见表4、表5、表6）。

党的十八大以来，我国进出口总额年均增长5.1%，出口总额年均增长5.7%，进口总额年均增长4.4%；民营企业进出口额年均增长10.3%，国有企业进出口额年均增长2.3%，外资企业进出口额年均增长1.5%（见

表4、表5、表6）。

"十三五"以来，我国进出口额年均增长7.4%，出口总额年均增长6.7%，进口总额年均增长8.1%；民营企业进出口额年均增长12.4%，国有企业进出口额年均增长5.9%，外资企业进出口额年均增长2.9%（见表4、表5、表6）。

表4　2010—2021年各类企业进出口情况

单位：亿美元、%

年份	全国企业 金额	全国企业 增长率	国有企业 金额	国有企业 比重	国有企业 增长率	外资企业 金额	外资企业 比重	外资企业 增长率	民营企业 金额	民营企业 比重	民营企业 增长率
2010	29 740	34.7	6 219	20.9	29.7	16 003	53.8	31.4	7 506	25.2	47.1
2011	36 419	22.5	7 606	20.9	22.3	18 602	51.1	16.2	10 213	28.0	36.1
2012	38 671	6.2	7 517	19.4	-1.2	18 940	49.0	1.8	12 211	31.6	19.6
2013	41 590	7.5	7 480	18.0	-0.5	19 191	46.1	1.3	14 933	35.9	22.3
2014	43 015	3.4	7 476	17.4	-0.1	19 840	46.1	3.4	15 714	36.5	5.2
2015	39 530	-8.1	6 502	16.4	-13.0	18 346	46.4	-7.5	14 721	37.2	-6.3
2016	36 849	-6.8	5 764	15.6	-11.4	16 874	45.8	-8.0	14 206	38.6	-3.5
2017	41 045	11.4	6 687	16.3	16.0	18 391	44.8	9.0	15 967	38.9	12.4
2018	46 230	12.6	8 046	17.4	20.3	19 681	42.6	7.0	18 504	40.2	15.9
2019	45 761	-1.0	7 725	16.9	-4.0	18 239	39.9	-7.3	19 796	43.3	7.0
2020	46 463	1.5	6 657	14.3	-13.8	17 976	38.7	-1.4	21 830	47.0	10.3
2021	60 515	30.0	9 190	15.2	38.0	21 717	35.9	20.8	29 608	48.9	5.6
进出口额年均增长率											
2010—2021	6.7		3.6			2.8			13.3		
2012—2021	5.1		2.3			1.5			10.3		
2015—2021	7.4		5.9			2.9			12.4		

注：绝对数和年度增长率来自中国海关总署、海关信息网；比重、年均增长率为大成企业研究院根据绝对数计算得出，下同

表5 2010—2021年各类企业出口走势情况

单位：亿美元、%

年份	全国企业 金额	全国企业 增长率	国有企业 金额	国有企业 比重	国有企业 增长率	外资企业 金额	外资企业 比重	外资企业 增长率	民营企业 金额	民营企业 比重	民营企业 增长率
2010	15 779	31.3	2 344	14.9	22.7	8 623	54.6	28.3	4 813	30.5	42.2
2011	18 986	20.3	2 672	14.1	14.1	9 953	52.4	15.4	6 361	33.5	32.2
2012	20 490	7.9	2 563	12.5	−4.1	10 228	49.9	2.8	7 699	37.6	21.1
2013	22 100	7.9	2 490	11.3	−2.8	10 443	47.3	2.1	9 168	41.5	19.1
2014	23 428	6.1	2 565	10.9	3.1	10 747	45.9	3.0	10 115	43.1	10.3
2015	22 750	−2.9	2 424	10.7	−5.5	10 047	44.2	−6.5	10 278	45.2	1.6
2016	20 982	−7.7	2 156	10.3	−11	9 170	43.7	−8.7	9 651	46.0	−6.1
2017	22 635	7.9	2 312	10.2	7.3	9 776	43.2	6.6	10 547	46.6	9.3
2018	24 874	9.9	2 573	10.3	11.1	10 360	41.7	6.0	11 941	48.0	13.2
2019	24 990	0.5	2 356	9.4	−8.3	9 661	38.7	−6.7	12 974	51.9	8.6
2020	25 906	3.6	2 075	8.0	−12.0	9 323	36.0	−3.5	14 509	56.0	11.8
2021	33 640	29.9	2 689	8.0%	29.5	11 530	34.3	23.7	19 420	57.7	33.9
出口额年均增长率											
2010—2021	7.1		1.3			2.7			13.5		
2012—2021	5.7		0.5			1.3			10.8		
2015—2021	6.7		1.7			2.3			11.2		

表6 2010—2021年各类企业进口走势情况

单位：亿美元、%

年份	全国企业 金额	全国企业 增长率	国有企业 金额	国有企业 比重	国有企业 增长率	外资企业 金额	外资企业 比重	外资企业 增长率	民营企业 金额	民营企业 比重	民营企业 增长率
2010	13 948	38.7	3 876	27.8	34.3	7 380	52.9	35.3	2 693	19.3	56.6
2011	17 435	24.9	4 934	28.3	27.1	8 648	49.6	17.1	3 852	22.1	42.9
2012	18 178	4.3	4 954	27.3	0.3	8 713	47.9	0.8	4 512	24.8	17.2
2013	19 503	7.3	4 990	25.6	0.6	8 748	44.9	0.4	5 765	29.6	27.8
2014	19 603	0.4	4 911	25.1	−1.9	9 093	46.4	3.9	5 599	28.5	−3
2015	16 820	−14.2	4 078	24.2	−16.9	8 299	49.3	−8.7	4 442	26.4	−21

续表

年份	全国企业 金额	全国企业 增长率	国有企业 金额	国有企业 比重	国有企业 增长率	外资企业 金额	外资企业 比重	外资企业 增长率	民营企业 金额	民营企业 比重	民营企业 增长率
2016	15 874	-5.5	3 608	22.8	-11.4	7 705	48.6	-7	4 555	28.8	3
2017	18 410	15.9	4 374	23.8	21.1	8 616	46.8	11.8	5 420	29.4	19
2018	21 356	15.8	5 474	25.6	24.9	9 321	43.6	8.1	6 561	30.8	21.1
2019	20 771	-2.7	5 369	25.8	-1.9	8 578	41.3	-7.9	6 824	32.9	4.0
2020	20 556	-1.1	4 582	22.3	-14.7	8 653	42.1	0.9	7 321	35.6	7.3
2021	26 875	30.1	6 500	24.2	40.2	10 187	37.9	17.5	10 188	37.9	39.2
进口额年均增长率											
2010—2021	6.1		4.8			3.0			12.9		
2012—2021	4.4		3.1			1.8			9.5		
2015—2021	8.1		8.1			3.5			14.8		

三、2002—2020年中国对外直接投资回顾

中国加入世贸组织至今，已连续九年位居全球对外直接投资流量前三名，占全球外国投资总额比重连续五年超过一成，中国资金成为了全球经济增长的重要引擎；尤其是2020年，中国对外直接投资流量位居世界第一，是2002年流量的57倍，占全球份额创新高，达到20.2%，对外直接投资存量2.6万亿美元，是2002年年末存量的86.3倍，位居世界第三，排在美国、荷兰之后，距离排名第一的美国（8.1万亿美元投资存量）尚有较大差距，但已超过了英国、日本、德国、加拿大等老牌发达国家（见图1、图2、表7）。

"十二五"、党的十八大、"十三五"以来对外投资增幅。"十二五"以来，我国企业对外投资总体呈现平稳增长趋势，年度直接投资流量从2010年的688亿美元增至2021年的1 452亿美元，年均增长7.03%。党的十八大以来，对外直接投资流量年均增长5.75%。"十三五"以来，对外投资步调逐渐收紧，投资决策趋于理性，对外直接投资流量年均下降

0.06%。（见表8）

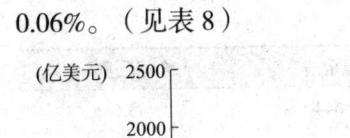

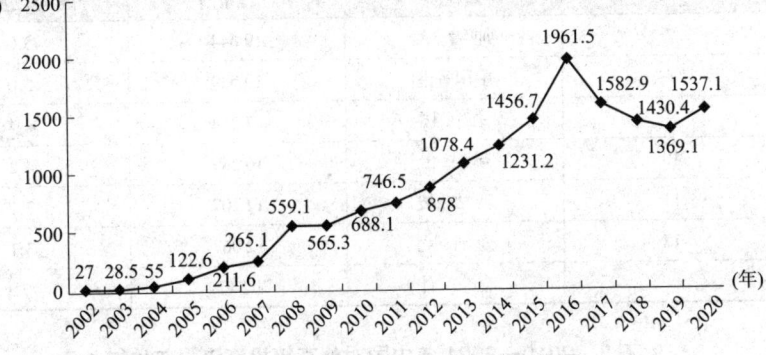

图1　2002—2020年中国对外直接投资流量

注：数据来自2020年度中国对外直接投资统计公报，下同

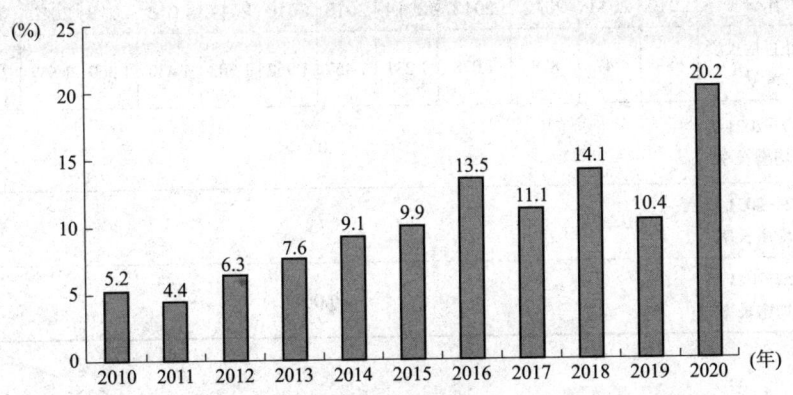

图2　2010—2020年中国对外直接投资流量占全球份额

表7　2020年年末全球对外直接投资存量上万亿美元的国家（地区）

单位：亿美元

位次	国家（地区）	存量	占全球比重（%）
1	美国	81 285	20.7
2	荷兰	37 976	9.7
3	中国	25 807	6.6
4	英国	20 554	5.2
5	日本	19 821	5.1
6	德国	19 772	5.0

续表

位次	国家（地区）	存量	占全球比重（%）
7	加拿大	19 644	5.0
8	中国香港	19 539	5.0
9	法国	17 218	4.4
10	瑞士	16 289	4.2
11	新加坡	12 207	3.1
12	爱尔兰	12 067	3.1
	合计	302 179	77.1

表8　2010—2021年中国对外直接投资流量年均增长率

单位：亿美元、%

年份	2010	2011	2012	2013	2014	2015	2016	2017	2018	2019	2020	2021
对外直接投资流量	688	747	878	1 078	1 231	1 457	1 962	1 583	1 430	1 369	1 537	1 452
2010—2021年年均增长率	\multicolumn{12}{c}{7.03}
2012—2021年年均增长率	\multicolumn{12}{c}{5.75}
2015—2021年年均增长率	\multicolumn{12}{c}{−0.06}

2020年中国对外直接投资流量首次位居世界第一，存量位居世界第三。2020年，新冠肺炎疫情席卷全球，世界经济自2008年金融危机以来再次出现下降，降幅达3.3%，全球货物贸易受到强烈冲击，贸易额缩水53%，全球外国直接投资总额减少近四成。在这样的"寒冬"下，中国却得益于其有效的疫情防控措施，有条不紊地进行复工复产，对外投资力度不减反增。对外直接投资存量25 807亿美元，位列全球第三，占全球份额的6.6%（见表7）；对外直接投资流量1 537亿美元，首次位居世界第一，同比（下同）增长12.3%，占全球的20.2%，占比为历年最高，流量超过了2018年、2019年（见图1、图2）。

截至2020年年末，中国共有28万家境内投资者在国（境）外共设立对外直接投资企业4.5万家，较上年年末增加了1 000家，遍布全球189个国家和地区。境外企业资产总额达到79万亿美元，拥有员工总数达361.3万人，其中包括占比60.6%的外方员工。大部分境外企业经营状况良好，七成企业实现盈利，新增股权投资630.3亿美元，增长30.4%，占41%，涉及对外非金融类企业的债务工具投资190.4亿美元，占12.4%；其中，当年收益再投资716.4亿美元，创历史新高，占流量的46.6%。

对外直接投资流量构成。直接投资流量中，金融类投资196.6亿美元，占12.8%，非金融类投资1 340.5亿美元，占87.2%；存量中，金融类投资2 700.6亿美元，占10.5%，非金融类投资23 106亿美元，占89.5%。

对外直接投资主要流向的行业。2020年我国对外直接投资涵盖国民经济的18个行业大类，其中，前四大行业占据同期总额的69.8%，分别是租赁和商务服务业（25.2%）、制造业（16.8%）、批发和零售业（15%）、金融业（12.8%）。

四、2020—2021年中国对外直接投资情况

（一）2021年中国对外投资流量分布

据商务部、外汇局统计，2021年我国对外全行业直接投资流量1 451.9亿美元，同比增长9.2%，2020年对外全行业直接投资1 329.4亿美元，同比增长3.3%，其中，我国境内投资者共对全球166个国家和地区的6 349家境外企业进行了非金融类直接投资1 136.4亿美元，同比增长3.2%。

（二）2020—2021年中国对"一带一路"沿线国家投资情况

2020年，中国对"一带一路"沿线国家的直接投资存量为2 007.9亿

美元，占总额的7.8%，主要投资于新加坡、印度尼西亚、马来西亚、老挝、阿联酋、泰国、越南、柬埔寨、哈萨克斯坦等国家。

2021年，我国在"一带一路"沿线的57个国家直接投资203亿美元，同比增长14.1%，占同期流量的17.9%，主要流向新加坡、印度尼西亚、马来西亚、越南、孟加拉国、阿联酋、老挝、泰国、哈萨克斯坦和柬埔寨等国家；在沿线国家新签承包工程合同额1 340.4亿美元，完成营业额896.8亿美元，分别占同期总额的51.9%和57.9%（见表9）。

表9 "一带一路"沿线国家投资合作情况

单位：个、亿美元、%

	2021年	2020年	2019年	2018年	2017年	2016年
"一带一路"沿线国家	57	58	56	56	59	53
主要流向	新加坡、印度尼西亚、马来西亚、越南、孟加拉国、阿联酋、老挝、泰国、哈萨克斯坦和柬埔寨	新加坡、印度尼西亚、越南、老挝、马来西亚、柬埔寨、泰国、阿联酋、哈萨克斯坦、以色列	新加坡、越南、老挝、印度尼西亚、巴基斯坦、泰国、马来西亚、阿联酋、柬埔寨、哈萨克斯坦	新加坡、老挝、巴基斯坦、印度尼西亚、越南、马来西亚、泰国、柬埔寨	新加坡、马来西亚、老挝、印度尼西亚、巴基斯坦、越南、俄罗斯、阿联酋、柬埔寨	新加坡、印度尼西亚、印度、泰国、马来西亚
非金融类投资		177.9	150.4	129.6	143.6	145.3
占同期总额		16.2	13.6	12.4	12	8.50
同比		↑ 2.6	↓ 3.8	↑ 4.8	↓ 1.2	↓ 2
新签对外承包工程项目合同	1 340.4	1 414.6	1 276.7	904.3	1 443.2	1 260.3
占同期对外承包工程新签合同额	51.9	55.4	59.5	48.8	54.4	51.60
同比	↓ 5.2	↓ 8.7	↑ 23.1	↓ 20.3	↑ 14.5	↑ 36

数据来源：商务部"走出去"服务平台

（三）非公有经济控股境内投资者对外直接投资存量和流量首次超过公有经济控股境内投资者

2020年，广义的民营企业在对外直接投资的存量和流量中的占比首次超过广义的国有企业。在对外非金融投资流量中，非公有控股的投资者投资了671.6亿美元，占50.1%，同比增长14.1%，公有控股的投资者投资了668.9亿美元，占49.9%，增长15.1%；在对外非金融直接投资存量中，非国有企业投资占53.7%，首次超过国有企业，其中外商投资企业占5.5%，港澳台商投资企业占3.9%，私营企业占29.9%；国有企业投资占46.3%（见图3、图4）。

中国境内的对外直接投资者构成。2020年中国2.8万家境内投资者中，有限责任公司数量最多，占34.3%，较去年下降了4.1个百分点，私营企业投资者数量位居第二，占29.9%，股份有限公司占12.8%，外商投资企业占5.5%，国有企业占5.3%（见图4）。

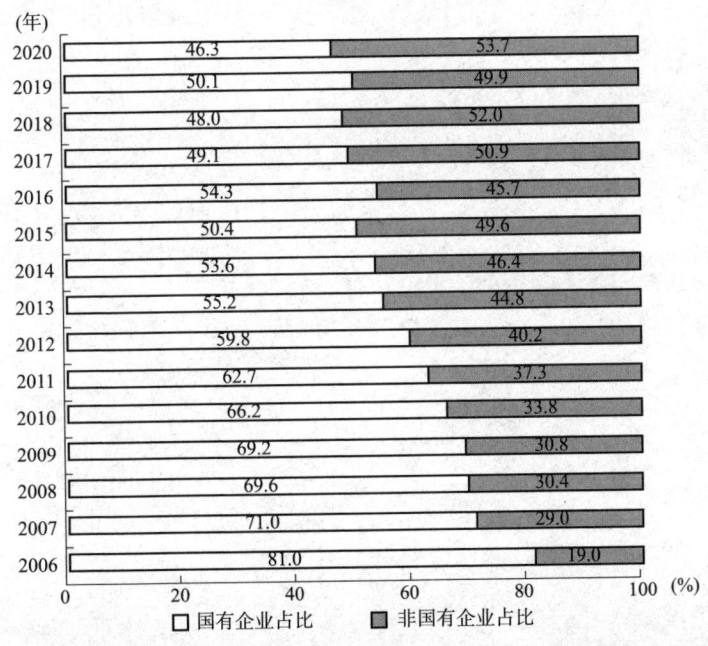

年	国有企业占比	非国有企业占比
2020	46.3	53.7
2019	50.1	49.9
2018	48.0	52.0
2017	49.1	50.9
2016	54.3	45.7
2015	50.4	49.6
2014	53.6	46.4
2013	55.2	44.8
2012	59.8	40.2
2011	62.7	37.3
2010	66.2	33.8
2009	69.2	30.8
2008	69.6	30.4
2007	71.0	29.0
2006	81.0	19.0

图3 2006—2020年中国国有企业和非国有企业对外直接投资存量占比情况

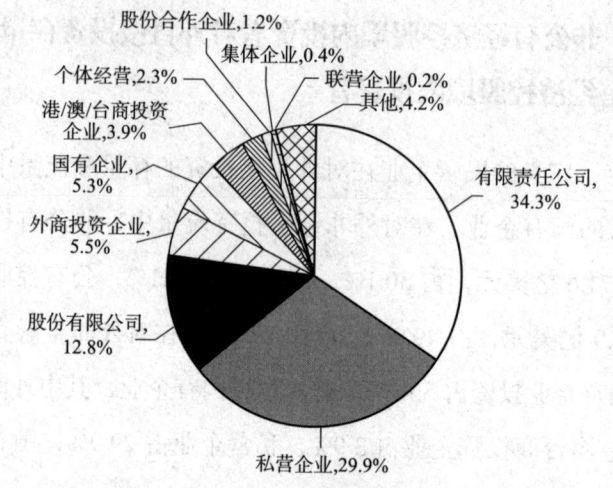

图4 2020年年末中国对外非金融类直接投资存量按境内投资者注册类型分布情况

第九章 民营科技发展

——民企投入大增,新产品占六成

本章主要介绍规模以上工业企业的科技活动情况,其中国有企业仅指未进行公司制改造的国有企业,而非全口径的国有控股企业;私营企业仅为自然人控股的私营企业,而非全口径的私人控股企业。在此基础上,本章还对专精特新中小企业发展情况进行简要描述。

一、规模以上工业企业科技活动开展情况

自 2012 年以来,国家统计局每年对上一年年底的规模以上工业企业科技活动情况进行分类统计,包括研究与试验发展(R&D)活动情况、新产品开发及生产情况、专利情况等。在此选用 R&D 人员、R&D 经费、R&D 项目数、新产品开发项目数、新产品开发经费支出、新产品销售收入、有效发明专利数等指标进行分析。

在过去十年里,私营企业的科技发展情况整体呈现平稳增长的态势。尤其是自党的十八大以来,私营企业的研发人员、研发经费、研发项目数、有效发明专利数,以及新产品开发项目数、新产品开发经费支出、新产品销售收入较多保持平稳增长,而且各项增速多呈现逐年提高的趋势,在规模以上工业企业中的占比也逐年增加,并逐渐超越有限责任公司成为企业科技发展的第一大贡献者。值得注意的是,"十三五"期间,民营企业创新驱动发展受到一定程度的重视,增长比较明显。

（一）R&D 人员

截至 2020 年年末，全国规模以上工业企业 R&D 人员全时当量约为 346.04 万人年，比 2019 年增长 9.79%，其中国有企业增速最快、超过 50%，私营企业其次，超过 25%。2012—2020 年，规模以上工业企业整体增长 54.06%，年均增速 5.55%；2015—2020 年，规模以上工业企业整体增长 31.16%，年均增速 5.57%。私营企业 2012—2020、2015—2020 年均增速分别为 17.5%、18.13%，贡献较大（见表 1、表 2）。

表 1　按登记注册类型分规模以上工业企业 R&D 人员全时当量

单位：人年

年份	规模以上工企整体	国有企业	有限责任公司	股份有限公司	私营企业	港澳台商投资企业	外商投资企业
2011	1 939 075	148 871	582 652	332 955	345 095	217 522	278 675
2012	2 246 179	162 963	662 323	371 179	419 112	258 541	336 479
2013	2 493 958	85 572	807 435	432 027	523 551	274 173	354 457
2014	2 641 578	88 869	841 754	450 615	606 229	283 159	355 264
2015	2 638 290	82 297	826 422	433 413	662 024	285 158	328 657
2016	2 702 489	74 005	845 680	425 175	732 398	285 902	330 649
2017	2 736 244	55 692	832 012	431 937	790 796	303 102	313 490
2018	2 981 344	21 624	862 665	442 700	993 467	319 641	334 362
2019	3 151 828	23 575	831 757	451 358	1 202 413	314 242	322 470
2020	3 460 409	37 310	807 686	414 203	1 523 010	332 813	337 516

注：绝对值数据来源于历年中国统计年鉴；增长率和占比为本院计算。本章同

表 2　按登记注册类型分规模以上工业企业 R&D 人员全时当量增长情况

单位：%

年份	规模以上工企整体	国有企业	有限责任公司	股份有限公司	私营企业	港澳台商投资企业	外商投资企业
2012	15.84	9.47	13.67	11.48	21.45	18.86	20.74
2013	11.03	−47.49	21.91	16.39	24.92	6.05	5.34
2014	5.92	3.85	4.25	4.30	15.79	3.28	0.23

续表

年份	规模以上工企整体	国有企业	有限责任公司	股份有限公司	私营企业	港澳台商投资企业	外商投资企业
2015	−0.12	−7.40	−1.82	−3.82	9.20	0.71	−7.49
2016	2.43	−10.08	2.33	−1.90	10.63	0.26	0.61
2017	1.25	−24.75	−1.62	1.59	7.97	6.02	−5.19
2018	8.95	−61.17	3.68	2.49	25.63	5.46	6.66
2019	5.72	9.02	−3.58	1.96	21.03	−1.69	−3.56
2020	9.79	58.26	−2.89	−8.23	26.66	5.91	4.67
年均增长率							
2012—2020	5.55	−16.83	2.51	1.38	17.50	3.21	0.04
2015—2020	5.57	−14.63	−0.46	−0.90	18.13	3.14	0.53

从各类型工业企业 R&D 人员全时当量和占比情况来看，2020 年私营企业约为 152.3 万人年，占比为 44.01%；港澳台商投资企业约为 33.28 万人年，占比为 9.62%；外商投资企业约为 33.75 万人年，占比为 9.75%（见表1、表3）。自 2011 年起，私营企业 R&D 人员全时当量占比逐年提升，党的十八大以来翻了一倍多，从 2012 年不足 20% 提高到 2020 年超过 40%（见表3，经调整口径的规模以上工业企业 R&D 人员全时当量情况见表4）。

表3 按登记注册类型分规模以上工业企业 R&D 人员全时当量占比情况

单位：%

年份	国有企业	有限责任公司	股份有限公司	私营企业	港澳台商投资企业	外商投资企业
2011	7.68	30.05	17.17	17.80	11.22	14.37
2012	7.26	29.49	16.52	18.66	11.51	14.98
2013	3.43	32.38	17.32	20.99	10.99	14.21
2014	3.36	31.87	17.06	22.95	10.72	13.45
2015	3.12	31.32	16.43	25.09	10.81	12.46
2016	2.74	31.29	15.73	27.10	10.58	12.23
2017	2.04	30.41	15.79	28.90	11.08	11.46

续表

年份	国有企业	有限责任公司	股份有限公司	私营企业	港澳台商投资企业	外商投资企业
2018	0.73	28.94	14.85	33.32	10.72	11.22
2019	0.75	26.39	14.32	38.15	9.97	10.23
2020	1.08	23.34	11.97	44.01	9.62	9.75

表4 经调整口径的规模以上工业企业R&D人员全时当量情况

单位：人年、%

年份	规模以上工企整体	有限责任公司和股份有限公司	国有控股	民营企业	外资企业
2011	1 939 075	915 607	454 073	955 500	496 197
占比	100.00	47.22	23.42	49.28	25.59
2015	2 638 290	1 259 835	502 242	1 501 914	613 815
占比	100.00	47.75	19.04	56.93	23.27
2020	3 460 409	1 221 889	444 606	2 337 603	670 329
占比	100.00	35.31	12.85	67.55	19.37
2011—2020年均增速	6.65	3.26	-0.23	10.45	3.40
2015—2020年均增速	5.57	-0.61	-2.41	9.25	1.78

（二）R&D经费

截至2020年年末，全国规模以上工业企业R&D经费为15 271.29亿元，比2019年增长9.31%，其中国有企业增速最快、达到89.13%，私营企业其次，增速为25.02%。2012—2020年，规模以上工业企业整体增长112.08%，年均增速为9.85%；2015—2020年，规模以上工业企业整体增长52.5%，年均增速为8.81%。其中，私营企业2012—2020、2015—2020年均增速分别为20.79%、19.03%，贡献显著（见表5、表6）。

从各类型工业企业R&D经费及占比情况来看，2020年私营企业为5 646.99亿元，占比为36.98%；港澳台商投资企业为1 256.16亿元，占比为8.23%；外商投资企业为1 742.44亿元，占比为11.41%。自党的十八大以来，私营企业研发经费占比翻了一倍多，从2012年17%左右提高到 2020 年近 40%（见表 5、表 7，经调整口径的规模以上工业企业 R&D 经费情况见表 8）。

表 5　按登记注册类型分规模以上工业企业 R&D 经费

单位：亿元

年份	规模以上工企整体	国有企业	有限责任公司	股份有限公司	私营企业	港澳台商投资企业	外商投资企业
2011	5 993.81	467.84	1 890.39	1 063.31	944.00	560.42	936.15
2012	7 200.65	562.08	2 224.73	1 245.56	1 246.54	672.35	1 091.26
2013	8 318.40	308.44	2 830.91	1 385.50	1 690.14	772.23	1 242.89
2014	9 254.26	325.71	3 159.13	1 504.56	2 026.76	852.26	1 298.48
2015	10 013.93	322.37	3 388.89	1 534.74	2 363.58	947.65	1 353.85
2016	10 944.66	283.92	3 754.91	1 612.83	2 800.54	1 013.55	1 405.73
2017	12 012.96	213.44	4 102.07	1 847.24	3 188.06	1 115.05	1 474.90
2018	12 954.83	83.44	4 279.33	2 025.17	3 851.61	1 130.75	1 552.03
2019	13 971.10	83.18	4 449.79	2 139.11	4 516.75	1 138.37	1 613.77
2020	15 271.29	157.32	4 262.46	2 169.27	5 646.99	1 256.16	1 742.44

表 6　按登记注册类型分规模以上工业企业 R&D 经费增长情况

单位：%

年份	规模以上工企整体	国有企业	有限责任公司	股份有限公司	私营企业	港澳台商投资企业	外商投资企业
2012	20.13	20.14	17.69	17.14	32.05	19.97	16.57
2013	15.52	−45.13	27.25	11.24	35.59	14.86	13.89
2014	11.25	5.60	11.59	8.59	19.92	10.36	4.47
2015	8.21	−1.03	7.27	2.01	16.62	11.19	4.26
2016	9.29	−11.93	10.80	5.09	18.49	6.95	3.83
2017	9.76	−24.82	9.25	14.53	13.84	10.01	4.92
2018	7.84	−60.91	4.32	9.63	20.81	1.41	5.23
2019	7.84	−0.31	3.98	5.63	17.27	0.67	3.98
2020	9.31	89.13	−4.21	1.41	25.02	10.35	7.97
年均增长率							
2012—2020	9.85	−14.71	8.47	7.18	20.79	8.13	6.02
2015—2020	8.81	−13.37	4.69	7.17	19.03	5.80	5.18

表7 按登记注册类型分规模以上工业企业R&D经费占比情况

单位：%

年份	国有企业	有限责任公司	股份有限公司	私营企业	港澳台商投资企业	外商投资企业
2011	7.81	31.54	17.74	15.75	9.35	15.62
2012	7.81	30.90	17.30	17.31	9.34	15.16
2013	3.71	34.03	16.66	20.32	9.28	14.94
2014	3.52	34.14	16.26	21.90	9.21	14.03
2015	3.22	33.84	15.33	23.60	9.46	13.52
2016	2.59	34.31	14.74	25.59	9.26	12.84
2017	1.78	34.15	15.38	26.54	9.28	12.28
2018	0.64	33.03	15.63	29.73	8.73	11.98
2019	0.60	31.85	15.31	32.33	8.15	11.55
2020	1.03	27.91	14.20	36.98	8.23	11.41

表8 经调整口径的规模以上工业企业R&D经费情况

单位：亿元、%

年份	规模以上工企整体	有限责任公司和股份有限公司	国有控股	民营企业	外资企业
2011	5 993.81	2 953.71	1 452.41	2 913.14	1 496.57
占比	100.00	49.28	24.23	48.60	24.97
2015	10 013.93	4 923.64	1 963.58	5 646.01	2 301.50
占比	100.00	49.17	19.61	56.38	22.98
2020	15 271.29	6 431.73	2 301.23	9 934.81	2 998.61
占比	100.00	42.12	15.07	65.06	19.64
2011—2020年均增速	10.95	9.03	5.25	14.60	8.03
2015—2020年均增速	8.81	5.49	3.22	11.97	5.43

（三）R&D项目数

截至2020年年末，全国规模以上工业企业R&D项目数约为71.45

万项,比2019年增长19.47%,其中国有企业增速最快,达到66.48%,私营企业其次,增速为36.97%。2012—2020年,规模以上工业企业整体增长148.51%,年均增速为12.05%;2015—2020年,规模以上工业企业整体增长130.57%,年均增速为18.18%。其中,私营企业2012—2020、2015—2020年均增速分别为23.99%、31.07%,贡献较大(见表9、表10)。

从各类型工业企业R&D项目数及占比情况来看,2020年私营企业约为40.39万项,占比为56.52%;港澳台商投资企业约为4.66万项,占比为6.53%;外商投资企业约为5.12万项,占比为7.16%。自党的十八大以来,私营企业R&D项目数占比翻了一倍多,从2012年25%左右提高到2020年超过50%(见表9、表11,经调整口径的规模以上工业企业R&D项目数情况见表12)。

表9 按登记注册类型分规模以上工业企业R&D项目数

单位:项

年份	规模以上工企整体	国有企业	有限责任公司	股份有限公司	私营企业	港澳台商投资企业	外商投资企业
2011	232 158	18 376	70 357	34 183	52 749	22 396	29 275
2012	287 524	20 092	83 470	41 490	72 299	26 417	37 648
2013	322 567	10 634	102 726	44 525	89 657	28 859	42 885
2014	342 507	9 964	108 868	46 392	103 663	29 418	40 934
2015	309 895	7 739	93 183	41 368	104 396	27 978	33 474
2016	360 997	6 473	107 090	47 793	130 402	31 396	36 494
2017	445 029	6 225	131 045	56 425	172 422	36 837	40 484
2018	472 299	2 632	125 602	57 178	208 855	36 250	40 592
2019	598 072	3 890	145 405	65 058	294 868	40 931	46 632
2020	714 527	6 476	141 329	63 236	403 872	46 648	51 192

表 10　按登记注册类型分规模以上工业企业 R&D 项目数增长情况

单位：%

年份	规模以上工企整体	国有企业	有限责任公司	股份有限公司	私营企业	港澳台商投资企业	外商投资企业
2012	23.85	9.34	18.64	21.38	37.06	17.95	28.60
2013	12.19	−47.07	23.07	7.32	24.01	9.24	13.91
2014	6.18	−6.30	5.98	4.19	15.62	1.94	−4.55
2015	−9.52	−22.33	−14.41	−10.83	0.71	−4.89	−18.22
2016	16.49	−16.36	14.92	15.53	24.91	12.22	9.02
2017	23.28	−3.83	22.37	18.06	32.22	17.33	10.93
2018	6.13	−57.72	−4.15	1.33	21.13	−1.59	0.27
2019	26.63	47.80	15.77	13.78	41.18	12.91	14.88
2020	19.47	66.48	−2.80	−2.80	36.97	13.97	9.78
年均增长率							
2012—2020	12.05	−13.20	6.80	5.41	23.99	7.37	3.92
2015—2020	18.18	−3.50	8.69	8.86	31.07	10.77	8.87

表 11　按登记注册类型分规模以上工业企业 R&D 项目数占比情况

单位：%

年份	国有企业	有限责任公司	股份有限公司	私营企业	港澳台商投资企业	外商投资企业
2011	7.92	30.31	14.72	22.72	9.65	12.61
2012	6.99	29.03	14.43	25.15	9.19	13.09
2013	3.30	31.85	13.80	27.79	8.95	13.29
2014	2.91	31.79	13.54	30.27	8.59	11.95
2015	2.50	30.07	13.35	33.69	9.03	10.80
2016	1.79	29.67	13.24	36.12	8.70	10.11
2017	1.40	29.45	12.68	38.74	8.28	9.10
2018	0.56	26.59	12.11	44.22	7.68	8.59
2019	0.65	24.31	10.88	49.30	6.84	7.80
2020	0.91	19.78	8.85	56.52	6.53	7.16

表 12 经调整口径的规模以上工业企业 R&D 项目数情况

单位：项、%

年份	规模以上工企整体	有限责任公司和股份有限公司	国有控股	民营企业	外资企业
2011	232 158	104 540	53 223	122 442	51 671
占比	100.00	45.03	22.93	52.74	22.26
2015	309 895	134 551	52 589	194 097	61 452
占比	100.00	43.42	16.97	62.63	19.83
2020	714 527	204 565	74 664	540 249	97 840
占比	100.00	28.63	10.45	75.61	13.69
2011—2020 年均增速	13.30	7.74	3.83	17.93	7.35
2015—2020 年均增速	18.18	8.74	7.26	22.72	9.75

（四）新产品开发项目数

截至 2020 年年末，全国规模以上工业企业新产品开发项目数约为 78.81 万项，比 2019 年增长 17.32%，其中国有企业增速最快、达到 83.57%，私营企业其次，增速为 33.74%。2012—2020 年，规模以上工业企业整体增长 143.66%，年均增速为 11.78%；2015—2020 年，规模以上工业企业整体增长 141.54%，年均增速为 19.29%。其中，私营企业 2012—2020、2015—2020 年均增速分别为 23.5%、31.87%，对规模以上工业企业整体新产品开发项目数的增长具有较大贡献（见表 13、表 14）。

从各类型工业企业新产品开发项目数及占比情况来看，2020 年私营企业约为 45.24 万项，占比为 57.4%；港澳台商投资企业约为 5.26 万项，占比为 6.68%；外商投资企业约为 5.88 万项，占比为 7.46%。自党的十八大以来，私营企业新产品开发项目数占比翻了一倍多，从 2012 年的 25% 左右提高到 2020 年的超过 50%（见表 13、表 15，经调整口径的规模以上工业企业新产品开发项目数情况见表 16）。

表 13 按登记注册类型分规模以上工业企业新产品开发项目数

单位：项

年份	规模以上工企整体	国有企业	有限责任公司	股份有限公司	私营企业	港澳台商投资企业	外商投资企业
2011	266 232	18 350	76 702	38 051	67 557	25 518	35 634
2012	323 448	20 468	90 011	45 631	83 612	30 947	45 486
2013	358 287	10 696	108 132	49 300	103 038	34 247	49 643
2014	375 863	9 074	112 979	50 561	119 467	33 181	47 453
2015	326 286	6 912	92 383	43 073	113 439	30 416	38 237
2016	391 872	5 700	110 556	50 236	145 329	36 315	42 326
2017	477 861	5 313	133 898	58 706	188 834	43 324	46 261
2018	558 305	2 466	142 539	63 899	253 782	44 253	50 187
2019	671 799	3 494	156 913	68 678	338 247	48 400	54 666
2020	788 125	6 414	149 703	66 290	452 380	52 612	58 825

表 14 按登记注册类型分规模以上工业企业新产品开发项目数增长情况

单位：%

年份	规模以上工企整体	国有企业	有限责任公司	股份有限公司	私营企业	港澳台商投资企业	外商投资企业
2012	21.49	11.54	17.35	19.92	23.77	21.28	27.65
2013	10.77	-47.74	20.13	8.04	23.23	10.66	9.14
2014	4.91	-15.16	4.48	2.56	15.94	-3.11	-4.41
2015	-13.19	-23.83	-18.23	-14.81	-5.05	-8.33	-19.42
2016	20.10	-17.53	19.67	16.63	28.11	19.39	10.69
2017	21.94	-6.79	21.11	16.86	29.94	19.30	9.30
2018	16.83	-53.59	6.45	8.85	34.39	2.14	8.49
2019	20.33	41.69	10.08	7.48	33.28	9.37	8.92
2020	17.32	83.57	-4.59	-3.48	33.74	8.70	7.61
年均增长率							
2012—2020	11.78	-13.50	6.57	4.78	23.50	6.86	3.27
2015—2020	19.29	-1.48	10.14	9.01	31.87	11.58	9.00

第九章 民营科技发展——民企投入大增，新产品占六成

表 15 按登记注册类型分规模以上工业企业新产品开发项目数占比情况

单位：%

年份	国有企业	有限责任公司	股份有限公司	私营企业	港澳台商投资企业	外商投资企业
2011	6.89	28.81	14.29	25.38	9.58	13.38
2012	6.33	27.83	14.11	25.85	9.57	14.06
2013	2.99	30.18	13.76	28.76	9.56	13.86
2014	2.41	30.06	13.45	31.78	8.83	12.63
2015	2.12	28.31	13.20	34.77	9.32	11.72
2016	1.45	28.21	12.82	37.09	9.27	10.80
2017	1.11	28.02	12.29	39.52	9.07	9.68
2018	0.44	25.53	11.45	45.46	7.93	8.99
2019	0.52	23.36	10.22	50.35	7.20	8.14
2020	0.81	18.99	8.41	57.40	6.68	7.46

表 16 经调整口径的规模以上工业企业新产品开发项目数情况

单位：项、%

年份	规模以上工企整体	有限责任公司和股份有限公司	国有控股	民营企业	外资企业
2011	266 232	114 753	56 601	144 059	61 152
占比	100.00	43.10	21.26	54.11	22.97
2015	326 286	135 456	52 064	203 743	68 653
占比	100.00	41.51	15.96	62.44	21.04
2020	788 125	215 993	78 412	596 375	111 437
占比	100.00	27.41	9.95	75.67	14.14
2011—2020 年均增速	12.82	7.28	3.69	17.10	6.90
2015—2020 年均增速	19.29	9.78	8.53	23.96	10.17

（五）新产品开发经费支出

截至 2020 年年末，全国规模以上工业企业新产品开发经费支出约

为1.86万亿元，比2019年增长9.64%，其中国有企业增速最快，高达97.64%，私营企业其次，增速为28.42%。2012—2020年，规模以上工业企业整体增长132.84%，年均增速为11.14%；2015—2020年，规模以上工业企业整体增长81.33%，年均增速为12.64%。其中，私营企业2012—2020、2015—2020年均增速分别为21.45%、23.16%（见表17、表18）。

表17 按登记注册类型分规模以上工业企业新产品开发经费支出

单位：亿元

年份	规模以上工企整体	国有企业	有限责任公司	股份有限公司	私营企业	港澳台商投资企业	外商投资企业
2011	6 845.94	463.36	1 989.39	1 247.45	1 117.76	698.50	1 213.08
2012	7 998.54	551.04	2 268.62	1 369.38	1 462.52	812.36	1 394.57
2013	9 246.74	285.41	2 940.39	1 570.38	1 976.26	901.01	1 489.48
2014	10 123.16	270.22	3 252.70	1 654.62	2 316.95	963.95	1 583.27
2015	10 270.83	303.37	3 323.11	1 602.25	2 442.75	993.56	1 507.29
2016	11 766.27	296.08	3 863.57	1 728.89	2 972.69	1 150.84	1 683.72
2017	13 497.84	267.72	4 414.33	2 045.49	3 537.48	1 369.40	1 791.31
2018	14 987.22	84.13	4 843.16	2 188.53	4 501.74	1 393.80	1 944.08
2019	16 985.72	93.58	5 439.47	2 409.07	5 389.68	1 487.57	2 133.88
2020	18 623.78	184.95	5 153.40	2 524.45	6 921.33	1 557.63	2 245.81

表18 按登记注册类型分规模以上工业企业新产品开发经费支出增长情况

单位：%

年份	规模以上工企整体	国有企业	有限责任公司	股份有限公司	私营企业	港澳台商投资企业	外商投资企业
2012	16.84	18.92	14.04	9.77	30.84	16.30	14.96
2013	15.61	-48.21	29.61	14.68	35.13	10.91	6.81
2014	9.48	-5.32	10.62	5.36	17.24	6.99	6.30
2015	1.46	12.27	2.16	-3.17	5.43	3.07	-4.80
2016	14.56	-2.40	16.26	7.90	21.69	15.83	11.71
2017	14.72	-9.58	14.26	18.31	19.00	18.99	6.39

续表

年份	规模以上工企整体	国有企业	有限责任公司	股份有限公司	私营企业	港澳台商投资企业	外商投资企业
2018	11.03	−68.58	9.71	6.99	27.26	1.78	8.53
2019	13.33	11.23	12.31	10.08	19.72	6.73	9.76
2020	9.64	97.64	−5.26	4.79	28.42	4.71	5.25
年均增长率								
2012—2020	11.14	−12.76	10.80	7.95	21.45	8.48	6.14
2015—2020	12.64	−9.42	9.17	9.52	23.16	9.41	8.30

从各类型工业企业新产品开发经费支出及占比情况来看，2020年私营企业为6 921.33亿元，占比为37.16%；港澳台商投资企业为1 557.63亿元，占比为8.36%；外商投资企业为2 245.81亿，占比为12.06%。自党的十八大以来，私营企业新产品开发经费支出占比翻了一倍，从2012年18%左右提高到2020年近40%。（见表17、表19，经调整口径的规模以上工业企业新产品开发经费支出情况见表20）

表19 按登记注册类型分规模以上工业企业新产品开发经费支出占比情况

单位：%

年份	国有企业	有限责任公司	股份有限公司	私营企业	港澳台商投资企业	外商投资企业
2011	6.77	29.06	18.22	16.33	10.20	17.72
2012	6.89	28.36	17.12	18.28	10.16	17.44
2013	3.09	31.80	16.98	21.37	9.74	16.11
2014	2.67	32.13	16.34	22.89	9.52	15.64
2015	2.95	32.35	15.60	23.78	9.67	14.68
2016	2.52	32.84	14.69	25.26	9.78	14.31
2017	1.98	32.70	15.15	26.21	10.15	13.27
2018	0.56	32.32	14.60	30.04	9.30	12.97
2019	0.55	32.02	14.18	31.73	8.76	12.56
2020	0.99	27.67	13.55	37.16	8.36	12.06

表20　经调整口径的规模以上工业企业新产品开发经费支出情况

单位：亿元、%

年份	规模以上工企整体	有限责任公司和股份有限公司	国有控股	民营企业	外资企业
2011	6 845.94	3 236.84	1 542.30	3 275.65	1 911.58
占比	100.00	47.28	22.53	47.85	27.92
2015	10 270.83	4 925.36	1 945.15	5 726.32	2 500.85
占比	100.00	47.95	18.94	55.75	24.35
2020	18 623.78	7 677.85	2 744.23	12 039.89	3 803.44
占比	100.00	41.23	14.74	64.65	20.42
2011—2020年均增速	11.76	10.07	6.61	15.56	7.94
2015—2020年均增速	12.64	9.28	7.13	16.02	8.75

（六）新产品销售收入

截至2020年年末，全国规模以上工业企业新产品销售收入约为23.81万亿元，比2019年增长12.27%，其中国有企业增速最快，达到60.24%，私营企业其次，增速为28.34%。2012—2020年，规模以上工业企业整体增长115.39%，年均增速为10.07%；2015—2020年，规模以上工业企业整体增长57.81%，年均增速为9.55%。其中，私营企业2012—2020、2015—2020年均增速分别为22.17%、20.24%（见表21、表22）。

从各类型工业企业新产品销售收入及占比情况来看，2020年私营企业约为8.21万亿元，占比为34.49%；港澳台商投资企业约为2.71万亿元，占比为11.39%；外商投资企业约为3.43万亿元，占比为14.43%。自党的十八大以来，私营企业新产品销售收入占比翻了一倍多，从2012年的15%左右提高到2020年的超过30%（见表21、表23，经调整口径的规模以上工业企业新产品销售收入情况见表24）。

第九章 民营科技发展——民企投入大增，新产品占六成

表21 按登记注册类型分规模以上工业企业新产品销售收入

单位：亿元

年份	规模以上工企整体	国有企业	有限责任公司	股份有限公司	私营企业	港澳台商投资企业	外商投资企业
2011	100 582.72	7 508.76	25 288.56	16 565.71	13 509.56	9 822.02	26 210.03
2012	110 529.77	7 388.61	28 422.16	18 180.76	16 542.84	11 006.81	26 810.02
2013	128 460.69	3 062.54	35 867.43	20 836.73	22 823.73	14 021.68	30 696.85
2014	142 895.30	3 901.19	39 213.25	22 804.54	27 356.50	16 609.04	31 828.04
2015	150 856.55	3 813.69	41 105.83	23 312.79	32 670.45	20 352.93	28 426.29
2016	174 604.15	4 678.37	49 476.18	26 775.59	38 967.56	21 626.00	32 139.07
2017	191 568.69	4 757.12	55 975.54	28 984.54	42 847.15	26 044.23	32 030.28
2018	197 094.07	1 283.48	57 340.87	30 057.21	54 779.58	23 331.53	29 944.75
2019	212 060.26	1 470.90	59 168.99	30 793.88	63 979.17	25 217.77	31 071.00
2020	238 073.66	2 356.99	58 810.24	32 956.51	82 110.01	27 124.40	34 347.30

表22 按登记注册类型分规模以上工业企业新产品销售收入增长情况

单位：%

年份	规模以上工企整体	国有企业	有限责任公司	股份有限公司	私营企业	港澳台商投资企业	外商投资企业
2012	9.89	-1.60	12.39	9.75	22.45	12.06	2.29
2013	16.22	-58.55	26.20	14.61	37.97	27.39	14.50
2014	11.24	27.38	9.33	9.44	19.86	18.45	3.69
2015	5.57	-2.24	4.83	2.23	19.42	22.54	-10.69
2016	15.74	22.67	20.36	14.85	19.27	6.25	13.06
2017	9.72	1.68	13.14	8.25	9.96	20.43	-0.34
2018	2.88	-73.02	2.44	3.70	27.85	-10.42	-6.51
2019	7.59	14.60	3.19	2.45	16.79	8.08	3.76
2020	12.27	60.24	-0.61	7.02	28.34	7.56	10.54
年均增长率							
2012—2020	10.07	-13.31	9.52	7.72	22.17	11.93	3.15
2015—2020	9.55	-9.18	7.43	7.17	20.24	5.91	3.86

表 23 按登记注册类型分规模以上工业企业新产品销售收入占比情况

单位：%

年份	国有企业	有限责任公司	股份有限公司	私营企业	港澳台商投资企业	外商投资企业
2011	7.47	25.14	16.47	13.43	9.77	26.06
2012	6.68	25.71	16.45	14.97	9.96	24.26
2013	2.38	27.92	16.22	17.77	10.92	23.90
2014	2.73	27.44	15.96	19.14	11.62	22.27
2015	2.53	27.25	15.45	21.66	13.49	18.84
2016	2.68	28.34	15.34	22.32	12.39	18.41
2017	2.48	29.22	15.13	22.37	13.60	16.72
2018	0.65	29.09	15.25	27.79	11.84	15.19
2019	0.69	27.90	14.52	30.17	11.89	14.65
2020	0.99	24.70	13.84	34.49	11.39	14.43

表 24 经调整口径的规模以上工业企业新产品销售收入情况

单位：亿元、%

年份	规模以上工企整体	有限责任公司和股份有限公司	国有控股	民营企业	外资企业
2011	100 582.72	41 854.27	21 460.18	41 412.41	36 032.05
占比	100.00	41.61	21.34	41.17	35.82
2015	150 856.55	64 418.62	25 286.56	75 616.20	48 779.22
占比	100.00	42.70	16.76	50.12	32.33
2020	238 073.66	91 766.75	32 945.91	143 287.84	61 471.70
占比	100.00	38.55	13.84	60.19	25.82
2011—2020 年均增速	10.05	9.11	4.88	14.79	6.11
2015—2020 年均增速	9.55	7.33	5.43	13.64	4.73

（七）有效发明专利数

截至 2020 年年末，全国规模以上工业企业有效发明专利数为 144.8

万件，比 2019 年增长 18.87%，其中国有企业增速最快，达到 43.2%，私营企业其次，增速为 37.04%。2012—2020 年，规模以上工业企业整体增长 422.36%，年均增速为 22.95%；2015—2020 年，规模以上工业企业整体增长 152.4%，年均增速为 20.34%。其中，私营企业 2012—2020、2015—2020 年均增速分别为 32.76%、33.11%（见表 25、表 26）。

表 25 按登记注册类型分规模以上工业企业有效发明专利数

单位：件

年份	规模以上工业企业整体	国有企业	有限责任公司	股份有限公司	私营企业	港澳台商投资企业	外商投资企业
2011	201 089	11 076	57 413	35 696	41 366	23 371	29 183
2012	277 196	16 376	79 977	53 543	55 726	28 136	39 759
2013	335 401	10 508	108 529	64 653	74 757	31 086	43 487
2014	448 885	13 468	139 419	92 760	103 775	42 508	55 244
2015	573 765	17 748	178 596	127 392	128 688	58 214	59 862
2016	769 847	23 393	243 148	171 965	180 490	68 740	78 574
2017	933 990	19 778	305 070	210 065	231 855	81 769	81 151
2018	1 094 200	12 259	365 468	206 003	322 578	89 280	97 064
2019	1 218 074	14 497	394 039	226 204	392 406	93 651	95 856
2020	1 447 950	20 760	423 483	249 414	537 734	104 000	110 396

表 26 按登记注册类型分规模以上工业企业有效发明专利数增长情况

单位：%

年份	规模以上工业企业整体	国有企业	有限责任公司	股份有限公司	私营企业	港澳台商投资企业	外商投资企业
2012	37.85	47.85	39.30	50.00	34.71	20.39	36.24
2013	21.00	−35.83	35.70	20.75	34.15	10.48	9.38
2014	33.84	28.17	28.46	43.47	38.82	36.74	27.04
2015	27.82	31.78	28.10	37.34	24.01	36.95	8.36
2016	34.17	31.81	36.14	34.99	40.25	18.08	31.26
2017	21.32	−15.45	25.47	22.16	28.46	18.95	3.28

续表

年份	规模以上工业企业整体	国有企业	有限责任公司	股份有限公司	私营企业	港澳台商投资企业	外商投资企业
2018	17.15	−38.02	19.80	−1.93	39.13	9.19	19.61
2019	11.32	18.26	7.82	9.81	21.65	4.90	−1.24
2020	18.87	43.20	7.47	10.26	37.04	11.05	15.17
年均增长率							
2012—2020	22.95	3.01	23.16	21.21	32.76	17.75	13.62
2015—2020	20.34	3.18	18.85	14.38	33.11	12.31	13.02

从各类型工业企业有效发明专利数及占比情况来看，2020年私营企业约为53.77万件，占比为37.14%；港澳台商投资企业为10.4万件，占比为7.18%；外商投资企业约为11.04万件，占比为7.62%。自党的十八大以来，私营企业有效发明专利数占比翻了近一倍，从2012年的20%左右提高到2020年的近40%。（见表25、表27，经调整口径的规模以上工业企业有效发明专利数情况见表28）

表27 按登记注册类型分规模以上工业企业有效发明专利数占比情况

单位：%

年份	国有企业	有限责任公司	股份有限公司	私营企业	港澳台商投资企业	外商投资企业
2011	5.51	28.55	17.75	20.57	11.62	14.51
2012	5.91	28.85	19.32	20.10	10.15	14.34
2013	3.13	32.36	19.28	22.29	9.27	12.97
2014	3.00	31.06	20.66	23.12	9.47	12.31
2015	3.09	31.13	22.20	22.43	10.15	10.43
2016	3.04	31.58	22.34	23.44	8.93	10.21
2017	2.12	32.66	22.49	24.82	8.75	8.69
2018	1.12	33.40	18.83	29.48	8.16	8.87
2019	1.19	32.35	18.57	32.22	7.69	7.87
2020	1.43	29.25	17.23	37.14	7.18	7.62

表28　经调整口径的规模以上工业企业有效发明专利数情况

单位：件、%

年份	规模以上工企整体	有限责任公司和股份有限公司	国有控股	民营企业	外资企业
2011	201 089	93 109	42 112	103 439	52 554
占比	100.00	46.30	20.94	51.44	26.13
2015	573 765	305 988	119 744	332 680	118 076
占比	100.00	53.33	20.87	57.98	20.58
2020	1 447 950	672 897	245 059	986 332	214 396
占比	100.00	46.47	16.92	68.12	14.81
2011—2020年均增速	24.53	24.58	21.61	28.47	16.91
2015—2020年均增速	20.34	17.07	15.40	24.28	12.67

二、专精特新"小巨人"企业发展情况

专精特新，即"专业化、精细化、特色化和新颖化"。专精特新概念于2011年7月由工信部首次提出，9月23日，工信部发布的《"十二五"中小企业成长规划》将专精特新发展方向作为中小企业转型升级、转变发展方式的重要途径。2012年4月26日，国务院出台《国务院关于进一步支持小型微型企业健康发展的意见》，首次提出鼓励小型微型企业走专精特新和与大企业协作配套发展的道路。直至2018年年末，工信部开展了首批专精特新"小巨人"企业培育工作；截至2021年7月，工信部共公示了三批4 762家专精特新"小巨人"企业（见图1）。此外，为引导中小企业走"专精特新"之路，各省市积极培育专精特新企业，并制定了地方专精特新中小企业认定管理办法等文件，截至2021年12月，各地培育省市级"专精特新"中小企业4万多家。

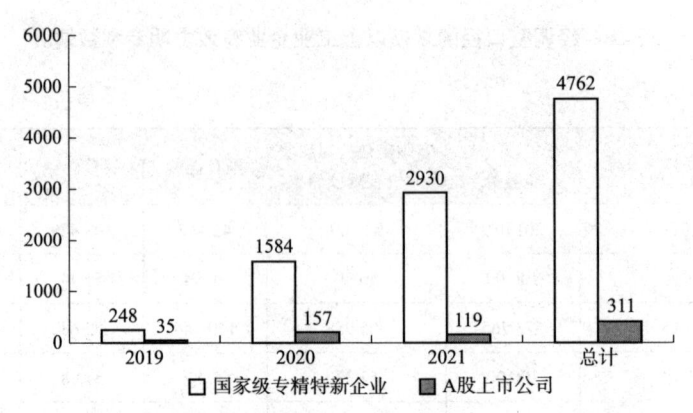

图 1　经工信部认定的专精特新"小巨人"企业数量

数据来源：工业和信息化部网站。

2021年，全国市场主体总量已突破1.5亿户，占比超过90%的中小企业保持稳定恢复增长态势，进一步体现了韧性和活力，并在科技创新方面日益发挥着引擎作用。4 762家国家级专精特新"小巨人"企业和四万多家省市级专精特新中小企业，不断提升自身创新能力和专业化水平，通过走专业化、精细化、特色化、创新型发展道路，推动中国经济实现高质量发展。而在中小企业中的民营经济占比超过90%，因此，中小民营企业同样是科技创新发展的重要阵地和重要力量。

第十章　民企税收贡献
——份额年年提升，增量超过七成

一、各经济类型企业税收数据比较

2021年1—12月累计，我国税收收入188 737.31亿元，同比增长13.7%，较上年同期增加22 737.59亿元。其中，国有及国有控股（以下简称国有及控股）46 586.46亿元，占全部税收收入的24.7%，较上年同期提高0.4个百分点；涉外企业29 703.93亿元，占全部税收收入的15.7%，较上年同期下降0.3个百分点（见表1、图1、图2）。

2021年1—12月累计，民营经济①税收收入112 446.92亿元，同比增长13.5%，占全部税收收入的59.6%，较上年同期下降0.1个百分点。民营经济税收收入较上年同期增加13 400.24亿元，占全部税收增加额的58.9%。其中：私营企业34 882.98亿元，占18.5%，较上年同期提高0.9个百分点（见表1）。

表1　2021年1—12月各经济类型企业税收数据

单位：亿元、%

指标名称	2019年1—12月 收入额	2020年1—12月 收入额	增速	增加额	2021年1—12月 收入额	增速	增加额
全国税收收入	172 102.36	165 999.72	-3.5	-6 102.64	188 737.31	13.7	22 737.59

---

① 本文民营经济包括民营企业和民营非企业单位，最新分经济类型税收统计口径增加了非企业单位税收收入，其中，民营企业税收收入占绝大部分，2021年民营经济与以前年度民营企业税收收入具有可比性，特此说明。

续表

指标名称	2019年1—12月 收入额	2020年1—12月 收入额	增速	增加额	2021年1—12月 收入额	增速	增加额
国有及控股	42 638.81	40 327.48	−5.4	−2 311.33	46 586.46	15.5	6 258.98
占比	24.8	24.3	—	—	24.7	—	27.5
涉外企业	28 595.67	26 625.56	−6.9	−1 970.10	29 703.93	11.6	3 078.37
占比	16.6	16.0	—	—	15.7	—	13.5
民营经济	100 867.88	99 046.68	−1.8	−1 821.21	112 446.92	13.5	13 400.24
占比	58.6	59.7	—	—	59.6	—	58.9
其中：私营企业	28 465.58	29 133.20	2.3	667.67	34 882.98	19.7	5 749.78
占比	16.5	17.6	—	—	18.5	—	25.3

注：民营经济是指除国有及国有控股（简称国有及控股）、涉外企业（包括港澳台商投资企业和外商投资企业）以外的企业，包括私营企业、民营非企业单位，下同。

资料来源：国家税务总局收入规划核算司《税收月度快报》，下同

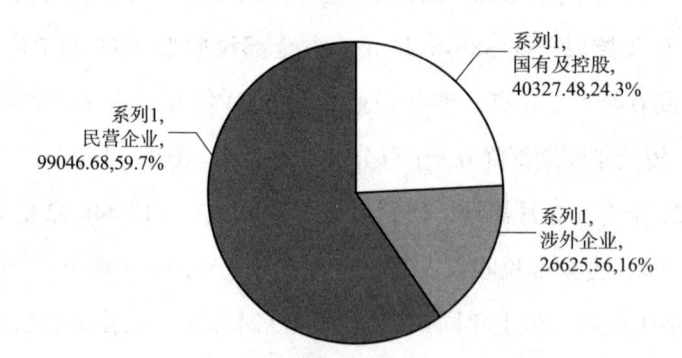

图1 2020年民营经济税收收入占比图

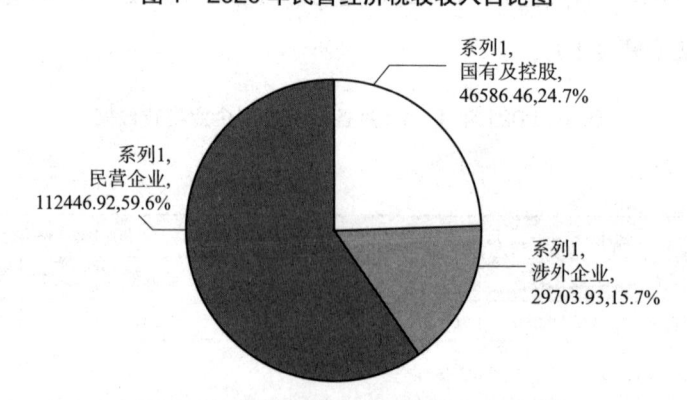

图2 2021年民营经济税收收入占比图

二、分经济类型税收收入情况

2021年民营经济税收收入分季度累计分析。1—3月累计，国有及控股税收收入12 565.24亿元，涉外企业税收收入7 743.06亿元，民营经济税收收入31 530.50亿元；1—6月累计，国有及控股税收收入27 858.22亿元，涉外企业税收收入17 025.01亿元，民营经济税收收入63 271.59亿元；1—9月累计，国有及控股税收收入38 402.20亿元，涉外企业税收收入23 979.00亿元，民营经济税收收入89 257.86亿元；1—12月累计，国有及控股税收收入46 586.46亿元，涉外企业税收收入29 703.93亿元，民营经济税收收入112 446.90元（见表2、图3）。

表2 各经济类型企业税收收入

单位：亿元

年份	全国税收	国有及控股	涉外企业	民营经济
2019.1—12	172 102.36	42 638.81	28 595.67	10 0867.88
2020.1—03	41 791.56	10 725.12	6 680.76	24 385.68
2020.1—06	88 997.49	23 846.34	14 030.81	51 120.34
2020.1—09	128 366.13	32 903.36	20 530.11	74 932.66
2020.1—12	165 999.72	40 327.48	26 625.56	99 046.68
2021.1—03	51 838.80	12 565.24	7 743.06	31 530.50
2021.1—06	108 154.82	27 858.22	17 025.01	63 271.59
2021.1—09	151 639.06	38 402.20	23 979.00	89 257.86
2021.1—12	188 737.31	46 586.46	29 703.93	112 446.90

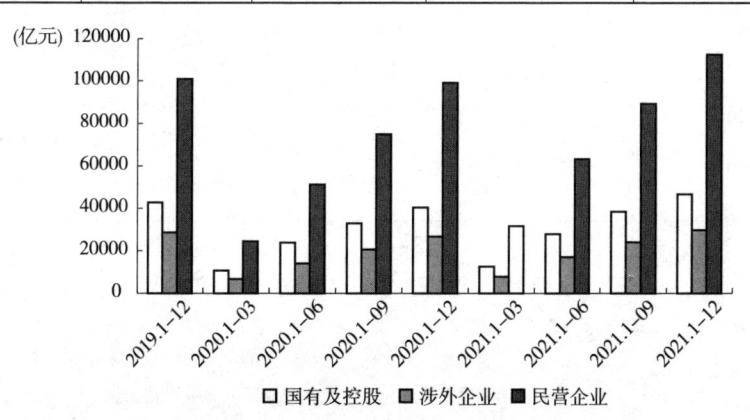

图3 各经济类型分季度累计税收收入

2021年民营经济税收收入分季度累计增速分析。1—3月累计，国有及控股税收收入同比增长17.2%，涉外企业税收收入同比增长15.9%，民营经济税收收入同比增长29.3%；1—6月累计，国有及控股税收收入同比增长16.8%，涉外企业税收收入同比增长21.3%，民营经济税收收入同比增长23.8%；1—9月累计，国有及控股税收收入同比增长16.7%，涉外企业税收收入同比增长16.8%，民营经济税收收入同比增长19.1%；1—12月累计，国有及控股税收收入同比增长15.5%，涉外企业税收收入同比增长11.6%，民营经济税收收入同比增长13.5%（见表3、图4）。

表3 各经济类型企业税收收入增速

单位：%

年份	税收收入	国有及控股	涉外企业	民营经济	私营企业
2019.1—12	1.3	−1.1	−5.4	4.6	9.0
2020.1—03	−18.1	−22.8	−21.7	−14.7	−8.8
2020.1—06	−11.7	−10.9	−17.0	−10.5	−5.6
2020.1—09	−6.7	−7.4	−10.4	−5.4	−1.1
2020.1—12	−3.5	−5.4	−6.9	−1.8	2.3
2021.1—03	24.0	17.2	15.9	29.3	33.3
2021.1—06	21.5	16.8	21.3	23.8	30.7
2021.1—09	18.1	16.7	16.8	19.1	26.9
2021.1—12	13.7	15.5	11.6	13.5	19.7

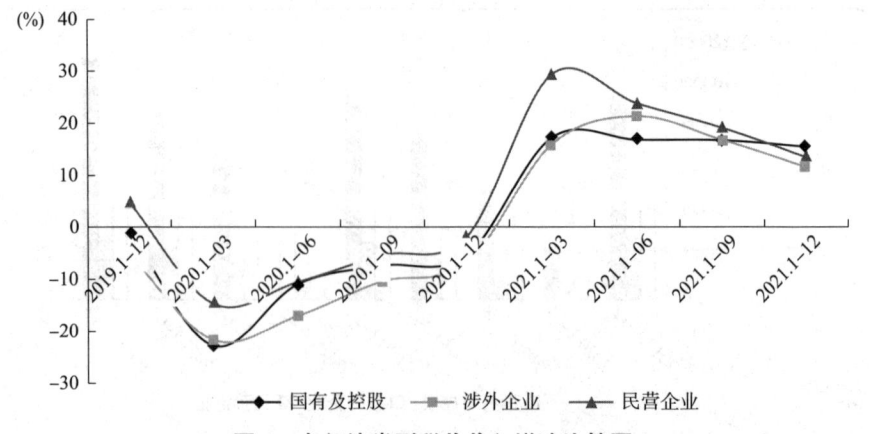

图4 各经济类型税收收入增速比较图

2021年分季度累计民营经济税收收入占全部税收收入的比重分析。国有及控股税收收入占比，2021年1—3月累计为24.2%，1—6月累计为25.8%，1—9月累计为25.3%，1—12月累计为24.7%；涉外企业税收收入占比，2021年1—3月累计为14.9%，1—6月累计为15.7%，1—9月累计为15.8%，1—12月累计为15.7%；民营经济税收收入占比，2021年1—3月累计为60.8%，1—6月累计为58.5%，1—9月累计为58.9%，1—12月累计为59.6%（见表4）。

表4 各经济类型企业税收收入占比

单位：%

年份	国有及控股	涉外企业	民营经济	其中：私营企业
2019.1—12	24.8	16.6	58.6	16.5
2020.1—03	25.7	16.0	58.4	18.1
2020.1—06	26.8	15.8	57.4	17.0
2020.1—09	25.6	16.0	58.4	17.0
2020.1—12	24.3	16.0	59.7	17.6
2021.1—03	24.2	14.9	60.8	19.4
2021.1—06	25.8	15.7	58.5	18.3
2021.1—09	25.3	15.8	58.9	18.3
2021.1—12	24.7	15.7	59.6	18.5

第十一章　民企最强五百

——逆境更铸韧性，走向更大更强

2021年各大企业"500强"榜单显示，尽管受疫情影响，但我国民营企业表现了较强的韧劲，企业经营状况在横向对比中有所提升。"中国民营企业500强"上榜企业规模持续增长，资产、营收、利润等均稳中有升。在其他国内外"企业500强"榜单评选中，民营企业上榜数量再创新高，如在"2021中国企业500强榜单"中，民营企业上榜数量达249家，与国有企业平分秋色。各"企业500强"上榜企业中，数字经济领域民营企业表现亮眼，正在日益成为中国经济增长的重要引擎，如在"《财富》中国500强"中，互联网服务行业上榜公司的收入相比去年自身业绩增长19%。

一、"2021年中国民营企业500强"

2021年9月，全国工商联发布了"2021年中国民营企业500强"榜单及调研报告。"2021年中国民营企业500强"榜单排名及数据分析的依据为参加排名的企业2020年的经营数据。

榜单及调研报告显示，2020年，民营企业500强的规模持续增长、产业结构日趋优化、创新能力稳步提升，资产、营收、利润等均较上年稳中有升，但受国内外多种因素影响，500强企业利润空间收窄，经营效率有所下降。

（一）民营企业 500 强入围门槛

2020 年民营企业 500 强营收的入围门槛为 235.01 亿元，较 2019 年增加了 32.97 亿元，增幅为 16.32%（见图 1）。

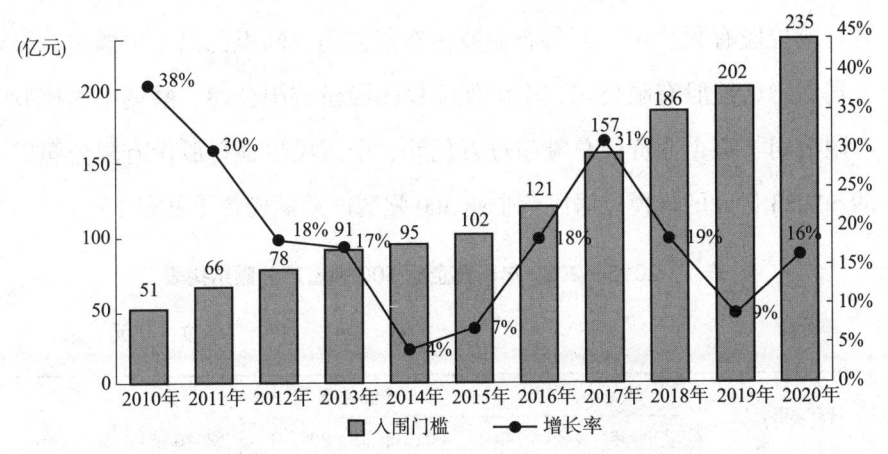

图 1　2010—2020 年民营企业 500 强入围门槛变化情况

（二）民营企业 500 强资产总额情况

2020 年，民营企业 500 强的企业资产总额合计为 507 291.63 亿元，较上年增幅为 37.25%，户均资产总额 1 041.58 亿元（见图 2）。

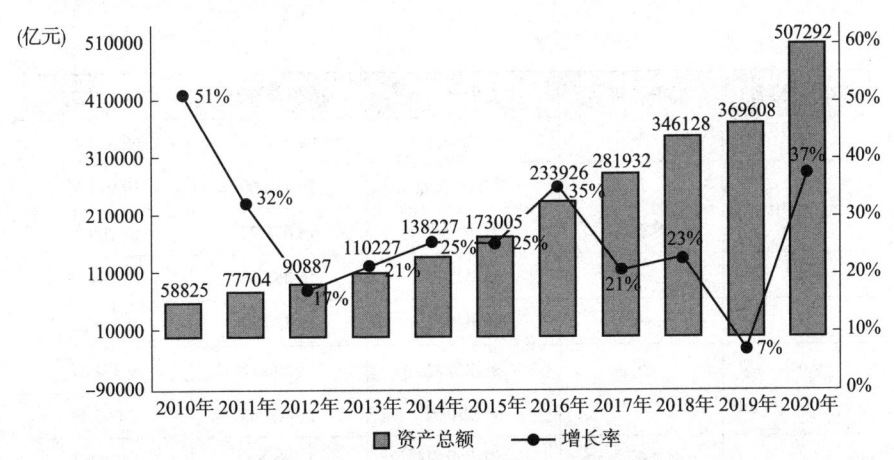

图 2　2010—2020 年民营企业 500 强资产总额变化情况

2020年，民营企业500强资产实力稳步提高，资产总额突破1 000亿元的有98家企业，比上年增加18家；资产总额在100亿元至1 000亿元的有332家；资产总额在50亿元至100亿元的有47家，资产总额小于50亿元的有23家（见表1）。其中，中国民生银行股份有限公司、碧桂园控股有限公司、万科企业股份有限公司、阿里巴巴（中国）有限公司、腾讯控股有限公司、泰康保险集团股份有限公司、融创中国控股有限公司7家企业资产总额超过万亿元。中国民生银行股份有限公司以69 502.33亿元的规模位居民营企业500强资产总额榜首（见表2）。

表1　2015—2020年民营企业500强资产总额结构表

单位：亿元、家

资产总额标准	企业数量					
	2020年	2019年	2018年	2017年	2016年	2015年
≥1000	98	80	76	61	50	34
≥100 <1000	332	336	339	338	318	287
≥50 <100	47	53	59	72	78	99
<50	23	31	26	29	54	80

表2　2020年年末民营企业500强资产总额前20家

单位：亿元

2020年排名	2019年排名	企业名称	2020年资产	2019年资产
1	—	民生银行	69 502.33	66 818.41
2	2	碧桂园控股	20 158.09	19 071.52
3	3	万科企业	18 691.77	17 299.29
4	4	阿里巴巴	16 352.66	13 194.95
5		腾讯控股	13 334.25	9 539.86
6	5	泰康保险	11 296.16	9 354.87
7	—	融创中国	11 084.05	9 606.49
8	6	华为投资	8 768.54	8 586.61

续表

2020年排名	2019年排名	企业名称	2020年资产	2019年资产
9	7	复星国际	7 676.81	7 156.81
10	8	龙湖集团	7 651.59	6 522.45
11	9	联想控股	6 517.33	6 240.75
12	—	新城控股	5 377.53	4 621.10
13	—	富德生命人寿	5 238.43	4 731.67
14	—	京东集团	4 906.25	3 121.10
15	13	浙江吉利	4 854.04	3 956.88
16	12	阳光龙净集团	4 735.56	4 183.11
17	11	广州富力地产	4 421.85	4 273.26
18	15	阳光保险集团	4 054.80	3 315.25
19	28	龙光集团	4 036.39	2 664.64
20	16	重庆市金科投资	3 905.93	3 344.93

（三）民营企业500强营收情况

2020年，民营企业500强的营业收入总额为351 163.21亿元，增速为16.39%，500强企业户均营收702.33亿元（见图3）。

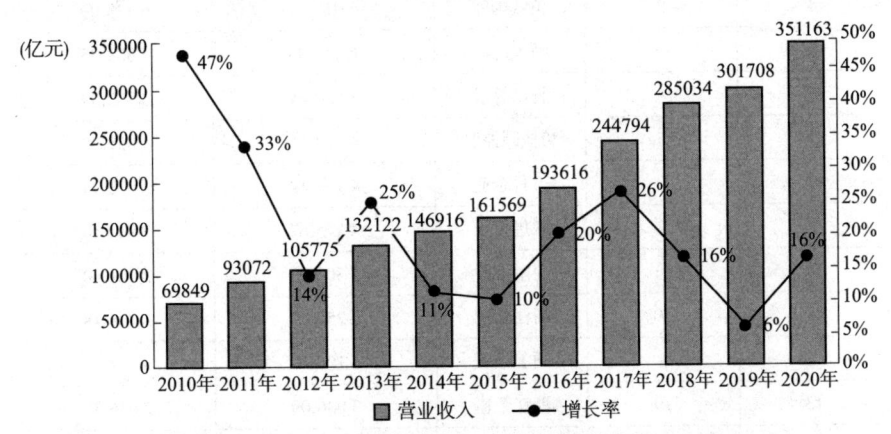

图3　2010—2020年民营企业500强营业收入变化情况

193

2020年，有78家企业营业收入总额超过1 000亿元（含）；116家企业营业收入总额在500亿元至1 000亿元；306家企业的营业收入总额在100亿元至500亿元（见表3）。华为投资控股有限公司营业额继续蝉联榜首，为8 913.68亿元（见表4）。

表3　2015—2020年民营企业500强营业收入结构表

单位：亿元、家

营业收入总额标准	企业数量					
	2020年	2019年	2018年	2017年	2016年	2015年
≥ 1000	78	57	56	42	27	22
≥ 500 < 1000	116	106	85	91	64	45
≥ 100 < 500	306	337	359	367	409	433

表4　2020年民营企业500强营业收入前20家

单位：亿元

2020年排名	2019年排名	企业名称	2020年营业收入	2019年营业收入
1	1	华为投资	8 913.68	8 588.33
2	—	京东集团	7 686.24	5 950.92
3	4	恒力集团	6 953.36	5 567.40
4	3	正威国际	6 919.37	6 138.99
5	—	阿里巴巴	6 442.08	4 888.95
6	—	腾讯控股	4 820.64	3 772.89
7	5	碧桂园控股	4 628.56	4 859.08
8	9	万科企业	4 191.12	3 678.94
9	7	联想控股	4 175.67	3 892.18
10	11	中南控股	3 300.92	2 821.40
11	10	浙江吉利	3 256.19	3 308.18
12	8	国美控股	3 104.77	3 717.01
13	19	浙江荣盛	3 086.09	2 056.37
14	14	青山控股	2 928.92	2 626.02
15	13	山东魏桥	2 889.65	2 792.81

续表

2020年排名	2019年排名	企业名称	2020年营业收入	2019年营业收入
16	12	美的集团	2 857.10	2 793.81
17	15	江苏沙钢	2 667.92	2 520.85
18	17	浙江恒逸	2 660.76	2 151.64
19	22	盛虹控股	2 652.37	1 925.36
20	—	苏宁易购	2 522.96	2 696.29

（四）民营企业500强税后净利润情况

2020年，民营企业500强税后净利润持续增加，总额为19 697.38亿元，较2019年增长41.40%（见图4）。

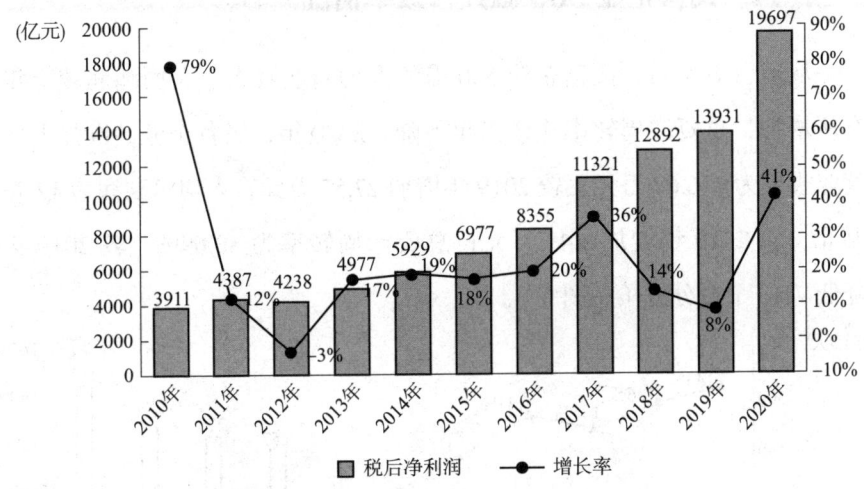

图4 2010—2020年民营企业500强税后净利润增长情况

（五）民营企业500强经营效益情况

从盈利能力看，民营企业500强的销售净利率、资产净利率、净资产收益率较上一年相比有所提高。2020年民营企业500强销售净利率为5.61%，资产净利率为4.49%，净资产收益率为15.16%（见图5）。

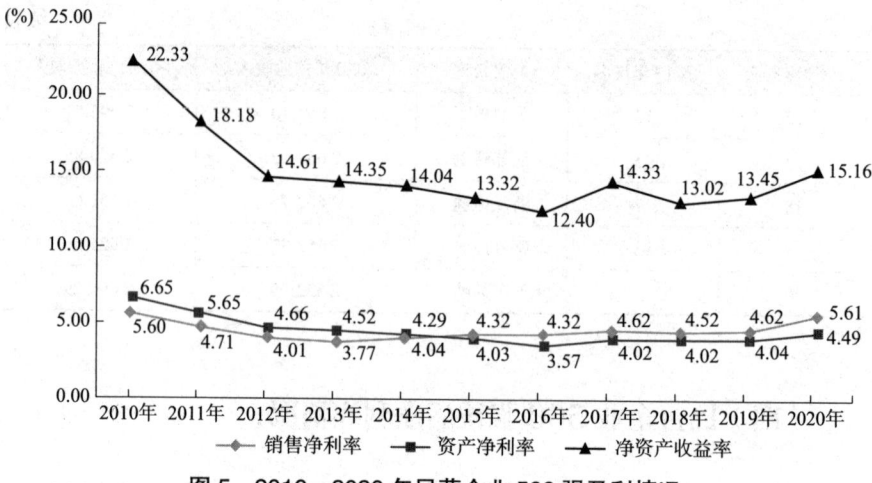

图 5 2010—2020 年民营企业 500 强盈利情况

（六）民营企业 500 强经营效率情况

从经营效率看，民营企业 500 强的人均营业收入、人均利润较上年有所增加，总资产周转率连续三年下降。2020 年，民营企业 500 强人均营业收入为 316.62 万元，较 2019 年增加 27.57 万元；人均净利润为 17.76 万元，较 2019 年增加 4.41 万元；总资产周转率为 80.09%，较 2019 年降低 7.47 个百分点（见图 6）。

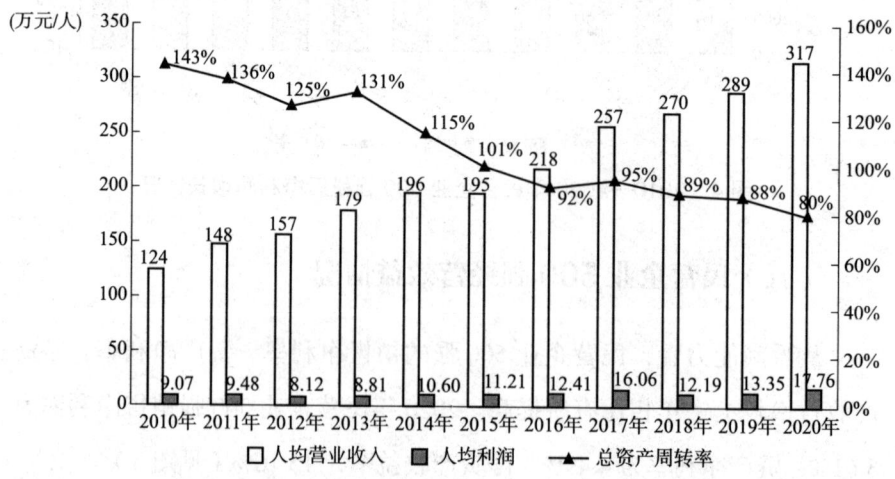

图 6 2010—2020 年民营企业 500 强经营效率情况

二、"2021中国企业500强"中的民营企业

2021年9月25日,中国企业联合会、中国企业家协会以2020年企业营业收入为主要依据,发布了"2021中国企业500强"榜单。"2021中国企业500强"入围门槛(营业收入)由上年的359.61亿元升至392.36亿元,提高32.75亿元。500强企业去年营收总额达到89.83万亿元,较上年增长4.43%。其中,8家企业营业收入规模超万亿元,中国建设银行、中国农业银行成为万亿企业新成员。营业收入超过1 000亿元的共217家,较上年增加23家。

2021中国企业500强实现利润总额60 023.43亿元、净利润40 712.58亿元,分别比上年500强增长7.75%、4.59%。500强企业资产总额达到343.58万亿元,较上年的312.35万亿元增加了31.28万亿元,增幅10%,连续6年增长。2021中国企业500强员工总数为3 339.60万人,比上年500强增加26.71万人,增幅为0.81%;500强企业员工总数占2020年全国城镇就业人口(45 433万人)的7.35%。

从所有制来看,"2021中国企业500强"中有251家国有企业,249家民营企业,分别占500家企业的50.2%和49.8%,民营企业入围数量较上年增加14家(见图7)。

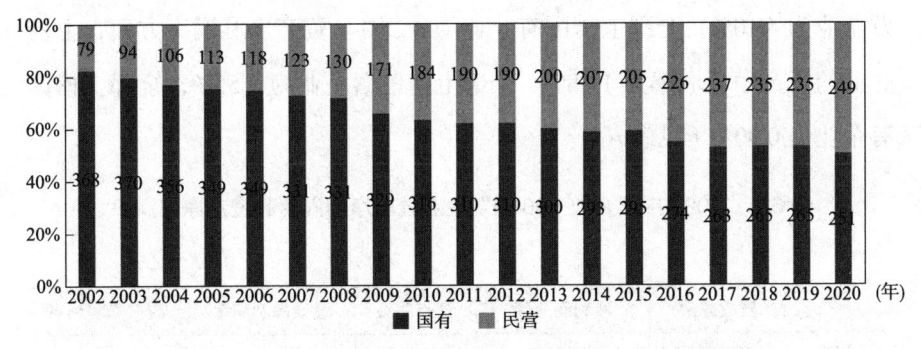

图7 2002—2020年"中国企业500强"所有制分布

注:2002年度至2008年度,"中国企业500强"中还有部分外资企业,这几年民营企业与国有企业数量之和小于500家。

"2021中国企业500强"上榜的249家民营企业的营业收入总额29.90万亿元,同比增长11.70%;净利润1.52万亿元,同比增长了10.14%;资产总额59.89万亿元,同比增长12.58%;员工总数915万人,同比增长3.25%(见表5)。

尽管民营企业在上榜数量上几近一半,但是与国有企业的差距仍然较大,在营业收入、净利润、资产总额、员工数等指标上,分别只占500强的33.28%、37.47%、17.43%和27.41%(见表5)。

表5 "2021中国企业500强"国有、民营企业主要总量指标

单位:亿元、家、万人、%

所有制	企业数	营业收入	净利润	资产总额	员工数
全国	500	898 310	40 713	3 435 800	3 340
全国户均		1 797	81	6 872	7
国有	251	599 352	25 458	2 836 940	2 425
国有占比	50.2	66.72	62.53	82.57	72.59
国有户均		2 387.86	101.43	11 302.55	9.66
民营	249	298 958	15 255	598 860	915
民营占比	49.8	33.28	37.47	17.43	27.41
民营户均		1 200.63	61.27	2 405.06	3.68

营收净利润率方面,上榜企业的营收净利润率为4.53%,全部上榜民营企业为5.10%,全部上榜国有企业为4.25%。资产净利润率方面,上榜企业的资产净利润率为1.18%,全部上榜民营企业为2.55%,全部上榜国有企业为0.90%(见表6)。

表6 "2021中国企业500强"企业营收净利润率和资产净利润率

单位:亿元、%

	营收总额	净利润总额	资产总额	营收净利润率	资产净利润率
全部	898 310	40 713	3 435 800	4.53	1.18
国有企业	599 352	25 458	2 836 940	4.25	0.90
民营企业	298 958	15 255	598 860	5.10	2.55

三、"2021年《财富》世界500强"中的民营企业

北京时间2021年8月2日,财富中文网公布了"2021年《财富》世界500强"排行榜。排名依据为2020年企业经营数据。

今年,中国公司(含港台地区公司)上榜数量达到143家,再次超过美国(122家),同时,此次排名位次上升最快的前20名中,超过一半是中国企业。排名前五的企业中,中国企业占三家,分别为:排名第二的国家电网有限公司、排名第四的中国石油天然气集团有限公司和排名第五的中国石油化工集团有限公司。

中国大陆上榜企业132家,其中国企96家,比上年增加3家,民营企业36家,比上年增加8家。有18家中国企业2021年新上榜和重新上榜,包括中国船舶集团、浙江荣盛控股集团、浙江恒逸集团、融创中国控股有限公司、敬业集团、新希望控股集团、新华人寿保险、潍柴动力、北京建龙重工集团、浙江省交通投资集团、龙湖集团、广州市建筑集团、广州医药集团、华润置地、云南省投资控股集团、万洲国际、紫金矿业集团、中国再保险(集团)股份有限公司。

民营企业方面,从上榜企业的排名来看,除新上榜和再上榜企业外,太平洋建设、雪松控股、珠海格力等5家企业排名与上年相比有所下降,太平洋建设下降了74位,雪松控股下降了63名,其余22家连续上榜企业的排名均上升,盛虹控股排名上升了144位,小米集团上升了84位,泰康保险上升了81位,阿里巴巴上升了69位(见表7)。

表7 "2021年《财富》世界500强"中的中国民营企业

单位:百万美元、%

排名	上年排名	公司名称	营业收入	利润	营收利润率
16	21	中国平安保险	191 509.40	20 738.90	10.83
44	49	华为投资	129 183.50	9 361.60	7.25

续表

排名	上年排名	公司名称	营业收入	利润	营收利润率
59	102	京东集团	108 087.00	7 160.20	6.62
63	132	阿里巴巴	105 865.70	22 224.00	20.99
67	107	恒力集团	100 773.10	2 372.70	2.35
68	91	正威国际	100 280.50	1 851.70	1.85
122	152	中国恒大	73 514.00	1 170.40	1.59
132	197	腾讯控股	69 864.20	23 166.20	33.16
139	147	碧桂园	67 080.40	5 075.60	7.57
149	75	太平洋建设	64 037.70	2 218.10	3.46
159	224	联想集团	60 742.30	1 178.30	1.94
160	208	万科企业	60 740.70	6 016.70	9.91
224	239	中国民生银行	49 076.00	4 972.30	10.13
239	243	浙江吉利	47 191.00	1 352.30	2.87
255	—	浙江荣盛	44 725.90	626.50	1.40
279	329	青山控股	42 448.10	1 129.30	2.66
282	308	山东魏桥	41 878.80	1 236.00	2.95
288	307	美的集团	41 407.10	3 945.30	9.53
308	351	江苏沙钢	38 664.50	1 144.50	2.96
309	—	浙江恒逸	38 561.70	152.00	0.39
311	455	盛虹控股	38 440.00	519.80	1.35
328	324	苏宁易购	36 564.50	−619.50	−1.69
332	354	阳光龙净	36 263.90	540.20	1.49
338	422	小米集团	35 632.60	2 950.10	8.28
343	424	泰康保险	35 475.60	3 483.60	9.82
359	296	雪松控股	33 837.00	49.60	0.15
364	—	融创中国	33 418.40	5 165.80	15.46
375	—	敬业集团	32 528.20	607.30	1.87
390	—	新希望控股	31 605.70	515.40	1.63
405	435	海尔智家	30 395.00	1 286.50	4.23
428	468	海亮集团	28 466.70	117.30	0.41
431	—	北京建龙重工	28 361.50	494.00	1.74
444	443	新疆广汇	27 448.30	59.20	0.22

续表

排名	上年排名	公司名称	营业收入	利润	营收利润率
456	—	龙湖集团	26 745.90	2 898.80	10.84
474	—	万洲国际	25 589.00	828.00	3.24
488	436	珠海格力	24 709.70	3 213.80	13.01

从上榜企业的营收来看，132家中国内地企业中，96家国有企业营业收入总额68 252亿美元，占中国内地企业的77.5%；36家民营企业营业收入总额19 811亿美元，占中国内地企业的22.5%。营收排名第一的国有企业为国家电网，营业收入3 866亿美元，民营企业中营收列第1位的是中国平安保险（集团）股份有限公司，营业收入1 915亿美元；国有企业前10位的营业收入之和为21 174亿美元，民营企业前10位的营业收入之和为10 102亿美元，民营企业前10的营业收入之和为国有企业前10营业收入之和的47.7%。相关数据如表8所示。

表8 "2021年《财富》世界500强"中国内地企业有关数据

单位：百万美元、%

	民营企业	国有企业	民营企业/国有企业
企业数量	36	96	30.1
营收总额	1 981 113.6	6 825 152.5	29.0
利润总额	139 202.5	329 092.0	42.3
营收第1位	191 509.4	386 617.7	49.5
营收前10位	1 010 195.5	2 117 425.4	47.7
利润第1位	20 738.9	45 783.4	45.3
亏损数量	1	4	25.0
亏损额	619.5	1 111.3	55.7

今年进入榜单的金融类企业共有19家，其中民营企业2家，为中国民生银行和泰康人寿。这19家金融企业利润占全部上榜中国内地132家企业利润总额的49.2%。

营收利润率方面，上榜中国企业的营收利润率为5.32%，除金融业外企业为3.22%；全部上榜民营企业为7.03%，其中除金融业外民营企业为6.45%；全部上榜国有企业为4.82%，其中除金融业外国有企业为2.21%（见表9）。

表9 "2021年《财富》世界500强"中国内地企业营收利润率

单位：百万美元、%

	营收总额	利润总额	营收利润率
全部上榜企业	8 806 266.1	468 294.5	5.32
除金融业外企业	7 145 935.4	230 329.9	3.22
全部上榜民营企业	1 981 113.6	139 202.5	7.03
除金融业外民营企业	1 705 052.6	110 007.7	6.45
全部上榜国有企业	6 825 152.5	329 092.0	4.82
除金融业外国有企业	5 271 406.0	116 360.4	2.21

净资产收益率（ROE）方面，中国内地企业中，排位靠前的是联想集团、恒力集团、融创中国控股有限公司、青山控股集团、京东集团、美的集团、腾讯控股有限公司和泰康保险集团等，民营企业排名比较靠前。

四、"2021年《财富》中国500强"中的民营企业

2021年7月20日，财富中文网公布了"2021年《财富》中国500强"，覆盖范围包括在中国境内外上市的所有中国公司，所依据数据为上市公司在各证券交易所正式披露的信息。

根据中国500强企业年报披露的实质控制人信息，将实质控制人为国家资本的归为国有企业，将实质控制人为自然人、民营资本（包括港澳台资、外资）的归为民营企业。"2021年《财富》中国500强"中，共有国有企业306家，民营企业194家，民营企业上榜数量比上年增加7家。三家民营上市大公司京东、阿里巴巴以及美团的排位均有提升，京

东排名上升 2 名至 11 名，阿里巴巴上升 4 名至 14 名，美团上升 12 名至 90 名。贝壳首次上榜，并以 704.8 亿元人民币的总收入排名第 164 位。

上榜 306 家国有企业共实现营业收入总额 369 827 亿元，占 500 强的 69.7%，实现利润 30 247 亿元，占 70.3%；194 家民营企业共实现营业收入总额 160 460 亿元，占 500 强的 30.3%，实现利润 12 801 亿元，占 29.7%，国有企业、民营企业营收及利润的占比与上年相比差别不大。相关数据如表 10 所示。

表 10　"2021 年《财富》中国 500 强"按所有制的有关数据

单位：亿元、%

	民营企业	国有企业	民企/国企
企业数量	194	306	63.40
营收总额	160 460	369 827	43.39
利润	12 801	30 247	42.32
营收第 1 位	12 183	21 060	57.85
营收前 10 位	55 196	115 136	47.94
利润第 1 位	1 598	3 159	50.59
亏损数量	14	12	116.67
亏损额	1 167	508	229.72

从营收看，中国 500 强第 1 位仍为中石化，实现营业收入 21 060 亿元，中石油和中国建筑位列第 2、第 3。中国平安位列第 4，仍是民营企业第 1 名，实现营业收入 12 183 亿元；国有企业前 10 位的营业收入之和为 115 136 亿元，民营企业前 10 位的营业收入之和为 55 196 亿元，相当于国企的 47.94%。

盈利能力方面，与前几年情况相同，最赚钱的 10 家上榜公司除了几大商业银行和保险公司之外，仍是腾讯控股有限公司、阿里巴巴集团控股有限公司和中国移动有限公司。这十家公司在去年的总利润约为 1.74 万亿元，超过全部上榜公司利润总和的 40%。

亏损企业数量和亏损总额方面，2021年财富中国500强中共计有26家上市公司亏损，亏损总额约1 675亿元，为2020年的两倍。其中，亏损国有企业12家，亏损总额508亿元；亏损民营企业14家，亏损总额1 167亿元。受疫情影响航空业亏损严重，居亏损榜首位的是海南航空，亏损额超过640亿元，中国国际航空、东方航空、南方航空位列亏损榜第2至4位，这4家航空公司共计亏损超过1 010亿元。

营收利润率方面，上榜企业的营收利润率为6.39%，全部上榜民营企业为7.98%，全部上榜国有企业为5.69%（见表11）。

表11 "2021年《财富》中国500强"企业营收利润率

单位：亿元、%

	营收总额	利润总额	营收利润率
全部	530 287	33 861	6.39
民营企业	160 460	12801	7.98
国有企业	369 827	21 060	5.69

第十二章　民企上市公司

——数量大幅增长，质量稳中有升

民营经济是推动高质量发展的重要主体。

从上市公司的数量来看，截至2021年三季度末，共有4 559家上市公司，其中民营企业有2 832家，占比高达62.12%。上市公司中民营企业的数量占比正呈现逐年升高的趋势，2020年首次超过60%。"十三五"期间，民营上市公司数量翻了一番以上，民营上市公司数量占比从不足50%到超过60%。2015—2021年第三季度非金融类民营企业上市公司数量从1 354家增至2 810家，金融类民营企业上市公司数量从19家增至22家（见表1、表2、表3、图1）。

表1　2015年至2021年三季报各类型上市公司数量变化情况（全部）

单位：家

	2015年	2016年	2017年	2018年	2019年	2020年	2020年9月	2021年9月
全部	2 673	2 978	3 416	3 521	3 724	4 161	4 051	4 559
公众企业	172	193	199	202	218	234	229	243
国有企业	1 029	1 111	1 151	1 171	1 193	1 223	1 218	1 266
集体企业	17	19	20	20	21	23	22	24
民营企业	1 354	1 540	1 906	1 981	2 131	2 500	2 406	2 832
外资企业	72	86	108	115	127	145	140	157
其他企业	29	29	32	32	34	36	36	37

资料来源：Wind

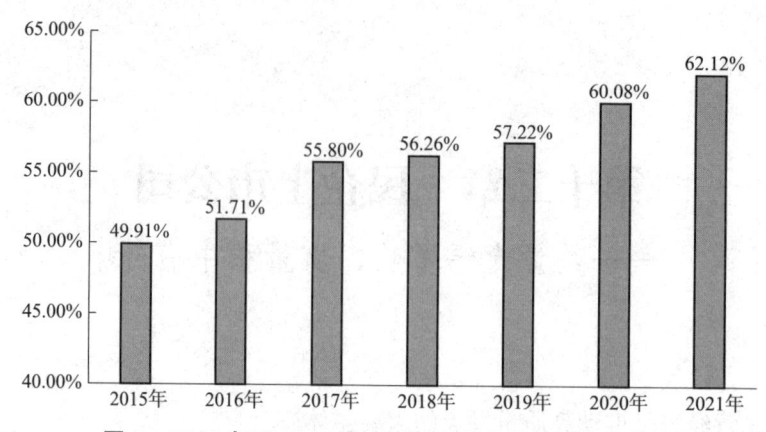

图 1　2015 年至 2021 年三季报民营企业占比变化情况

资料来源：Wind

表 2　2015 年至 2021 年三季报各类型上市公司数量变化情况（非金融业）

单位：家

	2015 年	2016 年	2017 年	2018 年	2019 年	2020 年	2020 年 9 月	2021 年 9 月
全部	2 673	2 890	3 323	3 418	3 608	4 040	3 932	4 433
公众企业	172	178	183	186	198	212	208	219
国有企业	1 029	1 059	1 095	1 105	1 122	1 149	1 145	1 189
集体企业	17	18	19	19	20	22	21	23
民营企业	1 354	1 521	1 887	1 962	2 109	2 478	2 384	2 810
外资企业	72	85	107	114	126	144	139	156
其他企业	29	29	32	32	33	35	35	36

资料来源：Wind

表 3　2015 年至 2021 年三季报各类型上市公司数量变化情况（金融业）

单位：家

	2015 年	2016 年	2017 年	2018 年	2019 年	2020 年	2020 年 9 月	2021 年 9 月
全部	78	88	93	103	116	121	119	126
公众企业	11	15	16	16	20	22	21	24
国有企业	46	52	56	66	71	74	73	77
集体企业	1	1	1	1	1	1	1	1

续表

	2015年	2016年	2017年	2018年	2019年	2020年	2020年9月	2021年9月
民营企业	19	19	19	19	22	22	22	22
外资企业	1	1	1	1	1	1	1	1
其他企业	0	0	0	0	1	1	1	1

资料来源：Wind

整体来看，2021年三季报全部上市公司平均营业收入为102.67亿元，同比提升了13.28%；2021年三季报全部上市公司平均净利润为9.75亿元，同比增长了17.25%；2021年三季报全部上市公司平均总资产为747.07亿元，同比减少了1.66%；2021年三季报全部上市公司平均总资产净利率为3.33%；2021年三季报全部上市公司营业净利率的中位数为8.34%。2021年三季报各方面业绩相比于2020年三季报均出现了一定程度的增长，其主要原因在于疫情的负面影响逐渐减少（见表4）。

表4 2015年至2021年三季报全部上市公司主要财务指标

单位：亿元、%

	2015年	2016年	2017年	2018年	2019年	2020年	2020年9月	2021年9月
营收均值	105.47	107.08	113.21	127.32	134.48	126.89	90.63	102.67
营收均值增速		1.52	5.72	12.47	5.63	-5.65		13.28
净利润均值	9.61	9.88	10.58	10.62	11.18	10.33		9.75
净利润均值增速		2.88	7.11	0.32	5.25	-7.59		17.25
上市公司盈利企业数量所占比例	87.1	92.2	93.3	87.4	87.5	85.3	84.5	86.3
总资产均值	624.49	675.33	643.59	683.37	752.52	752.44	759.64	747.07
总资产均值增速		8.14	-4.70	6.18	10.12	-0.01		-1.66
资产负债率均值	43.60	42.02	41.60	44.08	44.72	47.35	43.40	42.70
总资产净利率中位数	3.48	3.89	4.46	3.70	3.64	3.92	2.65	3.33
营业净利率中位数	6.64	7.96	8.47	7.18	7.05	7.72	7.83	8.34

资料来源：Wind

从上市公司的营业收入数据来看，上市公司的2021年三季报的营业收入表现相比于去年同期增长了13.28%，其中国有企业的2021年三季报的营业收入同比增长23.14%，民营企业的2021年三季报的营业收入同比增长13.70%。各类型企业的2021年前三个季度的表现普遍好于2020年，同比增长速度在13%至24%。全部上市公司的年平均营收规模从2015年的105.47亿元增长至2020年的126.89亿元，"十三五"期间的五年间复合增长率为3.77%；民营企业的年平均营业收入规模从2015年的30.24亿元增长至2020年的44.22亿元，"十三五"期间的五年间复合增长率为7.90%（见表5、图2）。

表5 2015年至2021年三季报各类型上市公司营业收入均值和营收增速情况

单位：亿元、%

	2015年	2016年	2017年	2018年	2019年	2020年	2020年9月	2021年9月
全部公司	105.47	107.08	113.21	127.32	134.48	126.89	90.63	102.67
增速		1.52	5.72	12.47	5.63	-5.65		13.28
公众企业	157.81	165.93	188.60	233.06	243.31	250.15	176.31	193.44
增速		5.15	13.67	23.57	4.40	2.81		9.71
国有企业	200.04	203.65	229.88	258.30	282.69	282.00	198.89	244.92
增速		1.80	12.88	12.36	9.44	-0.24		23.14
集体企业	81.68	96.42	124.88	144.02	146.82	148.53	103.53	120.98
增速		18.04	29.52	15.32	1.94	1.17		16.85
民营企业	30.24	35.14	38.56	43.60	45.72	44.22	31.17	35.45
增速		16.20	9.73	13.08	4.86	-3.28		13.70
外资企业	35.57	38.40	37.81	41.53	41.91	40.78	28.05	31.97
增速		7.94	-1.52	9.82	0.93	-2.70		13.99

资料来源：Wind

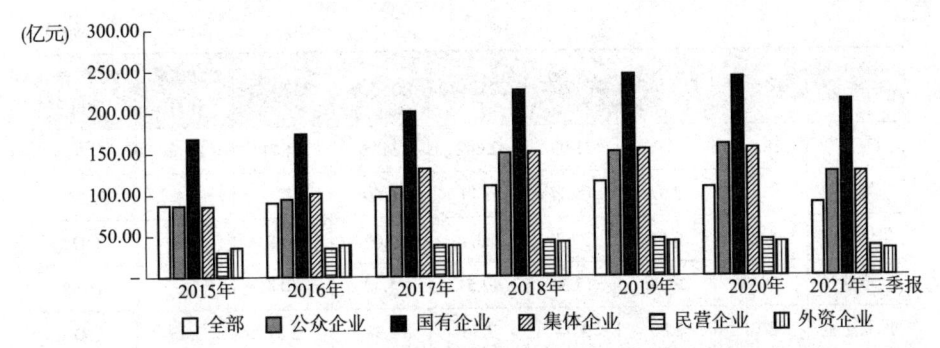

图 2 2015 年至 2021 年三季报各类型非金融业上市公司营业收入均值情况

资料来源：Wind

从上市公司的净利润数据来看，全部上市公司的 2021 年三季报净利润均值的同比增长 17.25%。其中，国有企业的 2021 年三季报净利润均值同比增长 30.35%，民营企业的 2021 年三季报净利润均值同比增长 14.27%，外资企业的 2021 年三季报净利润均值同比增长 21.73%。除集体企业外，其他类型的企业 2021 年三季报净利润均值相比于 2020 年三季报均有所增长。全部上市公司的年平均净利润规模从 2015 年的 9.61 亿元增长至 2020 年的 10.33 亿元，"十三五"期间的五年间复合增长率为 1.46%；民营企业的年平均营业收入规模从 2015 年的 2.10 亿元增长至 2020 年的 2.51 亿元，"十三五"期间的五年间复合增长率为 3.60%（见表 6、图 3）。

表 6 2015 年至 2021 年三季报各类型上市公司净利润均值和净利润增速情况

单位：亿元、%

	2015 年	2016 年	2017 年	2018 年	2019 年	2020 年	2020 年 9 月	2021 年 9 月
全部公司	9.61	9.88	10.59	10.62	11.18	10.33	8.31	9.75
增速		2.88	7.11	0.31	5.25	−7.60		17.25
公众企业	18.15	18.21	21.83	22.63	27.64	25.87	19.89	20.82
增速		0.34	19.90	3.65	22.13	−6.38		4.70

续表

	2015 年	2016 年	2017 年	2018 年	2019 年	2020 年	2020 年 9 月	2021 年 9 月
国有企业	18.44	18.99	21.99	23.42	24.99	24.71	18.66	24.32
增速		2.97	15.84	6.49	6.69	-1.12		30.35
集体企业	5.53	6.64	7.67	8.64	9.02	8.08	5.84	4.87
增速		20.00	15.54	12.57	4.47	-10.42		-16.58
民营企业	2.10	2.80	3.04	2.36	2.38	2.51	2.43	2.77
增速		33.13	8.49	-22.39	1.19	5.19		14.27
外资企业	3.28	3.65	4.09	4.61	3.56	3.95	3.03	3.69
增速		11.47	12.01	12.67	-22.78	10.86		21.73

资料来源：Wind

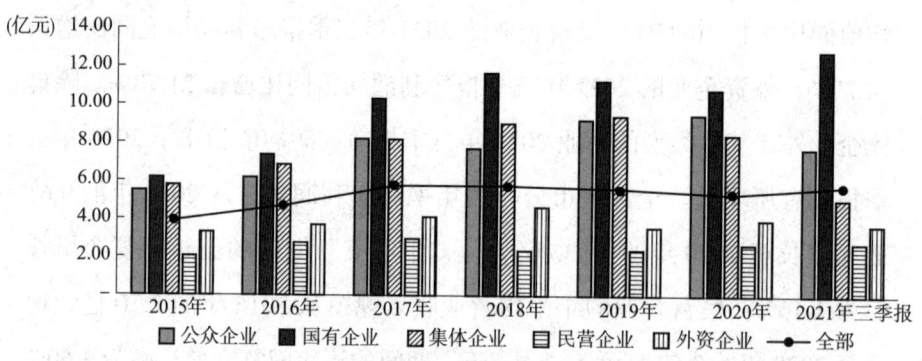

图 3　2015 年至 2021 年三季报各类型非金融业上市公司净利润均值情况

资料来源：Wind

从实现盈利的企业占比情况来看，2021 年三季报有 86.3% 的上市公司实现盈利，其中有 87.1% 的民营企业 2021 年三季报实现了盈利，这一比例相比于 2020 年三季报有所提升。从趋势上来看，近两年各类型上市公司中的盈利企业的数量占比均出现同比下滑，这与注册制开始实施后允许非盈利企业上市有一定的关系，并不意味着上市公司整体质量的下滑（见图 4）。

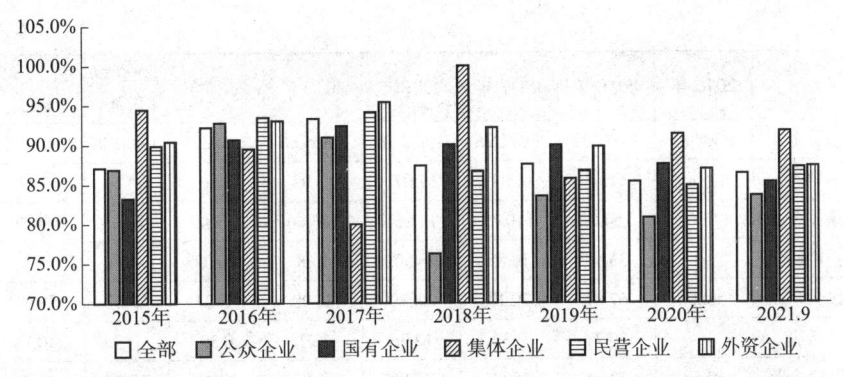

图 4　2015 年至 2021 年三季报各类型上市公司企业盈利企业数量占比情况

资料来源：Wind

从上市公司的总资产情况来看，全部上市公司的 2021 年三季报总资产均值为 747.07 亿元，同比减少了 1.66%。民营企业的 2021 年三季报总资产均值同比减少了 0.13%。由于金融业上市公司的总资产规模普遍较大，因此我们计算了各类型非金融业上市公司的总资产均值情况。可以看到，非金融业上市公司的 2021 年三季报总资产均值为 189.97 亿元，相比于 2020 年三季报增长了 1.96%。全部上市公司的年平均总资产规模从 2015 年的 624.49 亿元增长至 2020 年的 752.44 亿元，"十三五"期间的五年间复合增长率为 3.80%；民营企业的年平均营业收入规模从 2015 年的 56.23 亿元增长至 2020 年的 83.22 亿元，"十三五"期间的五年间复合增长率为 8.16%（见表 7、表 8）。

表 7　2015 年至 2021 年三季报各类型上市公司总资产均值及增速情况

单位：亿元、%

	2015 年	2016 年	2017 年	2018 年	2019 年	2020 年	2020 年 9 月	2021 年 9 月
全部公司	624.49	675.33	643.59	683.37	752.52	752.44	759.64	747.07
增速		8.14	-4.70	6.18	10.12	-0.01		-1.66
公众企业	1 223.61	1 385.58	1 485.80	1 600.32	1 795.78	1 912.64	1 878.23	1 966.92
增速		13.24	7.23	7.71	12.21	6.51		4.72

续表

	2015年	2016年	2017年	2018年	2019年	2020年	2020年9月	2021年9月
国有企业	1 308.81	1 461.72	1 521.26	1 628.78	1 855.60	2 005.93	1 990.38	2 108.32
增速		11.68	4.07	7.07	13.93	8.10		5.93
集体企业	115.66	154.03	170.75	181.51	183.66	183.49	183.13	180.80
增速		33.17	10.85	6.30	1.18	−0.09		−1.27
民营企业	56.23	67.87	70.13	78.79	82.90	83.22	83.52	83.41
增速		20.71	3.32	12.36	5.21	0.39		−0.13
外资企业	69.58	73.31	70.80	76.88	76.07	77.41	77.92	79.79
增速		5.36	−3.43	8.60	−1.05	1.76		2.40

资料来源：Wind

表8 2015年至2021年三季报各类型上市公司总资产均值及增速情况（非金融业）

单位：亿元、%

	2015年	2016年	2017年	2018年	2019年	2020年	2020年9月	2021年9月
全部公司	144.37	156.80	159.84	175.22	186.44	187.50	186.31	189.97
增速		8.61	1.94	9.62	6.40	0.57		1.96
公众企业	166.07	197.38	236.58	290.46	301.08	331.58	312.34	322.54
增速		18.86	19.86	22.78	3.65	10.13		3.27
国有企业	267.00	289.10	313.95	341.34	377.63	405.09	395.40	438.73
增速		8.28	8.60	8.73	10.63	7.27		10.96
集体企业	118.19	159.15	176.40	188.09	190.04	189.37	189.19	186.51
增速		34.66	10.83	6.63	1.04	−0.35		−1.42
民营企业	53.75	63.58	66.74	75.57	80.15	80.71	81.03	81.00
增速		18.28	4.98	13.23	6.06	0.70		−0.03
外资企业	70.37	74.02	71.34	77.47	76.61	77.88	78.42	80.24
增速		5.19	−3.62	8.60	−1.12	1.66		2.33

资料来源：Wind

从资产负债率的情况来看，2021年三季报，全部上市公司的资产负债率均值为42.70%，其中民营企业的2021年三季报的资产负债率均值为38.12%，相比于2020年三季报出现了较为明显的提升。民营上市公司2015年的平均资产负债率为37.41%，而2020年民营上市公司的平均资产负债率增长至45.78%，五年间复合增长率为4.12%（见表9、图5）。

表9　2015年至2021年三季报各类型上市公司平均资产负债率情况

单位：%

	2015年	2016年	2017年	2018年	2019年	2020年	2021年9月
全部公司	43.60	42.02	41.60	44.08	44.72	47.35	42.70
公众企业	44.19	42.39	43.55	46.75	47.38	49.36	50.79
国有企业	51.71	50.52	49.93	50.50	51.01	51.25	51.67
集体企业	41.85	42.94	47.27	48.28	45.92	46.43	47.16
民营企业	37.41	35.91	36.35	39.23	41.11	45.78	38.12
外资企业	40.50	40.00	37.89	39.80	39.05	35.92	36.34

资料来源：Wind

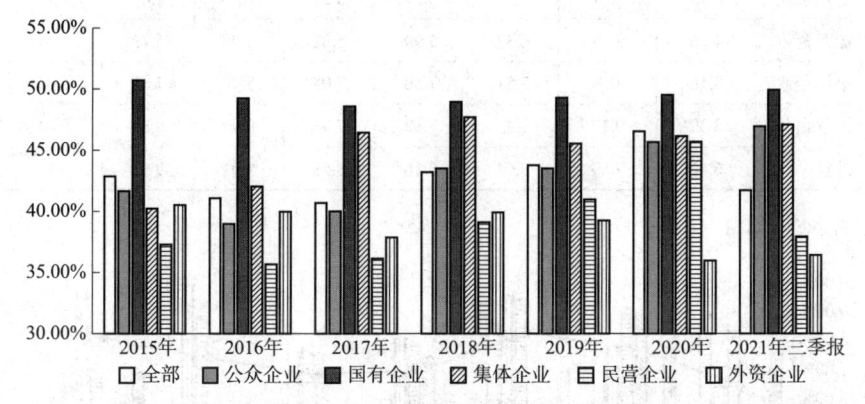

图5　2015年至2021年三季报各类型非金融业上市公司平均资产负债情况

资料来源：Wind

营业净利率方面，由于2020年是注册制改革的重要一年，诸多尚未盈利的企业上市，这些企业的营业规模较低而亏损规模较大。以2020年在科创板上市的神州细胞-U（688 520.SH）为例，其2020年三季度净利润规模为-5.16亿元，而营业收入的规模仅有24.61万元，营业净利

率为 −209 550.45%，对均值的影响极大。因此，针对营业净利率这一指标，我们选择中位数进行衡量。从2021年三季报营业净利率的中位数来看，全部上市公司的营业净利率中位数为8.34%，相比于2020年同期均有所上升。从各类型上市公司的营业净利率中位数来看，民营上市公司的2021年三季报营业净利率中位数为9.01%，相比于去年同期有所增长。

"十三五"期间，全部上市公司的营业净利率中位数从2015年的6.64%增长至2020年7.72%，民营上市公司的营业净利率中位数从2015年的8.39%增长至2020年8.90%（见表10、图6）。

表10 2015年至2021年三季报各类型上市公司营业净利率中位数情况

单位：%

	2015年	2016年	2017年	2018年	2019年	2020年	2020年9月	2021年9月
全部公司	6.64	7.96	8.47	7.18	7.05	7.72	7.83	8.34
公众企业	8.15	8.91	8.24	5.27	6.61	6.50	7.03	7.98
国有企业	4.76	5.64	6.37	5.99	5.81	5.98	5.72	6.46
集体企业	5.16	10.16	5.51	7.50	7.03	5.40	7.68	6.36
民营企业	8.39	9.17	9.49	7.82	7.93	8.90	8.84	9.01
外资企业	6.46	7.89	9.64	8.16	8.58	9.91	9.53	9.86

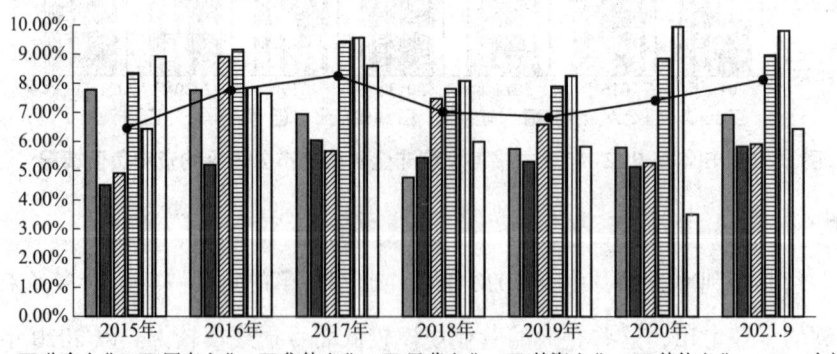

资料来源：Wind

图6 2015年至2021年三季报各类型上市公司营业净利率中位数情况（非金融业）

资料来源：Wind

从总资产净利率数值来看，2021年三季报的全部上市公司的总资产净利率的中位数为3.33%。2021年三季报的民营企业总资产净利率的中位数为3.98%，2021年三季报的民营企业总资产净利率的中位数高于集体企业、国有企业和公众企业。"十三五"期间，民营企业的总资产净利率的中位数从2015年的4.50%提升至2020年的4.98%（见表11、图7）。

表11 2015年至2021年三季报各类型上市公司总资产净利率中位数情况

单位：%

	2015年	2016年	2017年	2018年	2019年	2020年	2021年9月
全部	3.48	3.89	4.46	3.70	3.64	3.92	3.33
公众企业	3.82	4.05	3.57	2.39	2.85	2.85	2.75
国有企业	2.62	2.58	3.08	2.95	2.63	2.61	2.31
集体企业	3.27	3.99	3.69	3.01	3.24	3.87	3.96
民营企业	4.50	4.96	5.46	4.53	4.51	4.98	3.98
外资企业	3.84	4.43	5.56	5.40	4.32	5.12	4.42

资料来源：Wind

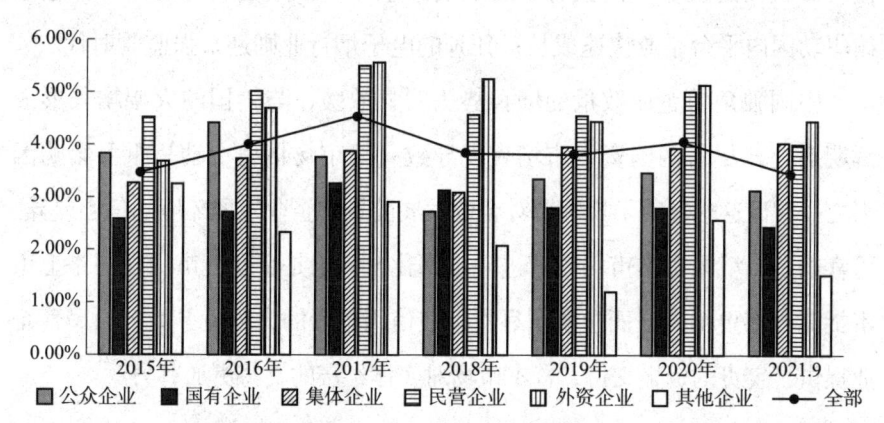

图7 2015年至2021年三季报各类型上市公司资产净利率中位数情况（非金融业）

资料来源：Wind

第十三章　领先发展民企

——新经济仍红火，独角兽增速缓

2021年无论对经济发展还是对民营企业都是分化巨大的一年，一方面疫情持续下内需依然羸弱，且大宗商品价格大幅上涨，多数民企经营压力增大；另一方面出口火爆，且不少领域发展迅猛，也让许多民营企业受益。

新能源全产业链在"双碳"驱动下发展迅猛；医药行业中，有受集采影响的，也有新药研发生产服务企业、医疗器械、医疗服务、医疗美容企业保持高速增长；消费类企业中，有受疫情影响需求低迷的企业，也有乘"国潮"之风稳健发展的国产品牌企业；互联网企业中，一些大平台受监管影响而急刹车，但也有不受影响的企业；工业互联网的深入推进继续驱动国内平台企业快速成长；狂奔的电子烟行业则迎来强监管时代。

中国独角兽企业数量的增长势头明显放缓，与美国的大幅增长形成鲜明对比，尽管两国资本市场表现导致一级市场估值变动是重要影响因素之一，但这也反映了投资者对企业发展前景和企业发展环境的信心差异。可喜的是，境内资本市场改革进一步深化，无论是企业上市门槛还是上市审批流程都更加向全面注册制靠拢，在信用偏紧的大环境下为广大民营企业提供了宝贵的资金支持，资本市场对实体经济的支持更加有力。

一、新能源相关企业

在碳达峰、碳中和的强力政策驱动下，新能源全产业链迎来爆发式增长，新能源汽车、动力电池、光伏、逆变器等细分领域及产业链上下环节均有领先的民营企业。

（一）宁德时代

宁德时代新能源科技股份有限公司（CATL）由曾毓群、李平和黄世霖于2011年创立，总部位于福建宁德，于2018年在创业板上市。2008年消费锂电龙头新能源科技有限公司（ATL）成立动力电池部门，随后该部门独立成为CATL。

宁德时代主要从事动力电池、储能电池和电池回收利用产品的研发、生产和销售。自2017年以来，宁德时代一直是全球动力电池出货量最大的企业。宁德时代拥有领先的技术、扩张迅速的产能、较强的成本控制能力和稳定的客户群体，在宁德、江苏、德国设立三处研发中心，在宁德、江苏、青海、四川、德国图林根等地设立多处生产基地。

2021年1—6月工信部公布的新能源车型有效目录共2 400余款车型，其中由宁德时代配套动力电池的有1 200余款车型，占比约50%，是配套车型最多的动力电池厂商。2021年，宁德时代发布第一代钠离子电池。2021年宁德时代实现营业收入1 303.6亿元，净利润159.3亿元，其中动力电池占营收的70%左右。目前宁德时代自建生产基地电池系统产能达170.39 GWh，在建产能140 GWh（见表1、表2）。

表1　宁德时代近年经营数据

单位：亿元、人、%

时间	营业总收入	营收增速	净利润	净利润增速	净资产收益率	销售毛利率	销售净利率	研发费用	员工数	研发人员
2021年	1 303.6	159.1	159.3	185.3	21.5	26.3	13.7	76.9	83 601	10 079
2020年	503.2	9.9	55.8	22.4	11.3	27.8	12.1	35.7	33 078	5 592
2019年	457.9	54.6	45.6	34.6	12.8	29.1	11.0	29.9	26 775	5 364

续表

时间	营业总收入	营收增速	净利润	净利润增速	净资产收益率	销售毛利率	销售净利率	研发费用	员工数	研发人员
2018年	296.1	48.1	33.9	−12.7	11.8	32.8	12.6	19.9	24 875	4 217
2017年	200.0	34.4	38.8	36.0	19.0	36.3	21.0	16.3	14 711	3 425
2016年	148.8	160.9	28.5	206.4	69.6	43.7	19.6	11.3	12 962	2 348
2015年	57.0	557.9	9.3	1 609.9	130.4	38.6	16.7	—	5 663	

表2 宁德时代电池系统产销量数据

单位：GWh

时间	产能	产量	销量
2018年	27.72	26.02	21.31
2019年	53.00	47.26	40.96
2020年	69.10	51.71	46.84
2021年	170.39	162.30	133.41

（二）长城汽车

长城汽车股份有限公司前身为保定市长城汽车工业公司，为保定市南大园乡创办的集体所有制企业，于1984年成立，2003年在香港上市，2011年在上交所上市。长城汽车是中国最大的SUV和皮卡制造企业之一，拥有哈弗、WEY、长城皮卡、欧拉四个品牌，产品涵盖SUV、轿车、皮卡三大品类，以及相关汽车零部件生产，在保定、天津、重庆、泰州、俄罗斯设有生产基地。

长城汽车于2020年发布"柠檬""坦克""咖啡智能"三大技术平台，2021年发布新车30余款，其汽车销量中新车型占比近半。受益于产品周期、汽车行业整体回暖、新能源汽车火爆等因素，2021年长城汽车销量、营收、利润大幅增长。营业总收入1 364.1亿元，同比增长32.0%；净利润67.3亿元，同比增长25.4%；销售新车超128万辆，同比增长15.2%，其中新能源车累计销售13.7万辆，销量占比达10.7%；单车平均售价超过10.6万元，同比增长14.5%；哈弗品牌全年销售77万辆，欧拉品牌13.5万辆，魏牌5.8万辆，长城皮卡23.7万辆（见表3、表4）。

表3　长城汽车近年经营数据

单位：亿元、%

时间	营业总收入	营收增速	净利润	净利润增速	净资产收益率	销售毛利率	销售净利率	资产负债率
2021年	1 364.1	32.0	67.3	25.4	11.3	16.2	4.9	64.6
2020年	1 033.1	7.4	53.6	19.2	9.6	17.2	5.2	62.8
2019年	962.1	−3.0	45.0	−13.6	8.5	16.2	4.8	51.9
2018年	992.3	−1.9	52.1	3.6	10.3	16.7	5.4	52.9
2017年	1 011.7	2.6	50.3	−52.4	10.5	18.4	5.0	55.4
2016年	986.2	29.7	105.5	30.9	24.7	24.5	10.7	48.7
2015年	760.3	21.5	80.6	0.2	22.5	25.1	10.6	46.6

表4　长城汽车近年产销量数据

单位：万辆

时间	SUV 产量	SUV 销量	皮卡 产量	皮卡 销量	轿车 产量	轿车 销量	合计 产量	合计 销量
2018年	86.98	88.41	14.37	14.62	1.40	1.34	102.74	104.43
2019年	87.07	85.23	17.07	16.49	4.54	4.15	108.68	105.87
2020年	83.70	82.90	23.01	22.87	5.70	5.82	112.40	111.59
2021年	91.26	90.72	24.23	23.71	13.68	13.67	129.17	128.10

（三）隆基股份

隆基绿能科技股份有限公司由李振国于2000年在西安成立，于2012年在上交所上市，主要从事单晶硅棒、硅片、电池和组件的研发、生产和销售，以及光伏电站的开发、建设及运营业务等。长期以来，光伏发电主要采用多晶硅,近年来单晶硅成本大幅下降,同时转换效率明显提升,在光伏市场上单晶硅的份额已超过多晶硅。隆基于2007年开始布局光伏单晶硅片,目前是全球最大的单晶硅片制造商。2021年隆基股份实现营业收入809.3亿元,净利润90.9亿元(见表5)。

表5 隆基股份近年经营数据

单位:亿元、%

时间	营业总收入	营收增速	净利润	净利润增速	净资产收益率	销售毛净利率	销售净利率	资产负债率
2021年	809.3	48.3	90.9	6.2	21.5	20.2	11.2	51.3
2020年	545.8	65.9	85.5	62.0	27.2	24.6	15.9	59.4
2019年	329.0	49.6	52.8	106.4	23.9	28.9	16.9	52.3
2018年	219.9	34.4	25.6	−28.2	16.7	22.3	11.7	57.6
2017年	163.6	41.9	35.5	130.4	30.1	32.3	21.7	56.7
2016年	115.3	93.9	15.5	197.4	21.8	27.5	13.5	47.4
2015年	59.5	61.6	5.2	77.3	11.8	20.4	8.8	44.6

二、医药医疗企业

在经济与居民收入稳步增长和老龄化的大背景下,医疗领域可以说是长青的领域。尽管医保局推进的药品集中采购对一些领域带来冲击,但医疗器械、医疗服务、医疗美容等细分领域仍然红火。

(一)迈瑞医疗

迈瑞医疗由李西廷、徐航、成明和等人于1991年在深圳成立,主要从事医疗器械的研发、制造、营销及服务,于2006年在纽交所上市,2016年私有化退市,2018年在创业板上市。迈瑞的主要产品覆盖生命信息与支持、体外诊断以及医学影像三大领域,目前是中国最大的医疗器械供应商，在国内市场其产品覆盖近11万家医疗机构和99%以上的三甲医院。其生产主要集中在深圳和南京的生产基地，在深圳、武汉、南京、北京、西安、成都、硅谷、新泽西、西雅图设有九个研发中心。2021年迈瑞医疗实现营业收入252.7亿元，净利润80.0亿元（见表6）。

表6 迈瑞医疗近年经营数据

单位：亿元、%

时间	营业总收入	营收增速	净利润	净利润增速	净资产收益率	销售毛利率	销售净利率	资产负债率
2021年	252.7	20.2	80.0	20.2	31.9	65.0	31.7	29.2
2020年	210.3	27.0	66.6	42.2	32.3	65.0	31.7	30.1
2019年	165.6	20.4	46.8	25.8	27.9	65.2	28.3	27.4
2018年	137.5	23.1	37.2	43.6	42.2	66.6	27.1	29.8
2017年	111.7	23.7	25.9	61.8	47.0	67.0	23.3	53.9
2016年	90.3	12.7	16.0	75.9	28.0	64.6	17.9	64.5
2015年	80.1	2.3	9.1	-33.1	10.0	62.2	11.7	47.1

（二）爱尔眼科

爱尔眼科医院集团股份有限公司于2003年由陈邦在长沙成立，2009年在创业板上市。爱尔眼科是专业眼科连锁医疗机构，主要从事各类眼科疾病诊疗、手术服务与医学验光配镜。截至2021年年末在国内有医院174家，门诊部118家。同时爱尔眼科作为有限合伙人参与多只并购基金，在上市公司体外投资和并购眼科医院，成熟后注入上市公司体内。2021年爱尔眼科实现营业收入150.0亿元，其中屈光项目、视光服务项目、白内障项目、眼前段项目、眼后段项目分别占36.8%、22.5%、14.6%、9.7%、6.6%。净利润23.2亿元（见表7）。

表 7　爱尔眼科近年经营数据

单位：亿元、%

时间	营业总收入	营收增速	净利润	净利润增速	净资产收益率	销售毛利率	销售净利率	资产负债率
2021 年	150.0	25.9	23.2	34.8	20.6	51.9	16.5	44.0
2020 年	119.1	19.2	21.3	49.1	21.5	51.0	15.8	31.5
2019 年	99.9	24.7	14.3	32.4	22.5	49.3	14.3	41.0
2018 年	80.1	34.3	10.8	39.1	18.6	47.0	13.3	38.0
2017 年	59.6	49.1	7.8	41.9	21.7	46.3	13.3	41.2
2016 年	40.0	26.4	5.5	18.9	21.8	46.1	14.2	27.8
2015 年	31.7	31.8	4.6	45.6	19.7	46.6	13.8	23.3

三、消费类企业

近年在消费领域，特别是服饰化妆品类，国产品牌强势崛起，"国潮"成为新趋势，如体育服饰领域的安踏、李宁，化妆品领域的完美日记、珀莱雅、花西子，餐饮行业的喜茶、奈雪的茶，以及潮玩儿领域的泡泡马特等，亮眼爆红的新国产品牌与步履艰难的传统消费品牌形成鲜明的对比。

（一）安踏体育

安踏由丁和木于 1991 年在福建晋江创立，早期以代工为主，后转型自创品牌，1994 年创立安踏（ANTA）品牌，于 2007 年在香港上市。2012 年前后安踏采取全面的零售导向策略，致力于提升零售商的竞争力、店铺的效益及对市场的反应能力。目前安踏已成长为中国第一的体育用品集团，旗下品牌包括专业运动品牌群（安踏、安踏儿童、斯潘迪/SPRANDI）、时尚运动品牌群（斐乐/FILA、FILA KIDS、FILA FUSION）、户外运动品牌群（迪桑特/DESCENTE、可隆体育/KOLON SPORT）。2021 年安踏体育线上营收占比 29%，线下营收占比 71%；其营收49%来自安踏品牌，44%来自FILA品牌；服装占营收的58%，鞋类占营收的39%。2021年安踏体育实现营业收入493.3亿元，净利润77.2亿元（见表8）。

表8 安踏体育近年经营数据

单位：亿元、%

时间	营业收入	营收增速	净利润	利润增速	净资产收益率	资产负债率
2021年	493.3	38.9	77.2	49.6	26.7	49.5
2020年	355.1	4.7	51.6	-3.4	21.5	50.2
2019年	339.3	40.8	53.4	30.3	26.6	48.9
2018年	241.0	44.4	41.0	32.9	26.0	32.2
2017年	166.9	25.1	30.9	29.4	22.5	24.7
2016年	133.5	20.0	23.9	16.9	25.0	30.4
2015年	111.3	24.7	20.4	20.0	23.8	29.5

（二）李宁

李宁成立于1989年，2004年在香港上市，曾经长期是国内运动服饰第一品牌，北京奥运会后由于库存与竞争陷入低迷，2015年李宁重塑品牌定位，改革零售渠道，确认单品牌、多品类、多渠道的核心运营策略，以李宁主品牌为主，产品主要聚焦篮球、跑步、训练、羽毛球及运动时尚五大核心品类。2021年李宁实现营业收入225.7亿元，净利润40.1亿元（见表9）。

表9 李宁近年经营数据

单位：亿元、%

时间	营业收入	营收增速	净利润	利润增速	净资产收益率
2021年	225.7	56.1	40.1	135.9	19.0
2020年	144.6	4.2	17.0	13.3	19.6

续表

时间	营业收入	营收增速	净利润	利润增速	净资产收益率
2019年	138.7	32.0	15.0	109.6	21.1
2018年	105.1	18.4	7.2	38.8	12.3
2017年	88.7	10.7	5.2	−19.8	10.2
2016年	80.2	13.1	6.4	4 395.5	16.1
2015年	70.9	17.2	0.1	−101.8	0.5

（三）申洲国际

申洲国际成立于1988年，于2005年在香港上市，主要从事服装的委托设计（ODM）和代工，以代工优衣库品牌起家。目前申洲国际是耐克、阿迪达斯、彪马、优衣库的核心供应商，营收近85%来自这四大客户。产品涵盖运动服装、休闲服装、内衣，运动服饰和休闲服饰营收占比分别为70%、20%。近年来品牌运动服饰市场的持续增长推动申洲国际业绩持续稳健增长。其面料产能分布在浙江宁波市和越南西宁省；成衣产能分布在浙江宁波市、安徽安庆市、柬埔寨和越南。2021年申洲国际实现营业收入238.5亿元，净利润33.7亿元。

表10 申洲国际近年经营数据

单位：亿元、%

时间	营业收入	营收增速	净利润	利润增速	净资产收益率	资产负债率
2021年	238.5	3.6	33.7	−34.1	12.1	34.1
2020年	230.3	1.6	51.1	0.2	18.7	26.0
2019年	226.7	8.2	51.0	12.2	20.2	20.9
2018年	209.5	15.8	45.4	20.7	20.4	18.5
2017年	180.9	19.8	37.6	27.7	19.2	17.7
2016年	151.0	19.5	29.5	25.2	19.5	29.8
2015年	126.4	13.5	23.5	14.0	18.0	28.7

四、互联网企业

持续多年处在风口上的互联网行业今年迎来逆风,一方面多年宽松的监管环境逆转,许多企业遭遇更加严格的反垄断、信息安全等监管审查;另一方面互联网用户增长见顶,增速最快的阶段已然过去。但一些互联网的细分领域依然增长迅速。

(一)东方财富

东方财富信息股份有限公司由沈军等人于2005年在上海成立,于2009年作为首批28家企业之一,在创业板上市。东方财富以财经门户网站起家,其发展经过两次跨越。第一次是2012年取得第三方基金销售资格,此前东方财富主要从事金融数据服务和互联网广告业务,从2013年起基金代销业务迅速成为其主要业务。第二次跨越是2015年收购西藏同信证券,此后证券业务成为其第一大业务。2021年东方财富实现营业收入130.9亿元,净利润85.5亿元(见表11)。

表11 东方财富近年经营数据

单位:亿元、%

时间	营业总收入	营收增速	净利润	净利润增速	净资产收益率	资产负债率
2021年	130.9	58.9	85.5	79	22.1	76.2
2020年	82.4	94.7	47.8	160.9	17.9	70.0
2019年	42.3	35.5	18.3	91.0	9.5	65.7
2018年	31.2	22.6	9.6	50.5	6.3	60.6
2017年	25.5	8.3	6.4	-10.8	4.9	64.9
2016年	23.5	-19.4	7.1	-61.4	6.6	52.5
2015年	29.3	378.1	18.5	1015.5	66.4	65.6

（二）京东

京东成立于1998年，2004年推出自营电商平台，2014年在纳斯达克上市，2020年在香港上市。目前，京东是国内第二大电商平台，第一大自营电商平台。国内零售和电商领域竞争激烈、创新叠出，拼多多的崛起给曾经看似稳固的阿里巴巴电商业务带来巨大的挑战；抖音、快手的直播电商业务又在迅速挤占阿里和拼多多的市场。而京东凭借其自建物流、自营平台，构建起独特的竞争优势，反而在激烈的竞争中保有一块稳固且不断增长的市场。2021年京东实现营业收入9 515.9亿元，净利润–35.6亿元（见表12）。

表12　京东近年经营数据

单位：亿元、%

时间	营业收入	营收增速	归母净利润	利润增速	主营利润率	净资产收益率	资产负债率
2021年	9 515.9	—	–35.6	—	–0.3	–1.7	50.3
2020年	7 458.0	29.3	494.1	305.5	6.8	26.3	47.5
2019年	5 768.9	24.9	121.8	–589.0	2.4	14.9	61.3
2018年	4 620.2	27.5	–24.9	1 536.5	–0.5	–4.2	63.3
2017年	3 623.3	—	–1.5	—	0.0	–0.3	71.5

五、电子烟企业

电子烟又称为新型烟草制品，主要包括蒸汽式电子烟、加热不燃烧烟草制品（HNB）、无烟气烟草制品等，具有无需燃烧、提供尼古丁、几乎无焦油等特征。电子烟是一个充满争议的领域，一方面已有相当多的研究表明电子烟能够有效减少焦油对人体的伤害，降低传统香烟导致的肺癌发生率；另一方面电子烟的成瘾性、安全性及对青年人的吸引力又让人们担心，而且在国内烟草专卖的特殊格局下，对烟草税收的冲击也是监管关注的焦点之一。这一领域目前活跃的企业主要是民营企业，如电子烟品牌方、电子烟零部件制造商、零售渠道等。在诞生的几年内，在短暂的监管空隙间，电子烟行业保持着高速的增长。继2019年11月禁止线上销售后，今年电子烟行业迎来严格监管，随着《中华人民共和国烟草专卖法实施条例》增加第六十五条"电子烟等新型烟草制品参照本条例中关于卷烟的有关规定执行"，以及《电子烟管理办法》征求意见，今年极可能是行业超常规增长的最后一年。

（一）思摩尔国际

思摩尔国际由陈志平于2009年在深圳成立，于2020年在香港上市。思摩尔国际是全球最大的雾化设备制造商，向英美烟草、悦刻等电子烟品牌提供雾化陶瓷芯，2021年其销售主要来自美国和中国，分别占比37.1%、40.2%。思摩尔国际现有员工近两万人，研发人员超千人。截至2021年6月30日，思摩尔国际在全球累计申请专利2612件，商标566件，累计获得专利授权1272件，商标授权360件。2021年思摩尔国际实现营业收入137.6亿元，净利润52.9亿元（见表13）。

表13 思摩尔国际近年经营数据

单位：亿元、%

时间	营业收入	营收增速	净利润	利润增速	净资产收益率	销售毛利率	销售净利率
2021年	137.6	37.5	52.9	120.4	27.5	53.6	38.4
2020年	100.1	31.5	24.0	10.4	19.4	52.9	23.8
2019年	76.1	121.6	21.7	196.2	295.9	44.0	28.6
2018年	34.3	119.4	7.3	288.4	75.8	34.7	21.4
2017年	15.7	121.3	1.9	77.9	46.0	26.8	12.1
2016年	7.1	—	1.1	—	40.8	24.3	14.7

（二）雾芯科技

雾芯科技（悦刻）由汪莹、蒋龙、闻一龙于2018年成立，主营雾化电子烟RELX悦刻品牌业务，产品主要包括封闭式电子烟杆和烟弹等，于2021年在纳斯达克上市，IPO之前已完成7轮共4.4亿美元融资。雾芯科技是国内最大的电子烟品牌，主要通过经销商线下销售。其经销网络分为品牌专卖店和店中店/授权店两种形式，其中悦刻专卖店根据店铺面积分为悦刻小铺、迷你店、标准店以及明星店。雾芯科技主要向思摩尔国际采购陶瓷雾化芯。2021年雾芯科技实现营业收入85.2亿元，非通用会计准则净利润22.5亿元（见表14）。

表14 雾芯科技近年经营数据

单位：亿元、人、%

时间	营业收入	营收增速	非通用会计准则净利润	利润增速	毛利率	员工数
2021年	85.2	123.1	22.5	181.3	43.1	1 235
2020年	38.2	294.3	8.0	922.8	40.0	725
2019年	15.5	1 068.3	1.0	1 442.0	37.5	668
2018年	1.3		0.1		44.7	100

六、工业互联网平台企业

工业互联网是企业信息化的新阶段。中国消费互联网发展的前期阶段主要追随美国互联网的步伐，在中国复制美国的模式，社交、电商、搜索等领域诞生一批消费互联网巨头，而且长期处于监管和政策的真空状态。在工业互联网领域，一方面扎根于中国庞大的制造业基础，并且起步与发展基本与世界先进水平同步；另一方面始终是在强有力的政策规划和支持下发展。

（一）树根互联

树根互联股份有限公司于2016年成立，是中国第一批工业互联网平台企业之一，是工信部第一批"跨行业跨领域工业互联网平台"、首个获得公安部等部门认证的工业互联网平台、工业互联网产业联盟第一批可信认证的工业互联网平台，也是进入Gartner工业互联网魔力象限唯一一家中国工业互联网公司。树根互联工业互联网平台——根云平台（ROOTCLOUD），已迭代至4.0版本，平台支持工业协议近1 100种，目前已接入设备总数近90万台，类型超过5 000种，管理的设备资产总额超过6 500亿元。树根互联持续完善基于工业互联网操作系统的应用和解决方案，做到从智能研发、智能制造、智能营销、智能服务到产业金融，再到模式创新的全价值链覆盖，已为超过60个国家和地区、48个工业细分行业的企业提供"数字化转型新基座"服务。

（二）浙江蓝卓

浙江蓝卓工业互联网信息技术有限公司成立于2018年5月，与科创板上市公司浙江中控技术股份有限公司同为褚健团队创办的企业，总部位于宁波，并在杭州设立了研发中心，2018年7月蓝卓A轮融资引入投资3.3亿元。蓝卓是国内领先的工业互联网平台和解决方案提供商，不断推进工业操作系统supOS的研发与落地应用，平台快速迭代升级，逐步构建企业级、园区级、行业级、区域级全面赋能体系。蓝卓在2020年被工信部评选为跨行业跨领域工业互联网平台。蓝卓supOS工业操作系统的应用已涵盖石化、化工、建材、冶金、精细化工、制药、电力、智慧园区、水务、印染、金属制品加工、汽配、装配制造等30个行业，覆盖全国28个省市地区及白俄罗斯、越南、泰国等国家，已完成数百个基于工业操作系统的智能工厂建设。

七、独角兽企业

2021年12月20日，胡润研究院携手广州市商务局、广州高新区联合发布《2021全球独角兽榜》（Global Unicorn Index 2021），列出了全球成立于2000年之后，价值10亿美元以上的非上市公司。本次榜单估值计算的截止日期为2021年11月30日。全球有1058家独角兽企业，比去年增加八成（472家），分布在42个国家，221个城市。平均而言，这些公司成立于八年前。53%直接面向消费者，47%是B2B企业。美国以487家排名第一，比去年增加254家；中国以301家排名第二，比去年增加74家。美国和中国占全球独角兽企业总数的74%（见表15）。

表15　全球、美国、中国独角兽企业数量

单位：家、%

时间	美国 数量	美国 增速	美国 占比	中国 数量	中国 增速	中国 占比	全球 数量	全球 增速
2019年	203	—	41.1	206	—	41.7	494	—
2020年	233	14.8	39.8	227	10.2	38.7	586	18.6
2021年	487	109.0	46.0	301	32.6	28.4	1058	80.5

来源：胡润研究院

673家独角兽企业新上榜，其中美国347家，中国146家。新上榜独角兽包括元气森林（估值950亿元）、滴滴货运（估值650亿元）和卫龙（估值600亿元）等。201家去年的独角兽企业退出榜单。去年榜单中28%（162家）的独角兽企业"升级"了，其中137家上市，25家被并购。7%（39家）"降级"了——估值跌破10亿美元。175家独角兽企业估值上升，13家估值下降。去年的独角兽中，105家选择在纽约上市，其次是上海（7家）、香港（6家）和伦敦（5家）。39家去年的独角兽公司估值跌破10亿美元而退出榜单。中国最多，31家，其次是美国5家，印度2家，英国1家。

旧金山成为全球独角兽企业最集中城市，比去年增加83家达到151

家；北京以91家位列第二；纽约排名第三，增加52家达到85家；上海增加24家，以71家位列第四；深圳以32家保持第五。独角兽企业数量最多的前十大城市中有6个在中国和美国。金融科技行业领先，有139家独角兽企业，其次是软件服务134家和电子商务122家，其他包括人工智能84家，健康科技80家，网络安全40家和生物科技31家。49家独角兽由母公司孵化而来，其中48家属于中国。阿里巴巴孵化了最多的独角兽，有5家，其次是京东和百度，分别有3家。红杉中国是捕获最多中国独角兽的投资机构，其次是高瓴、IDG资本、腾讯和中金。中国独角兽企业情况详见表16、表17、表18。

表16 中国独角兽主要行业

序号	行业	独角兽数量占比	总价值占比	代表企业
1	电子商务	14%	9%	Shein、车好多
2	健康科技	10%	5.2%	平安医保科技、微医
2	人工智能	10%	5.1%	商汤科技、滴滴自动驾驶
4	软件服务	6%	4%	小红书、58同城
4	半导体	6%	3%	地平线机器人、华勤通讯

来源：胡润研究院

表17 中国独角兽企业总部前十名

序号	城市	独角兽数量（变化）	独角兽数量占比
1	北京	91（-2）	30%
2	上海	71（+24）	24%
3	深圳	32（+12）	11%
4	杭州	22（+2）	7%
5	广州	10（+2）	3%
5	南京	10（-1）	3%
7	香港	7（+2）	2%
8	苏州	5（+5）	2%
8	成都	5（+1）	2%
8	青岛	5（+2）	2%

来源：胡润研究院

表 18　中国十大独角兽

排名	排名变化	企业	价值（亿元）	城市	行业	成立年份
1	1	字节跳动	22 500	北京	社交媒体	2012
2	-1	蚂蚁集团	10 000	杭州	金融科技	2014
3	3	菜鸟网络	2 200	杭州	物流	2013
4	4	京东科技	2 000	北京	数字科技	2013
4	3	微众银行	2 000	深圳	金融科技	2014
6	72	Shein	1 300	广州	电子商务	2008
6	16	小红书	1 300	上海	软件服务	2013
8	1	大疆	1 000	深圳	机器人	2006
9	新	元气森林	950	北京	食品饮料	2016
10	4	商汤科技	770	北京	人工智能	2014

来源：胡润研究院

另据36氪研究院统计，截至2021年11月30日，我国有170家独角兽企业，总估值超过1万亿美元，平均估值约为63亿美元，估值中位数为20亿美元。这些独角兽企业分布在电子商务（26家）、汽车交通（25家）、人工智能（22家）、企业服务（18家）、消费（13家）、医疗健康（13家）、智能硬件（13家）、金融科技、文娱传媒、物流、房产家居、航空航天及其他物联网与职场社交13个行业。中国独角兽企业融资轮次多处于中后期，其中完成战略融资和Pre IPO的公司数分别为49个、5个，合计约占独角兽企业总数的32%；处于C轮到E轮中期融资阶段的独角兽企业共有82个，约占总数的48%；处于A轮及以前到B轮的早期融资阶段的独角兽企业共有34个。

八、新上市企业

2021年，境内三个交易所新上市公司524家。其中，上交所主板88家，深交所中小板34家，创业板199家，科创板162家，北交所41家。创业板、科创板、北交所合计402家，占比达76.7%。年内另有87家内地企业赴港上市，36家中概股在美上市（见表19）。

截至2021年年末，三家交易所共有4 697家上市公司，其中上交所主板1 660家、深交所主板1 488家、创业板1 090家、科创板377家、北交所82家。另有新三板挂牌企业6 932家（见表20）。

2019年6月科创板在上交所开市并首次实施注册制，2020年6月创业板开启注册制。根据2021年12月召开的中央经济工作会议，将在2022年全面实行股票发行注册制，这将进一步便利公司上市。

表19　新上市公司数量

年份	主板	中小板	创业板	科创板	北交所	合计
2015	89	44	86			219
2016	103	46	78			227
2017	214	81	141			436
2018	57	19	29			105
2019	53	26	52	70		201
2020	90	54	107	145		396
2021	88	34	199	162	41	524

数据来源：《中国证券期货统计年鉴》《上证统计月报》《深圳证券交易所市场统计月报》《北京证券交易所2021年市场统计快报》

表20　上市公司数量

年份	上交所 小计	上交所 主板	上交所 科创板	深交所 小计	深交所 主板	深交所 中小板	深交所 创业板	北交所	合计
2015	1 081	1 081		1 746	478	776	492		2 827
2016	1 182	1 182		1 870	478	822	570		3 052
2017	1 396	1 396		2 089	476	903	710		3 485
2018	1 450	1 450		2 134	473	922	739		3 584
2019	1 572	1 502	70	2 205	471	943	791		3 777
2020	1 800	1 585	215	2 354	468	994	892		4 154
2021	2 037	1 660	377	2 578	1 488		1 090	82	4 697

数据来源：《中国证券期货统计年鉴》《上证统计月报》《深圳证券交易所市场统计月报》《北京证券交易所2021年市场统计快报》《全国中小企业股份转让系统2021年市场统计快报》，深交所中小板与主板于2021年4月合并

创业板上市的中山华利实业集团股份有限公司（华利集团）从事运动鞋履的开发设计、制造与销售，主要为 Nike、Converse、Vans、Puma、UGG、Columbia、Under Armour 等全球知名运动品牌提供开发设计与制造服务，与全球运动鞋服市场份额前十名的公司中的五家建立了长期稳定的合作关系，公司主要产品包括运动休闲鞋、户外靴鞋、运动凉鞋、拖鞋等。

科创板上市的新疆大全新能源股份有限公司（大全能源）是国内多晶硅行业的龙头企业之一，专注于多晶硅的生产和销售，多晶硅业务占比超99%。公司成立于2011年，目前拥有多晶硅产能7万吨/年，在产量、品质和成本效益等方面处于领先地位，主要客户包括隆基股份、中环股份、晶澳科技等国内硅片领域的知名企业。

创业板上市的云南贝泰妮生物科技集团股份有限公司（贝泰妮）以"薇诺娜"品牌为核心，专注于敏感肌的护理和修饰，应用纯天然的植物活性成分提供温和、专业的皮肤护理产品，品牌旗下的产品涵盖了护肤、彩妆和医疗器械等几大类。除"薇诺娜"品牌外，公司近年来陆续孵化了专注于婴幼儿护理的"WINONA Baby"品牌、专注于痘痘肌护理的"痘痘康"品牌，专注于高端皮肤修护的"Beauty Answers"品牌和专注于干燥性皮肤护理的"资润"品牌等。

科创板上市的格科微有限公司（格科微）是国内领先的 CIS（接触式图像传感器）与显示驱动芯片设计公司，也是国内收入规模最大的芯片设计公司之一。公司自2003年创立起便专注于 CIS 的研发与生产，目前已经成长为全球第四、中国第二的 CIS 厂商。

上交所主板上市的宁波德业科技股份有限公司成立于2000年，目前形成了热交换器、环境电器和电路控制三大核心业务。公司的热交换器产品主要客户为美的，来源于美的的销售收入占热交换器产品收入的70%左右。环境电器系列主要产品有除湿机和热风机，主要用于家用市场，通过线上和线下渠道进行售卖。电路控制系列的主要产品为逆变器、变频控制芯片等,是其目前增长最快的业务。

北交所上市的陕西同力重工股份有限公司主要产品为各类矿山开采及大型工程物料运输所需的非公路宽体自卸车、坑道车、洒水车等,各类产品已达50余种,主要应用于露天煤矿、铁矿、有色金属矿、水泥建材等矿山及水利水电等各类大型工程工地;产品覆盖了我国多个省份,并已拓展出口至巴基斯坦、印度尼西亚、马来西亚、蒙古国、俄罗斯、塔吉克斯坦、印度等20多个国家和地区。

第十四章 民企富豪榜单

——财富继续大增，排名变动较大

2012年以来，排名前20%的富人财富占比从2012年的45%左右增至2021年的60%，说明社会财富集中度提高，尤其是顶级富人的财富占比逐年升高（见图1）。2021年《新财富500富人榜》前十名富人的身家之和达到了28 986亿元，较2020年增长了60.2%，占整个榜单财富的16.4%，身家均超过2 000亿元。排名前20%的100人总财富达到10.6万亿元，相当于2020年所有上榜者的总财富，占今年榜单财富总额的60%。在第十九届五中全会上，党中央明确提出了到2035年"全体人民共同富裕取得更为明显的实质性进展、人均国内生产总值达到中等发达国家水平，中等收入群体显著扩大，基本公共服务实现均等化，城乡区域发展差距和居民生活水平差距显著缩小"的远景目标。民营企业对于实现共同富裕，应该发挥增加就业、提高员工收入水平、贡献税收等关键作用，促进经济繁荣发展，做大蛋糕。

一、中国富豪榜

（一）2003—2021年新财富500富人榜

民营企业创造大量就业岗位。根据《新财富》统计，2020年全年，刘强东、王传福、王来春、任正非、何享健、许家印、王卫、马云等上榜企业家都为社会提供了10万以上的正式就业岗位，其中，京东拥有员工 22.77 万人，比亚迪拥有员工 22.43 万人。

2021年《新财富500富人榜》创多个历史新高。2021年5月13日，《新财富》杂志公布2021年《新财富500富人榜》，榜单财富总额达到17.67万亿元，上涨了（同比，下同）65%，人均财富达到353亿元，涨幅为64.7%，上榜门槛由去年的63.3亿元上升至89亿元，上涨了40.6%，百亿富豪人数达450人，均创历史新高。钟睒睒、黄峥、马化腾分别以5 043.1亿元、4 748.8亿元、3 834.5亿元的财富排在前三位（见表1、表2）。

表1 2021年《新财富500富人榜》前十名富人情况

排名	财富（亿元）	姓名	主要公司	主要行业
1	5 043.1	钟睒睒	农夫山泉/万泰生物	矿泉水饮料、医药生物
2	4 748.8	黄 峥	拼多多	电商
3	3 834.5	马化腾	腾讯控股	互联网综合服务
4	2 514.6	孙飘扬/钟慧娟	恒瑞医药/翰森制药	制药
5	2 486.2	何享健家族	美的集团	家电
6	2 381.6	王 卫	顺丰控股	物流
7	2 304.1	马 云	阿里巴巴	互联网综合服务
8	2 220.3	左 晖	贝壳/链家	地产中介
9	2 175.7	张勇/舒萍	海底捞	火锅连锁
10	2 129.0	雷军/张彤	小米集团	互联网及智能产品

表2 历年《新财富500富人榜》上榜富人情况

年份	上榜门槛（亿元）	上榜者财富总额（亿元）	人均财富（亿元）	百亿富豪人数（人）
2003年	2.0	3 031	6.1	
2004年	2.4	5 002	10.0	0
2005年	3.5	5 950	11.9	2
2006年	4.5	7 465	14.9	3
2007年	8.0	12 800	25.6	15
2008年	13.5	26 027	52.1	53
2009年	13.4	16 286	32.6	17
2010年	19.2	28 757	57.5	68

续表

年份	上榜门槛（亿元）	上榜者财富总额（亿元）	人均财富（亿元）	百亿富豪人数（人）
2011年	28.7	37 657	75.3	90
2012年	21.8	30 921	61.8	68
2013年	30.0	35 787	71.6	87
2014年	38.0	44 987	90.0	120
2015年	40.0	56 557	113.1	161
2016年	65.0	80 192	160.4	302
2017年	66.1	78 900	157.8	276
2018年	64.0	95 677	191.4	297
2019年	45.0	81 031	162.0	240
2020年	63.3	107 082	214.3	315
2021年	89.0	176 700	353.0	450
2005—2021年年均增长率	22.4	23.6	23.6	40.3
2010—2021年年均增长率	15.0	17.9	17.9	18.7
2012—2021年年均增长率	16.9	21.4	21.4	23.4
2015—2021年年均增长率	14.3	20.9	20.9	18.7

《新财富》建榜以来的富豪财富变化情况。根据《新财富》的统计，2003年富豪上榜门槛仅2亿元，百亿富豪人数为零；2005年榜单上第一次出现百亿富豪，数量仅2人，榜单上榜门槛仅3.5亿元。2005—2021年，中国富豪群体数量和财富规模不断增加，上榜富豪总财富每年平均增长23.6%，由2005年的5 950亿元增至17.67万亿元；上榜门槛由2亿元增至89亿元，年均增长22.4%；人均财富由11.9亿元增至353亿元，年均增长23.6%；百亿富豪人数由2人增至450人，年均增长40.3%（见表2）。

"十二五"、2012年以来、"十三五"至今的财富增长率。"十二五"

第十四章 民企富豪榜单——财富继续大增，排名变动较大

以来，上榜者财富总额年均增长17.9%；上榜门槛年均增长15%；百亿富豪人数年均增长18.7%。2012年以来，上榜者财富总额年均增长21.4%；上榜门槛年均增长16.9%；百亿富豪人数年均增长23.4%。"十三五"以来，上榜者财富总额年均增长20.9%；上榜门槛年均增长14.3%，百亿富豪人数年均增长18.7%（见表2）。

财富向拥有头部企业的顶级富豪不断集中。2012年以来，排名前20%的富人财富占比从2012年的45%左右增至2021年的60%，说明社会财富集中度提高，尤其是顶级富人的财富占比逐年升高（见图1）。2021年《新财富500富人榜》前十名富人的身家之和达到了28 986亿元，较2020年增长了60.2%，占整个榜单财富的16.4%，身家均超过2 000亿元。排名前20%的100人总财富达到10.6万亿元，相当于2020年所有上榜者的总财富，占今年榜单财富总额的60%（见表1、图2）。首富财富值差距急剧增大。2003年首富荣智健拥有财富61.6亿元，2021年首富钟睒睒拥有财富5 043.1亿元，增长了81倍。

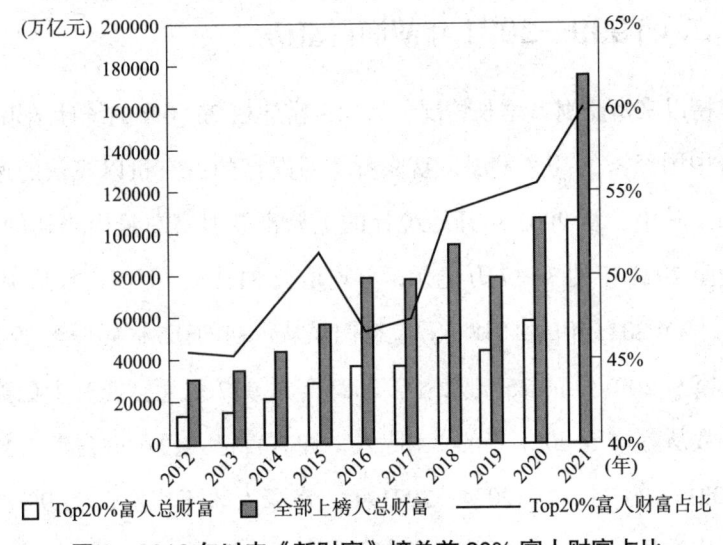

图1 2012年以来《新财富》榜单前20%富人财富占比

数据来源：新财富

239

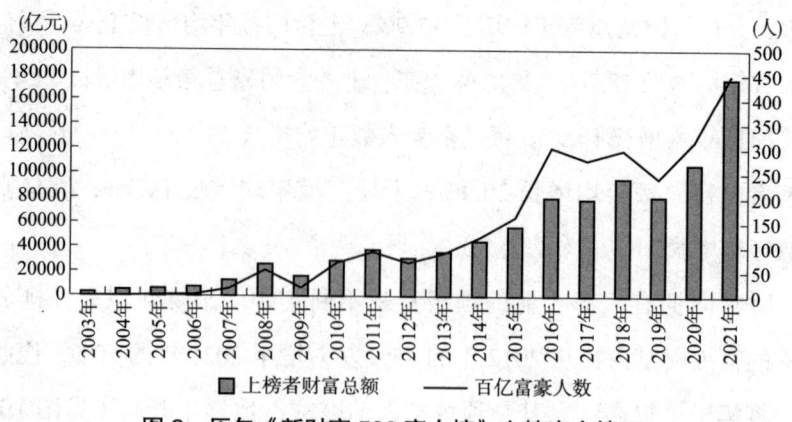

图 2　历年《新财富 500 富人榜》上榜富人情况

数据来源：《新财富》杂志（本节同）

富豪人数在各地区的分布。发达地区富豪财富占比接近七成。广东、北京、浙江、上海四省市富豪最多，以全国3.2%的面积贡献了63.6%的上榜富人和67.8%的榜内财富，共计上榜318人，与去年持平。其中，广东最发达的城市深圳共有58人登上榜单，人均财富达到461.4亿元。

（二）1999—2021年胡润百富榜

建榜以来富豪财富增长情况。胡润百富建榜22年来的统计结果显示，伴随着中国经济的高速发展，富豪群体对财富的占有量以飞快的速度逐年增加。其中，从2001年开始统计的上榜富豪财富总量由当初的1 504亿元增至2021年的34.17万亿元，年均增长31.2%；上榜人数从1999年的50人增至2021年的2 918人；上榜门槛从最初的0.5亿元增至20亿元；平均财富从2001年的15亿元增至2021年的117亿元，拥有十亿美元的富豪人数从零增至2021年的1 185人；拥有百亿人民币的富豪人数从零增至2021年的757人。2004—2021年，富豪人数年均增长21.9%；平均财富年均增长9.5%；十亿美元富豪人数年均增长42.1%，首富财富年均增长23.7%（见表3）。

"十二五"、2012年以来、"十三五"至今的财富增长率。"十二五"以来,上榜者平均财富年均增长10.5%;上榜人数年均增长7.2%;十亿美元富豪人数年均增长18.2%,首富财富年均增长15.5%。2012年以来,上榜者平均财富年均增长9%;上榜人数年均增长12.6%;十亿美元富豪人数年均增长18.8%,首富财富年均增长19.2%。"十三五"以来,上榜者平均财富年均增长8.2%;上榜人数年均增长7.6%;十亿美元富豪人数年均增长12.1%,首富财富年均增长10%(见表3、图3)。

表3 历年《胡润百富榜》数据

单位:人、亿元人民币

年份	上榜人数	十亿美元人数	百亿人民币人数	20亿人民币人数	榜单门槛	首富财富	平均财富
1999年	50	0	0	8	0.5	80	
2000年	50	1	1	11	3.5	150	
2001年	100	0	0	19	5	83	15
2002年	100	0	0	15	7	70	15
2003年	100	0	0	24	9	76	19
2004年	100	3	1	47	12.5	105	25
2005年	400	7	5	81	5	140	35
2006年	500	18	10	178	8	270	22
2007年	800	106	65	447	8	1 300	42
2008年	1 000	101	50	444	7	430	30
2009年	1 000	129	75	576	10	350	39
2010年	1 363	189	95	772	10	800	39
2011年	1 000	254	129	1 000	20	700	59
2012年	1 000	251	120	972	18	800	54
2013年	1 000	315	148	1 000	20	1 350	64
2014年	1 271	354	176	1 271	20	1 500	64
2015年	1 877	596	333	1 877	20	2 200	73
2016年	2 056	594	342	2 056	20	2 150	72
2017年	2 130	664	400	2 130	20	2 900	81

续表

年份	上榜人数	十亿美元人数	百亿人民币人数	20亿人民币人数	榜单门槛	首富财富	平均财富
2018年	1 893	620	393	1 893	20	2 700	89
2019年	1 819	621	426	1 819	20	2 750	98
2020年	2 398	878	620	2 398	20	4 000	115
2021年	2 918	1 185	757	2 918	20	3 900	117
2004—2021年年均增长率	21.9	42.1	47.7	27.5		23.7	9.5
2010—2021年年均增长率	7.2	18.2	20.8	12.8		15.5	10.5
2012—2021年年均增长率	12.6	18.8	22.7	13.0		19.2	9.0
2015—2021年年均增长率	7.6	12.1	14.7	7.6		10.0	8.2

注：2020年平均财富为大成企业研究院根据胡润百富榜公开披露数据计算得出

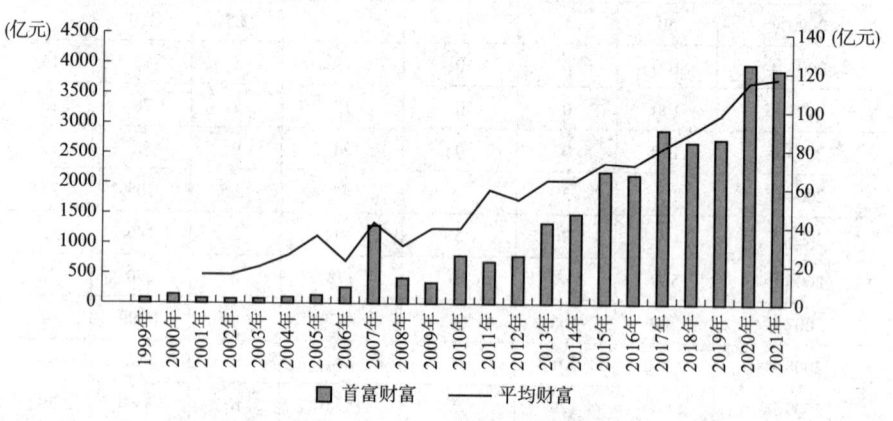

图3 历年《胡润百富榜》入榜财富情况

2021年胡润百富榜。2021年10月27日，胡润研究院发布《2021胡润百富榜》，上榜门槛依然为20亿元人民币，共2 918位企业家上榜，比去年增加了520位，连续第二年大幅增长。上榜企业家财富总额34.17万亿元，较去年上涨24.3%，平均财富约117亿元，较去年上涨1.7%；共有45人财富上千亿元，比去年增加4人；前50门槛由去年的700亿元提高到905亿元，十亿美金富豪人数从去年的878位增加到1 185位，各类上榜人数均创历史新高（见表3）。1 748位企业家财富比去年增长，其中838是新上榜者；1 488位企业家财富比去年缩水或无变化，其中318位今年落榜。

百富榜前十名。养生堂钟睒睒排名第一，财富3 900亿元；字节跳动张一鸣排名第二，财富3 400亿元；宁德时代曾毓群排名第三，财富3 200亿元。第四位到第十位分别是：腾讯马化腾、阿里系马云家族、拼多多黄峥、长城魏建军/韩雪娟夫妇、长江实业李嘉诚家族、美的何享健家族、顺丰王卫。其中，张一鸣、曾毓群、魏建军/韩雪娟夫妇、李嘉诚家族为今年新晋前十名（见表4）。

表4 《2021胡润百富榜》前十名情况

排名	姓名	财富（亿元）	涨幅	年龄	公司
↑1	钟睒睒	3 900	7%	67	养生堂
*2	张一鸣	3 400	209%	38	字节跳动
*3	曾毓群	3 200	167%	53	宁德时代
↓4	马化腾	3 170	−19%	50	腾讯
↓5	马云家族	2 550	−36%	67	阿里系
↑6	黄峥	2 290	4%	41	拼多多
*7	魏建军、韩雪娟夫妇	2 180	384%	57，55	长城
*8	李嘉诚家族	2 150	New	93	长江实业
↓9	何享健家族	2 130	−5%	79	美的
↓10	王卫	1 930	−20%	51	顺丰

注：↑对比去年排名上升，↓对比去年排名下降，*对比去年新进入前十名

行业分布。从上榜企业家从事行业来看，制造业仍然是上榜企业家最多的行业，占27%；大健康行业保持第二名，占10.8%；房地产位列第三，占9.4%；化工行业位列第四，占6.4%，金融投资位列第五，占6.1%，第六至第十三名分别是食品饮料（5.2%）、零售业（3.7%）、应用软件（3.4%）、传媒和娱乐（2.7%）、服装纺织（2.5%）、基建（2.1%）、能源（1.9%）、有色金属（1.6%）（见表5）。

财富缩水较多的行业企业。房地产行业首次没有企业家进入前十名。房地产行业前两名是碧桂园杨惠妍和恒基兆业李兆基,分别以1 850亿元和1 700亿元位列第11位和第15位;曾经的首富许家印财富减少1 620亿元,从第5位跌至第70位;华夏幸福王文学财富降至60亿元。校外培训行业企业家财富缩水最多。好未来的张邦鑫财富降幅最大,下降94%至57亿元;新东方俞敏洪财富从去年的260亿元缩水至75亿元,高途教育陈向东的财富从去年800亿元大幅缩水,今年没有进入榜单。

表5 《2021胡润百富榜》中国企业家行业分布

排名	行业	占比(%)	行业首富	公司	财富(亿元)
1	制造业	27.0	曾毓群	宁德时代	3 200
2	大健康	10.8	蒋仁生家族	智飞生物	1 400
3	房地产	9.4	杨惠妍家族	碧桂园	1 850
4	化工	6.4	陈建华、范红卫夫妇	恒力	1 790
5	金融投资	6.1	李嘉诚家族	长江实业	2 150
6	食品饮料	5.2	钟睒睒	养生堂	3 900
7	零售	3.7	黄峥	拼多多	2 290
8	应用软件	3.4	王文京	用友	475
9	传媒和娱乐	2.7	张一鸣	字节跳动	3 400
10	服装纺织	2.5	张聪渊家族	华利实业	880
11	基建	2.1	严昊	太平洋建设	1 250
12	能源	1.9	王玉锁、赵宝菊夫妇	新奥	780
13	有色金属	1.6	刘永行、刘相宇父子	东方希望	1 300

二、全球富豪榜

(一)2021福布斯全球亿万富豪榜

2021《福布斯》全球富豪榜屡破历史纪录。当地时间2021年4月6日,美国《福布斯》杂志发布了《2021年度全球亿万富豪榜》,共有

2 755人身价超过十亿美元,比去年增加660位,其中包括493名新上榜者,女性亿万富豪从2020年的241人增加到328人。榜单显示,2020年全球范围内的创富速度与疫情的冲击背道而驰,呈现富豪者更富有的趋势,上榜富豪总净财富达到13.1万亿美元,为首次突破10万亿美元大关,较去年上涨63.5%,全球新上榜人数和亿万富豪总人数都创下了历史新高。杰夫·贝索斯、埃隆·马斯克、伯纳德·阿尔诺及家族分别以1 770亿美元、1 510亿美元、1 500亿美元财富继续位列全球前三。

中国上榜富豪总人数排名第一,华人占全球富豪总数逾三成。全球各地区中,亚太地区的亿万富豪数量最多,共1 149人。全球各国中,中国(含港澳台地区数据)上榜富豪人数位列全球第一,达到745人,来自中国内地的有626人;美国上榜富豪724人,比去年增加了110人,位列第二;欧洲上榜富豪628人,位列第三。此外,分布在各个国家的华人富豪总数共852人,占全球的30.7%,华人在世界经济格局中的影响力进一步增强(见表6)。

表6 福布斯富豪榜华人情况

年份	全球富豪人数	华人富豪人数	华人富豪人数全球占比	中国内地富豪人数	中国内地富豪人数全球占比
2012年	1 226	198	16.2%	95	7.7%
2013年	1 426	245	17.2%	122	8.6%
2014年	1 645	290	17.6%	152	9.2%
2015年	1 826	370	20.3%	213	11.7%
2017年	2 043	486	23.8%	334	16.3%
2018年	2 208	476	21.6%	373	16.9%
2019年	2 153	564	26.2%	324	15.1%
2020年	2 095			389	18.6%
2021年	2 775	852	30.7%	626	22.6%

数据来源:历年福布斯全球亿万富豪榜(本节同),其中2021年华人富豪人数为本院根据福布斯公开数据统计得出

26位中国富豪跻身福布斯全球前100名，较去年增加7人。这些富豪包括：农夫山泉钟睒睒以689亿美元位列第13名，腾讯马化腾以658亿美元位列第15名，拼多多黄峥以553亿美元位列第21名，阿里巴巴马云以484亿美元位列第26名，还有王卫（第35名）、何享健家族（第37名）、张一鸣（第39名）、李嘉诚（第43名）、秦英林（第44名）、李兆基（第47名），等等（见表7）。

表7 《2021福布斯全球亿万富豪榜》中前十名中国企业家情况

中国排名	全球排名	姓名	财富值（亿美元）	财富来源
1	13	钟睒睒	689	农夫山泉/万泰生物
2	15	马化腾	658	腾讯
3	21	黄峥	553	拼多多
4	26	马云	484	阿里巴巴
5	35	王卫	390	顺丰控股
6	37	何享健家族	377	美的集团
7	39	张一鸣	356	字节跳动
8	43	李嘉诚	337	多元化经营
9	44	秦英林	335	牧原股份
10	47	李兆基	317	房地产

（二）2021胡润全球富豪榜

2021年3月2日，胡润研究院发布《2021年胡润全球富豪榜》，共计来自68个国家，2 402家企业的3 228位十亿美元富豪上榜，比去年增加了412位；总财富破纪录地达到95万亿元人民币，较去年同期增长了32%。

富豪在全球各地区的分布。亚洲是富豪分布最多的地区，十亿美元企业家人数占全球的51%。中国富豪人数共1 058人，是世界上第一个拥有1 000位十亿美元企业家的国家，位列全球第一；美国上榜富豪人数

696人，位列第二；印度上榜富豪人数177人，位列第三。此外，今年共有610人首次进入榜单，其中来自中国的就有259人，中国新增富豪数量全球第一。另据胡润研究院统计，全球35%的富豪是华人，比去年增加4个百分点。

全球十大富豪中，有6人来自美国，1人来自中国。埃隆·马斯克、杰夫·贝佐斯、伯纳德·阿诺特分别以折合人民币12 800亿元、12 200亿元、7 380亿元的财富位列前三（见表8）。在中国，67岁的钟睒睒以5 500亿元的财富位列中国第一，全球第7位；马化腾以4 800亿元的财富位列中国第二，全球第14位；黄峥以4 500亿元的财富位列中国第三，全球第19位（见表9）。

中国大陆及港澳台富豪行业分布。来自传统行业富豪数量占64%，新兴行业富豪数量占36%，较去年增加4个百分点。新兴行业中，先进制造业人数最多，有167位，占43%，行业前三是宁德时代曾毓群、小米雷军、思摩尔陈志平；其次是大健康行业，有86位，占2%，行业前三分别是爱尔眼科陈邦、智飞生物蒋仁生家族以及迈瑞李西廷；第三大新兴行业是传媒和娱乐业，有43位，占11%，行业前三分别是腾讯马化腾、字节跳动张一鸣、网易丁磊。

表8　胡润《2021全球富豪榜》全球十大富豪情况

排名	姓名	财富（亿元人民币）	财富变化	公司	年龄	居住国
1*	埃隆·马斯克	12 800	328%	特斯拉	49	美国
2↓	杰夫·贝佐斯	12 200	35%	亚马逊	57	美国
3↓	伯纳德·阿诺特	7 380	7%	酩悦·轩尼诗-路易·威登	71	法国
4↓	比尔·盖茨	7 120	4%	微软	65	美国
5-	马克·扎克伯格	6 530	20%	Facebook	36	美国
6↓	沃伦·巴菲特	5 890	-11%	伯克希尔·哈撒韦	90	美国

续表

排名	姓名	财富（亿元人民币）	财富变化	公司	年龄	居住国
7*	钟睒睒	5 500	New	养生堂	67	中国
8↑	穆克什·安巴尼	5 370	24%	瑞来斯	63	印度
9*	贝特朗·皮埃奇家族	5 180	45%	爱马仕	84	法国
9-	史蒂夫·鲍尔默	5 180	19%	微软	64	美国

注：↑对比去年排名上升，↓对比去年排名下降，*对比去年新进入前十名，- 对比去年排名保持不变

来源：胡润研究院《2021胡润全球富豪榜》（本节同）

表9　胡润2021全球富豪榜中国前十名

排名	姓名	财富（亿元人民币）	全球排名	主要财富来源	年龄	居住地
1*	钟睒睒	5 500	7	养生堂	67	杭州
2-	马化腾	4 800	14	腾讯	50	深圳
3↑	黄峥	4 500	19	拼多多	41	上海
4↓	马云家族	3 600	25	阿里系	57	杭州
5*	张一鸣	3 500	26	字节跳动	38	北京
6↑	王卫	3 200	29	顺丰	51	香港
7↑	何享健家族	2 850	32	美的	79	佛山
8↑	秦英林、钱瑛夫妇	2 650	33	牧原	56、55	南阳
9↑	陈建华、范红卫夫妇	2 600	36	恒力	50、54	苏州
10↓	丁磊	2 450	38	网易	50	杭州

注：↑排名比去年上升，↓排名比去年下降，- 排名保持不变，*新进入前十

全球富豪行业分布。健康行业和房地产业是2021年全球十亿美元富豪的主要财富来源，其次是消费品、投资、零售和食品饮料。其中，大健康行业企业家人数占8.7%，智飞生物蒋仁生家族和爱尔眼科陈邦成为行业首富；房地产行业占8.7%，首富是碧桂园杨惠妍；消费品行业涨幅

也相当可观，占比达到8.6%，首富是LVMH集团的伯纳德·阿诺特。值得一提的是，今年榜单的全球十大行业中，有四个行业的首富来自中国（见表10）。

表10 胡润《2021全球富豪榜》全球富豪行业分布

排名	行业	占总人数比例	比例变化	首富	公司
1↑	大健康	8.7%	55%	蒋仁生家族、陈邦	智飞生物、爱尔眼科
1↑	房地产	8.7%	6%	杨惠妍家族	碧桂园
3↑	消费品	8.6%	31%	伯纳德·阿诺特	LVMH
4↓	投资	8.2%	9%	沃伦·巴菲特	伯克希尔·哈撒韦
5↓	零售	8.0%	33%	杰夫·贝佐斯	亚马逊
6↓	食品饮料	7.6%	32%	钟睒睒	养生堂
7↑	软件服务	6.9%	7.9%	比尔·盖茨	微软
8↓	传媒娱乐	5.8%	28%	马克·扎克伯格	Facebook
9-	金融服务	5.4%	15%	迈克尔·布隆伯格	Bloomberg
10↑	工业产品	4.5%	3.1%	陈建华、范红卫夫妇	恒力

注：↑对比去年排名上升，↓对比去年排名下降，*对比去年新进入前十名，-对比去年排名保持不变

第十五章　民企公益慈善
——树立共富理念，贡献三次分配

从中国慈善事业的总体情况来看，民营企业无疑担纲着主力角色。他们既是创富、缴税、提供就业岗位的重要主体，也是大额慈善捐赠的主要来源。民营企业效率高、机制灵活的优势在进行一些社会救助、慈善帮扶活动中具备优势，尤其在 2020 年的"大考"下，民营企业能在国家和人民需要的关键时刻，积极调动自身资源，投入大量人力、物力，抗击疫情，展现出了卓越的责任和担当。更为关键的是，许多优秀民营企业的市场化、法治化、国际化程度较高，能够有力推动中国慈善事业"从单一走向多元、从小众走向大众、从国内走向国际，从社会救助迈入社会治理"。

2021 年，越来越多的民营企业家向慈善家转变，企业家捐赠规模不断扩大，现金捐赠额不断增长，捐赠形式更加多元，关注的领域涉及广泛，在发展经济的同时，积极履行社会责任，持续不断回报社会，对于推进社会财富公平再分配做出了重要贡献。

一、2004—2021 年胡润慈善榜

民营企业家创富越多，投入慈善事业的力度也越大。胡润排行榜建榜以来的数据变化显示，2004—2021 年，上榜慈善家平均捐赠额由 2 060 万元增至 8.3 亿元人民币，第 1 名捐赠额由 2.1 亿元人民币增至 120 亿元人民币（见表 1）。另据胡润研究院统计，建榜以来历年捐赠额超过 5 亿

元的在世华人企业家累计达到75人，2020年、2021年两年增幅较快，共增加了10人；历年累计捐赠超过100亿元人民币的企业家有7人，分别是：阿里系蔡崇信、美的何享健、拼多多黄峥、长江实业李嘉诚、腾讯马化腾、阿里系马云、恒大许家印。

"十二五"、2012年、"十三五"以来民企慈善捐赠增幅。"十二五"以来，上榜民企慈善家平均捐赠额年均增长96.2%，第1名捐赠额年均增长12.8%；党的十八大以来，上榜民企慈善家平均捐赠额年均增长26.3%，第1名捐赠额年均增长11.5%。"十三五"以来，上榜民企慈善家平均捐赠额年均增长26.7%，第1名捐赠额年均下降3.3%（见表1）。

表1 历年《胡润慈善榜》上榜人数及捐款情况

单位：人、万元人民币、%

年份	上榜人数	上榜门槛	平均捐赠额	第1名捐赠额	第1名捐赠人	第50名捐赠额	第100名捐赠额
2004	50	300	2 059	21 120	黄如论	300	—
2005*	50	530	2 180	28 600	黄如论	530	—
2006*	100	600	5 690	200 000	余彭年	1 510	600
2007*	100	1 500	9 470	200 000	余彭年	3 000	1 500
2008*	100	2 650	12 840	300 000	余彭年	4 420	2 650
2009	50	1 450	7 780	85 000	黄如论	1 450	—
2010	50	1 070	16 420	320 000	余彭年	1 070	—
2011	100	1 350	12 110	458 000	曹德旺家族	3 000	1 350
2012	100	1 680	10 120	364 000	曹德旺家族	4 000	1 680
2013	100	1 100	5 597	58 000	黄如论	3 000	1 100
2014	100	1 200	20 347	1 450 000	马云	3 000	1 200
2015	100	1 200	20 030	1 465 000	马云	2 605	1 200
2016	100	1 255	30 018	1 395 000	马化腾	3 325	1 255
2017	100	1 500	15 963	300 000	徐冠巨家族	4 000	1 500
2018	100	1 600	21 793	746 000	何享健	5 750	1 600
2019	114	2 000	20 000	496 000	鲁伟鼎	8 970	2 000

续表

年份	上榜人数	上榜门槛	平均捐赠额	第1名捐赠额	第1名捐赠人	第50名捐赠额	第100名捐赠额
2020	15	10 000	84 900	280 000	许家印	—	—
2021	39	10 000	83 000	1 200 000	黄峥	—	—
2010—2021年年均增长率			96.2	12.8			
2012—2021年年均增长率			26.3	11.5			
2015—2021年年均增长率			26.7	−3.3			

注：2005—2008年捐赠额为历年累计，其余为当年捐款额。由于2020年、2021年仅统计捐赠金额在1亿元以上的捐赠者，这两年的上榜人数较往年减少。数据出自胡润研究院（本章同）

2021年胡润慈善榜。2021年5月11日，胡润研究院发布《2021胡润慈善榜》，上榜门槛连续第二年保持在1亿元，榜单显示，虽然上榜人数因为门槛的提高而大幅度减少，但"亿级慈善家"达到39人，为历年来第二多，平均捐赠额7.72亿元，较去年减少0.77亿元，捐赠总额达301亿元，增长136.3%。今年排行榜首善是拼多多的黄峥，共捐赠120亿元，占今年上榜者捐赠总额的37.1%；美的何享健家族捐赠63亿元位列第二名，恒大许家印以24亿元捐赠额位列第三名；碧桂园杨国强、杨惠妍父女以15.4亿元捐赠额位列第四名，鹏瑞徐航以10.2亿元捐赠额位列第五名；第六至并列第十名分别是：中公教育李永新、宝龙许健康/许华芳父子、字节跳动张一鸣、珠江投资朱孟依家族、世纪金源黄如论/黄涛家族、宝丰党彦宝（见表2）。

慈善企业家行业分布。上榜企业家中，来自房地产行业的捐赠者最多，占比达到36%，前十名中许家印、杨国强父女、许健康父子、朱孟依家族主业都是房地产；并列捐赠企业家第二多的行业是金融投资和制造业，各占13%；其次是医疗行业，企业家人数占9%。

前三大捐赠领域。教育领域依旧是第一大捐赠领域，捐赠人数占比由去年的 31% 增至 39%；医疗是第二大捐赠领域，今年的捐赠人数继续上升，由 17% 增至 27%；扶贫排名第三，捐赠人数由 11% 增至 24%（见表3）。

表 2　2021胡润慈善榜前十名慈善家

排名	姓名	捐赠额（亿元）	主要捐赠方向	公司	年龄	主要行业
1*	黄峥	120	教育、社会公益	拼多多	41	电子商务
2*	何享健家族	63	医疗、扶贫、文化	美的	79	家电、房地产
3↓	许家印	24	扶贫、医疗、教育	恒大	63	房地产、投资
4↑	杨国强、杨惠妍父女	15.4	扶贫、教育	碧桂园	66、40	房地产
5↑	徐航	10.2	教育、扶贫、医疗	鹏瑞	59	医疗设备
6*	李永新	7	教育	中公教育	45	教育
7*	许健康、许芳华父子	6.4	教育、扶贫、医疗	宝龙	69、—	房地产
8	张一鸣	5	医疗	字节跳动	38	传媒娱乐
9↓	朱孟依家族	3.7	扶贫	珠江投资	62	房地产、投资
10↓	黄如论、黄涛家族	3.1	医疗、扶贫、教育、救灾	世纪金源	70、45	服务
10↓	党彦宝	3.1	教育、医疗、环保	宝丰	48	能源

注：* 表示对比去年新进入前十名，↑表示对比去年排名上升，↓表示对比去年排名下降，—表示对比去年排名不变

表 3　历年《胡润慈善榜》主要捐赠方向所占比例（人数）

	2021年	2020年	2019年	2018年	2017年	2016年	2015年	2014年	2013年	2012年	2011年	2010年	2009年	2004年
教育	39%	31%	35%	41%	44%	46%	44%	27%	34%	36%	24%	26%	18%	39%
医疗	27%	17%	—											
社会公益	—	—	16%	18%	20%	20%	26%	20%	26%	32%	29%	20%	15%	7%
扶贫	24%	11%	29%	18%	17%	11%	9%	11%	15%	20%	9%	10%	10%	15%
赈灾				4%	3%	3%	5%	19%	1%	3%	26%	28%	43%	27%
其他	—	—		19%	16%	19%	17%	23%	24%	9%	12%	16%	14%	12%

注：社会公益包括慈善基金会等

二、福布斯 2004—2021 年中国慈善榜

历年慈善捐赠情况。从福布斯排行榜历年的情况来看，上榜门槛从 2004 年的 102 万元增至 2021 年的 2 200 万元，平均捐赠额从 2004 年的 490 万元增至 2021 年的 2.45 亿元，第一名捐赠额从 2004 年的 3 447 万元增至 2021 年的 32.3 亿元，历年最高为 2018 年许家印捐赠 42.1 亿元（见表 4）。随着中国民营企业的蓬勃发展以及富豪财富的不断增长，富豪对于公益慈善的投入力度总体上呈现持续加大的态势，反映出富豪群体对于三次分配所做出的贡献。

表 4　历年《福布斯中国慈善榜》上榜人数及捐款情况

单位：人、万元人民币、%

年份	上榜人数	上榜门槛	平均捐赠额	第1名捐赠额	第1名捐赠人	第50名捐赠额	第100名捐赠额
2004	100	102	490	3 447	陈伟锋	300	103
2005*	100	—	485	8 432	黄如论	200	58
2006*	100	—	—	15 800	黄如论	—	—
2007*（当年取消慈善榜）							
2008*（当年取消慈善榜）							
2009	100	1 100	4 424	8 432	黄如论	2 577	1 100
2010	100	500	—	28 698	黄如论	—	—
2011	100	1 400	8 122	128 314	王健林	3 150	1 400
2012	100	1 000	4 792	38 790	许家印	2 510	1 000
2013	100	420	4 651	42 006	许家印	2 343	420
2014	100	500	4 455	43 800	王健林	2 348	500
2015	100	334	4 917	36 191	洪崎	1 638	334
2016	—	—	—	—	—	—	—
2017	100	500	10 378	236 957	陈一丹	2 000	500
2018	100	1 300	17 314	421 232	许家印	6 000	1 300
2019	100	1 800	19 177	407 000	许家印	9 666	1 800
2020	100	1 000	17 910	301 204	许家印	6 200	1 000
2021	100	2 200	24 514	322 920	马云	10 000	2 200

2021年福布斯中国慈善榜。2021年7月20日，福布斯中国发布2021年中国慈善榜。上榜的100位企业家（企业）现金捐赠总额为245.1亿元，同比大增37%，是继2011年、2017年、2018年、2019年、2020年之后，总捐赠金额第六次突破100亿元。今年的上榜门槛为2 200万元；捐赠过亿的企业家有51位，比去年大增16位。其中，有21位企业家连续四年出现在慈善榜上，累计捐赠金额达420亿元。

阿里巴巴的马云以32.3亿元捐款排名第一，主要投向医疗、环境、民生三大领域，恒大集团的许家印以30.4亿元捐款排名第二，主要投向贵州省扶贫基金会，这也是恒大许家印历年来慈善捐赠的主要领域之一，腾讯的马化腾26亿元的捐款排名第三，主要用于设立国内战疫基金/全球战疫基金；第四到第十名分别为：杨国强家族、张一鸣、何享健家族、郁亮、孙宏斌、朱孟依、许世辉（见表5）。

表5 2021福布斯中国慈善榜前十名情况

排名	姓名	企业简称	行业	现金捐赠总额（万元）
1	马云	阿里巴巴	电子商务、金融科技	322 920
2	许家印	恒大集团	房地产、投资	304 298
3	马化腾	腾讯	互联网服务	260 000
4	杨国强家族	碧桂园	房地产	238 570
5	张一鸣	字节跳动	社交媒体	122 362
6	何享健家族	美的控股/美的集团	家电制造、房地产	68 010
7	郁亮	万科集团	房地产	57 909
8	孙宏斌	融创中国	房地产	54 993
9	朱孟依	珠江投资	投资	37 000
10	许世辉	达利食品	食品	36 158

来源：福布斯中文网（本节同）

在捐赠方向方面，受到新冠肺炎疫情的持续影响，医疗方向捐赠最多，占32.8%，对医疗领域捐赠的企业数量也最多，教育和扶贫领域各占

22.50%，绝大多数的企业家非常乐于给自己的母校捐赠现金或设立专项教育基金，其次是：社会公益占 9.8%，文化艺术占 2.5%，环境保护占 2.0%，基础设施建设、儿童救助、乡村振兴、养老帮扶各占 1.2%，其他占 3.1%（见图 1）。

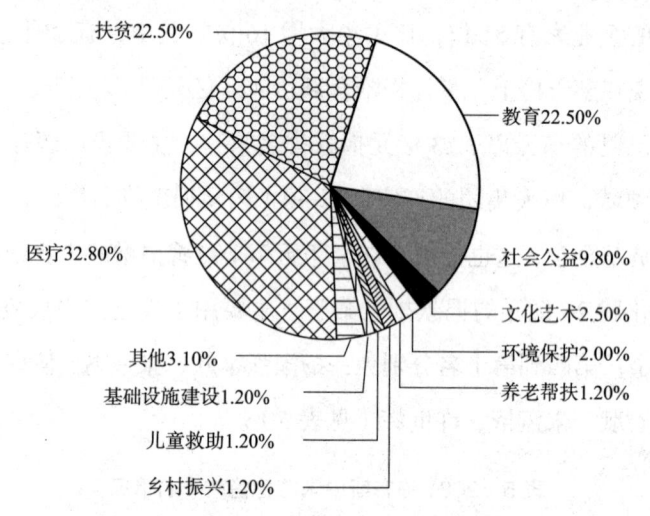

图 1 2021 年福布斯中国慈善榜捐赠方向分布情况

从大额捐赠来自的行业看，互联网、房地产、多元化名列前三。今年互联网行业超过房地产行业，成为产生慈善家最多的行业。榜单显示，来自互联网行业的捐赠金额高达 78.7 亿元，占比近 32.1%，成为新的捐赠主力军；位列第二、三名的房地产和多元化行业，现金捐赠合计为 112.4 亿元，占 45.9%。由此可见，前三大行业的捐赠金额占据了总金额的 78%。

从慈善企业的集中度来看，来自房地产行业的捐款企业数量最多，接近第二、第三、第四名的总和，房地产业有 29 家企业进行了现金捐赠，其次是多元化和制造业（各 11 家）、互联网（10 家）、医疗健康（9 家）、零售（6 家）、信息技术（5 家）、能源（4 家）、金融（3 家）、钢铁（3 家）等（见图 2）。

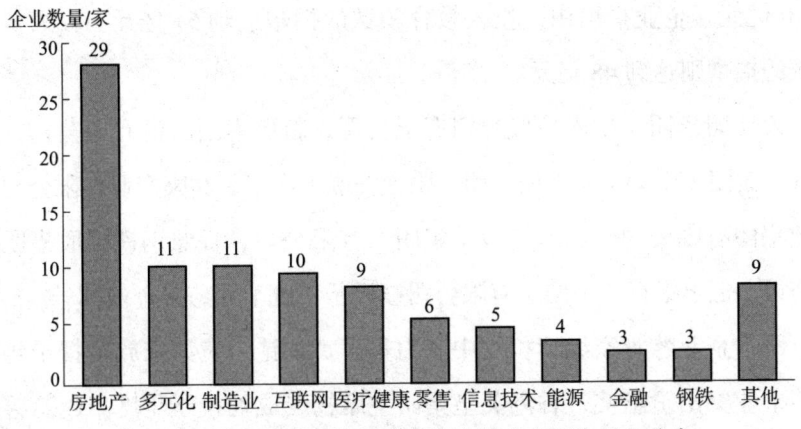

图 2　2020 年福布斯中国慈善榜上榜企业所在行业分布

数据来源：福布斯中文网。

三、《公益时报》2021 中国慈善榜

2021 年 5 月 20 日，《公益时报》社发布第十八届（2021）中国慈善榜。该榜单始于 2004 年，主要是对政府接受捐赠数据、社会组织接受捐赠数据、上市公司年报公布的捐赠数据、捐赠者自己提供的捐赠数据、各种公开媒体报道经过核实的捐赠数据以及《公益时报》的档案数据进行统计，还统计各慈善家、慈善企业的历年捐赠额度，以掌握慈善家及慈善企业较长时间内的捐赠情况。

2021 年共有 1108 家慈善企业上榜，入榜企业数量首次突破 1 000 家，合计捐赠总额为 226.9 964 亿元。其中，43 家企业的年度捐赠总额在 1 亿元以上，361 家年度捐赠总额在 1 000 万元至 1 亿元企业捐赠 78.209 6 亿元。

民营企业慈善捐赠占比近八成。榜单显示，民营企业在社会慈善事业中继续发挥带头作用，大额捐赠的主力仍是民营企业，今年上榜的 605 家慈善企业合计捐赠 124 亿元，其中 365 家内地民营企业共捐赠 96 亿元，占捐赠总额的 78%，平均每家企业捐赠 2 639 万元，较上一年增长 6.5%。其中，碧桂园控股有限公司捐赠总额超过 20 亿元，牧原集团捐赠总额超过10亿元。企业捐赠中，投入教育领域的捐赠达到51亿元，投入扶贫领域的捐赠则达到48亿元。

碧桂园集团、中南控股集团有限公司、新奥集团股份有限公司、大众汽车集团（中国）、轻松集团、中食安泓（广东）健康产业有限公司、传化集团有限公司、旭辉控股（集团）有限公司、日照钢铁控股集团有限公司、汇丰银行（中国）有限公司被授予年度十大慈善企业称号。

民营企业慈善家继续担纲中坚力量。黄如论、黄涛家族被授予年度慈善事业突出贡献奖，香港英皇集团主席杨受成被授予年度卓越慈善领袖称号，宁夏宝丰集团有限公司董事长、宁夏燕宝慈善基金会理事长党彦宝被授予年度杰出慈善领袖称号，世茂集团董事局主席许荣茂被授予年度慈善事业特别贡献奖，完美（中国）有限公司董事长古润金被授予年度侨商慈善领袖称号；福耀玻璃工业集团股份有限公司副董事长、河仁慈善基金会发起人曹晖，国恩股份董事长、董事王爱国，华坚集团创始人、董事长张华荣，伊电控股集团有限公司董事长霍斌，伟东云教育集团董事长王端瑞被授予年度慈善家称号。

通过对年度公益收入、支出、影响力等因素的综合评估，年度榜样基金会被授予中国红十字基金会、上海市慈善基金会、中国扶贫基金会、中华少年儿童慈善救助基金会、中国妇女发展基金会、中国华侨公益基金会、深圳壹基金公益基金会、中华社会救助基金会、中国人口福利基金会、北京韩红爱心慈善基金会、中国儿童少年基金会、爱佑慈善基金会、上海真爱梦想公益基金会、无锡灵山慈善基金会、浙江省微笑明天慈善基金会15家基金会（公募）。

腾讯公益基金会、河仁慈善基金会、北京康盟慈善基金会、广东省国强公益基金会、北京大学教育基金会、宁夏燕宝慈善基金会、湖南爱眼公益基金会、北京京东公益基金会、友成企业家扶贫基金会、新奥公益慈善基金会、浙江传化慈善基金会、北京百度公益基金会、东润公益基金会、内蒙古老牛慈善基金会、青山慈善基金会 15 家基金会被评为年度榜样基金会（非公募）。

四、中国最透明慈善公益基金会排行榜

2021 年 12 月 6 日，界面新闻发布《2021 年度透明慈善公益基金会榜单》，共有 50 家基金会上榜，这五十家基金由界面新闻从民政部统计范围内的全国 8 432 个基金会中选出，依据基本信息披露、筹款信息披露、项目执行信息披露、财务信息披露、日常披露、披露渠道/频次等方面对这些基金进行透明度评估。

2021 年入选的 50 家基金捐款收入总额达到 186 亿元，较去年增加 37%。50 家基金会 2020 年度用于慈善活动支出的总额为 241 亿元，同比上升 87%。今年入榜者最高分为 99 分，入围门槛是 84 分，平均分为 93 分，比去年高出一分，表明中国公益慈善机构的专业性、透明度进一步提升。中国红十字基金会、中国光华科技基金会、中国社会福利基金会、中国社会救助基金会并列第一。据民政部统计，截至 2020 年年底，全国共有各类基金会 8 432 个。界面新闻以 2020 年度慈善活动支出最高的 300 家慈善公益基金会作为候选。

值得一提的是，今年新上榜的公益基金有 9 家，其中北京市企业家环保基金会进入了榜单前二十名，主要关注荒漠化防治、气候与商业可持续、生态保护与自然教育三个领域。这体现出我国公益慈善领域方向的进一步多元化，全社会生态环境保护意识有显著提升。

第十六章 问题民营企业
——刑事风险频发，亟需合规应对

摘要： 通过近两年民营企业家犯罪数据的比较，可以得出我国愈来越多民营企业在海外管辖权影响下合规风险与日俱增的结论。实证数据揭示了民营企业在刑罚适用、地域分布、风险高发环节、高频罪名分布等方面的特征，并且进一步表明，民营企业在经营中面临着比国有企业更大的刑事风险。在事前合规方面，要保障合规计划涵盖企业所有经营环节与流程，在合规管理中实时追踪外部合规要求变化，并定期评估和改进企业内部管理流程，并在相关法律规范的指引下构建一套旨在预防、识别、报告和应对法律风险的完整合规体系。在事后合规方面，企业应注重进行合规整改。在诉讼策略方面，企业要从实体法和程序法两个维度释放合规抗辩的罪责减免空间。

一、问题民营企业实证数据分析

根据北京师范大学中国企业家犯罪预防研究中心在2021年发布的《企业家刑事风险分析报告》，以中国裁判文书网为样本框，总体而言，共统计得出3 278次企业家犯罪。其中民营企业家犯罪总数为3 011次，约占样本总量的91.85%，国有企业家犯罪总数为234次，约占犯罪企业家总数的7.14%。除此之外，统计数据中还有外商及中国港澳台企业家，约占企业家犯罪总数的0.61%。与上一统计年度相比，不论是民营企业家犯罪总数，还是民营企业家犯罪在企业家犯罪总数中的比例，皆有明显提升（见表1）。

表 1　企业家犯罪整体规模

	民营企业	国有企业	外商及港澳台企业
触犯频次	3011	234	20
比例	91.85%	7.14%	0.61%

在刑罚适用特征方面，本年度 2 876 名涉案民营企业家最终刑事处遇总体情况为：3 人被判处无期徒刑，占 0.10%；被判处有期徒刑的共计 2 721 人，占 94.61%；被判处拘役的有 105 人，占 3.65%；被判处管制的有 0 人；被单处罚金的有 40 人，占 1.39%；共计 27 人被免予刑事处罚，占 0.94%（见表 2）；1 人被判无罪，占比 0.03%；10 人所涉案件被发回重审，约占涉案民营企业家总数的 0.35%。在上一统计年度民营企业家的刑事处遇方面，民营企业家被判无期徒刑人数占企业家犯罪总量的 0.57%，被判处有期徒刑的民营企业家人数占企业家犯罪总量的 87.80%，被判处拘役的民营企业家人数占企业家犯罪总量的 5.61%，被判处管制的民营企业家人数占企业家犯罪总量的 0.08%，免予刑事处罚的民营企业家人数占企业家犯罪总量的 4.28%。通过与上一统计年度的数据比较不难看出，民营企业家适用刑罚的刑事处遇呈现出愈来愈轻缓化的趋势。

表 2　民营企业家犯罪免予刑事处罚和主刑适用特征

刑罚性质	免予刑事处罚	管制	拘役	有期徒刑 五年以下	有期徒刑 五年以上十年以下	有期徒刑 十年以上	有期徒刑 总比例	无期徒刑
民营企业	0.94%	0.00%	3.65%	73.02%	12.55%	8.82%	94.61%	0.10%

在涉案企业地域方面，本年度爆发刑事风险的民营企业中，所属地域最多的是浙江，有 432 家民营企业受到刑事判决。其次分别是江苏（涉案民营企业 376 家）、上海（涉案民营企业 171 家）、四川（涉案民营企业 151 家）、山东（涉案民营企业 147 家）、广东（涉案民营企业 140 家）（见表 3）。不难看出，大多数涉案民营企业位于沿海发达地区，之所以

呈现出这种地域分布特征，是由于沿海地区本身就拥有庞大的民营经济体系，民营企业基数规模较大。

表3 涉案民营企业地域分布

	浙江	江苏	上海	四川	山东	广东	河北	安徽	河南
数量	432	376	171	151	147	140	137	134	122

在刑事风险高发环节方面，我国民营企业爆发刑事风险最高频次的环节是日常经营环节（1 204次，41.86%），其次是融资环节（591次，13.88%）、财物管理环节（359次，12.48%）、工程承揽环节（154次，5.35%）、产品生产环节（132次，3.39%）、贸易环节（125次，4.59%）（见表4）。在上一统计年度，我国民营企业高频刑事风险环节点与上述排序完全相同。由此可见，对民营企业而言，需要重点防范的刑事风险基本维持在几个恒定的关键点，这在一定意义上使得民营企业的合规内控机制构建更具有针对性。

表4 涉案民营企业刑事风险案发高频环节

	日常经营环节	财务管理环节	产品生产环节	贸易环节	融资环节	薪资管理环节	工程承揽环节
民营企业触犯频次	1 204	359	132	125	591	205	154
民营企业比例	41.86%	12.48%	3.39%	4.59%	13.88%	20.55%	5.35%

同往年一样，非法吸收公众存款罪仍然是民营企业触犯的最高频罪名。无法忽视的是，职务侵占罪、行贿罪、单位行贿罪、非国家工作人员受贿罪等腐败罪名同样高居民营企业高频罪名的前列。其中，职务侵占罪361频次，占民营企业家犯罪样本总量的12.03%（见表5），单位行贿罪、行贿罪等触犯频次亦不容小觑。在上一统计年度，上述罪名同样呈现出高发的态势。从犯罪学角度来看，这些罪名之所以高发频发，企业合规体系不足是重要因素。

表 5　民营企业家犯罪高频罪名分布

	非法吸收公众存款罪	职务侵占罪	拒不支付劳动报酬罪	合同诈骗罪	挪用资金罪	虚开增值税专用发票罪	集资诈骗罪	非法经营罪	污染环境罪
触犯频次	645	361	214	165	146	142	139	135	133
占比	21.49%	12.03%	7.13%	5.50%	4.87%	4.73%	4.63%	4.50%	4.32%

二、民营企业的合规应对

（一）未雨绸缪：将风险防患于未然

首先，就需要引导的合规制度覆盖范围而言，应确保企业合规落实到从高管到普通雇员的各个层级，浸润在企业日常经营活动的每一个环节中，具体包括生产安全、劳工权利保护、环境保护、数据和隐私保护、知识产权保护、反贿赂商业、反垄断、贸易管制、财务税收、证券发行等各个方面。

其次，就需要掌握的知识资源而言，要在合规管理中实时追踪外部合规要求变化，并定期评估和改进企业内部管理流程，防范不合规风险。既要充分发挥专业法律部门作用，搭建企业与智库沟通交流平台，为走出去企业提供专业化法律咨询服务。也要充分发挥公共服务平台作用，为企业提供法律法规、国际条约、经贸规则、规范指引、典型案例等合规管理信息，助推企业合规经营能力提升。[①]

再次，就有效合规计划的纲要而言，应是一套旨在预防、识别、报告和应对法律风险的完整合规体系。由此，构建合规计划的通用要素应包含：（1）确保企业高层的深度参与和全力支持，建立合规体系管理组

[①] 参见于莹、黄丽红：《合规经营让中国企业走出去行稳致远》，载《光明日报》2019 年 7 月 8 日，第 16 版。

织架构；（2）制定并实施清晰明确的企业合规政策，以及合规行为准则；（3）定期开展持续性的合规宣传和培训活动；（4）不定期开展针对性的风险评估；（5）建立监测、审计系统监督企业及员工行为；（6）建立违法行为的举报和调查机制、奖惩机制，强化对企业第三方合作伙伴、供应商的风险管理；（7）定期审查、持续优化合规体系；（8）因违法犯罪行为遭受调查后，及时进行合规整改。

最后，就有效合规计划的具体工作展开而言，以律师视角的识别风险机制为例，识别企业合规风险的方法包括合规咨询、审核、考核和违规查处等内部途径，也包括法律顾问咨询、持续跟踪监管机构有关信息、参加行业组织研讨等外部方式，从而获悉外部监管要求的变化来识别合规风险。企业进行合规风险识别，是为了评估合规风险的原因机制、潜在后果，进而提出切实可行的处置建议与应对措施等。此外，及时披露报告机制也是合规计划必不可少的核心内容，我国本土的一些企业已经在此方面做了不少有益的探索。腾讯公司从2019年开始，每个季度都会定期发布《反舞弊通报》，至今共有一百余人被辞退，四十余人涉嫌犯罪被移送司法。[①]其中关于舞弊员工性质的表述一律是"其行为违反了腾讯高压线"，这里的腾讯高压线指的就是由《腾讯新入职员工须知》《腾讯员工行为守则》《关于腾讯公司廉洁文化建设的实施办法》《员工廉洁公告自律书》等内部文件编织的反腐败规范法网。这无疑为公司员工提供了明晰的商业行为指南，杜绝商业贿赂等不端行为。需要强调的是，腾讯揭露的员工腐败行为大多都是收受供应商等业务伙伴的好处。因此《反舞弊通报》里不仅依法依规严肃处理了相关员工，同时附了永不合作主体清单，将相关联企业纳入其中。

[①] 财经网记者：《腾讯发布反舞弊通报，100余人被辞退》，载 https://baijiahao.baidu.com/s?id=1690560341105819357&wfr=spider&for=pc，2021年2月2日，访问日期：2021年6月1日。

（二）亡羊补牢：及时进行合规整改

中兴公司在遭遇美国进出口管制的霸权制裁后，为了让企业在国际贸易中行稳致远，主动培育进出口合规文化，将"合规不仅可以创造价值，还可以保护价值""合规是每个人的责任"作为员工内部培训和宣传的标语。此外还向全球范围内的所有合作伙伴发布"出口合规函""季度通讯稿"，进一步重申了严格实行进出口合规的立场，通报企业合规计划的实践情况。[①] 合规文化对预防企业犯罪的作用机理在于，当发生了违背集体合规文化的行为后，不但会引发监督和反馈机制，企业声誉也会因此遭受重创，所以合规文化可以最大限度增加企业选择违法行为的成本。在律师执业中，就合规文化的具体路径建设而言，首先，应当以会计系统的内控为核心，并逐步向其他经营管理环节延展；其次，在立法技术方面，实现从引导型立法向强制型立法的规范转换，通过提升罚金标准来增大威慑效力；再次，合规文化的制度基础是治理结构的现代化，需要权责明晰、制衡有效、职能分离，也需要覆盖决策层、管理层和操作层等；最后，合规部门和审计部门应充分发挥内控效能，推动审计的常规化，并确保合规文化渗透至企业经营管理的所有流程。

三、结语

习近平总书记在推进"一带一路"建设工作座谈会上强调，要规范企业投资经营行为，合法合规经营，注意保护环境，履行社会责任，成为共建"一带一路"的形象大使。十九届六中全会通过的《中共中央关于党的百年奋斗重大成就和历史经验的决议》指出，强化市场监管和反垄断规制，防止资本无序扩张，维护市场秩序，激发各类市场主体特别

[①] 陈瑞华：《中兴公司的出口管制合规计划》，载《中国律师》2020年第3期，第87—90页。

是中小微企业活力，保护广大劳动者和消费者权益。在优化营商环境、支持企业高质量发展的政策语境下，在我国企业业务全球化的发展趋势下，唯有重视企业法律风险防范，以合规之道应对市场风险，方能使中国企业不但能"走出去"，更能"走进去""走上去"，进而塑造中国企业在世界经济体系中的文化、价值与话语地位。

专论与调研（一）

"国有企业税负是民营企业2倍"的判断并不成立

金融界有人说："平均而言,国有企业的税负大约是民营企业的2倍。"这引起了关注此问题的人们的疑问与讨论。下面，就来讨论"国企税负是民企2倍"是否成立。我们尽量用能够找到的公开数据资料来说明这一问题；有些数据是根据公开数据按一定假设进行的推算，推算数据不一定正确，请批评指正。

什么是税收负担？2021年1月21日，税务总局一司长在回答记者问2020年税收情况时，解释了什么是税费负担率："销售收入税费负担率（也就是企业缴纳的税收和社保费等支出占销售收入比重）"。她描述了2020年全国企业税收负担减轻情况："我国企业税费负担逐年减轻，税务总局监测的全国10万户重点税源企业，销售收入税费负担率（也就是企业缴纳的税收和社保费等支出占销售收入比重）2020年预计同比下降8%，'十三五'以来累计下降18.1%。""民营经济新增减税降费预计占比70%左右，受益最为明显。得益于减税降费政策作用，2020年，重点税源制造业和民营企业2020年销售收入税费负担率分别同比下降8.8%和9.5%。"

税务总局司长描述了税费负担降了多少，但并没有说全国企业及各类企业的税费负担率目前到底是多少？

毫无疑问，营业收入税费负担率是衡量企业税负的最重要、最主要指标。但严格讲，这不是唯一指标。还有其他重要指标，如经营性资产税费率、经营成本税费率、增加值税费率等。另外，向企业征收的各税收项目中，从可比性角度看，哪些应当计入税负之中，哪些不能或不应全部计入税负之中，也是需要讨论的。

下面，我们来讨论一下各项税收负担情况。

税收负担之一：企业营业收入税费率。

初步计算：全国工业企业的营业收入税费率为 5.5%，全国（非金融类）国有控股企业的营业收入税费率为 7.35%，后者比前者高 33.6%，即高三分之一。但全国规模以上企业的平均营业收入税费率为 8.1%，高于全国（非金融类）国有控股企业的 7.35%。

下面我们根据官方公开数据，非常有限地描述一下中国企业营业收入税费率情况。

据国家税务局统计数据，2019 年全国工业领域企业税收总额为 6.45 万亿元。据国家统计局数据（见表 1），2019 年全国规模以上工业企业的营业收入为 106 万亿元。据全国第四次经济普查数据，2018 年全国工业企业（包括规模以上工业企业、规模以下微型工业企业和个体工业）的营业收入为 118.5 亿元，其中，全国规模以上工业企业的营业收入为 105.7 万亿元，全国工业是规上工业的 1.12 倍。以此推算，2019 年全口径的全国工业企业营业收入大致也是 118 万亿元左右。由此粗略推算，2019 年中国全部工业企业（包括非金融类的国有控股、集体控股、私人控股、外资控股和个体户）的营业收入税费负担率大致为 5.5%（6.45/118）。

表 1　2019 年规模以上各类企业总量数据

企业类型	法人单位数（个）	营业收入（亿元）	利润总额（亿元）	平均用工人数（万人）	资产总计（亿元）	负债合计（亿元）
规上工业企业	372 822	1 057 825	61 996	7 495	1 191 375	673 950
限上批零住餐业	246 067	638 713	13 156	1 536	345 396	247 280
规上服务业企业	168 209	218 923	26 196	3 205	946 045	485 452
三类企业总计	787 098	1 915 461	101 348	12 236	2 482 816	1 406 682

注：数据来自于《2020 中国统计摘要》

另据财政部关于全国（非金融类）国有控股企业经济运行情况的统计，2019年国有企业营业总收入为62.6万亿元，当年应交税费为4.6万亿元，由此推算全国（非金融类）国有企业营业收入的税费负担率为7.35%（4.6/62.6）。

由于没有国有、民营和外商工业企业的税收数据，我们只能将全国工业企业的营业收入税费率5.5%，与全国非金融类国有控股企业的营业收入税费率7.35%进行参考性比较，后者比前者高33.6%。

另外，后面描述可见，全国规模以上（非金融类）企业（包括二、三产业所有的国有、民营和外资企业）的平均营业收入税费率为8.1%，高于全国（非金融类）国有控股企业7.35%的营业收入税费率。当然，这也是一个参考性比较。

税收负担之二：企业资产税费率。

初步计算：全国（非金融类）国有控股企业的资产税费率大约为1.14%，全国（非金融类）规模以上各类企业（全口径的国有企业、民营企业和外资企业）的资产税费率大约为6.24%，后者是前者的5倍以上；全国（非金融类）国有控股企业的净资产税费率大约为4.1%，全国（非金融类）规模以上各类企业的净资产税费率大约为14.35%，后者是前者的3倍以上！

资产税费率，即每单位经营性资产提供的税费。这也应当是衡量税收负担的一个重要指标。因为，经营性资产是用来创造价值的，包括创造税收。国有企业是用国家的资产为国家创造税收，民营企业是用自己的资产为国家创造税收。单位经营性资产创造的税收越多，说明其资产税费贡献率越高，其资产税费率负担相对较重，反之，则越低与较轻。

我们来看看全国各类企业的资产及提供的税收情况。

先看国有企业：据据国家税务总局公布数据，2019年全口径的全国国有及国有控股企业交纳税收总额为 42 639 亿元（占全国税收总额的 24.8%）（见表2），相对于当年全国国有企业经营性资产527万亿而言（见表3），其资产税率为0.8%；相对于其经营性净（权益）资产85万亿而言，其净资产税率为5.0%（见表2、表3）。

表2 2019—2020年各经济类型企业税收数据

单位：亿元、%

	2019年1—12月			2020年1—12月		
	收入额	增速	增加额	收入额	增速	增加额
全国税收收入	172 102	1.3	2 146	166 000	-3.5	-6 103
国有及国有控股	42 639	-1.1	-458	40 327	-5.4	-2 311
占比	24.8		-21.3	24.3		-37.9
涉外企业	28 596	-5.4	-1 642	26 625	-6.9	-1 970
占比	16.6		-76.5	16.0		-32.3
私营企业	28 466	9.0	2 351	29 133	2.3	668
占比	16.5		109.6	17.6		10.9
民营企业	100 867	4.6	4 246	99 048	-1.8	-1 822
占比	58.6		197.9	59.7		-29.9

注：数据来自于国家税务总局税收月报。民营企业是指除了国有控股和涉外企业之外的所有企业，数据为自己计算

表3 中国国有资产管理数据资料

单位：万亿元、%

项目	2019年	增长	2018年	增长	2017年
全国国有资产（非金融）	233.9	11.2	210.4	14.7	183.5
权益资产	64.9	10.6	58.7	16.7	50.3
负债资产	149.8	11	135	13.9	118.5
资产负债率（%）	64		64.2		64.6
全国金融企业资产	293.2	10.9	264.3	9.7	241
权益资产	20.1	16.9	17.2	6.2	16.2

续表

项目	2019年	增长	2018年	增长	2017年
负债资产	262.5	10.4	237.8	9.4	217.3
资产负债率（%）	89.5		90		90.2
行政事业性国有资产	37.7	12.5	33.5	11.7	30
权益资产	27	14.4	23.6	15.1	20.5
负债资产	10.7	8.1	9.9	4.2	9.5
资产负债率（%）	28.4		29.6		31.7

注：资料来源为2017、2018、2019年度国务院向全国人大做的关于国有资产管理情况的综合报告。
增长率为自己计算

考虑到金融类资产与非金融类资产具有不可比的情况（但净资产是可比的），现用非金融类国有控股企业来比较。根据国家税务总局数据，2019年全国国有及国有控股企业交纳税收总额为42 639亿元，全国金融行业税收总额为19 828亿元（占全国税收总额的11.5%）。假设金融行业的税收中有80%左右是国有控股金融企业缴纳的（这个估计应属比较靠谱），即大约16 000亿元，那么，全国非金融类国有控股企业缴纳的税收大约为26 600亿元（42 639-16 000）。这26 600亿元税收，相对于全国（非金融类）国有控股企业的总额资产233.9万亿元（财政部数据）而言，其资产税费率为1.14%；相对于其权益（净）资产64.9万亿元而言，其净资产税费率为4.1%。当然，扣除金融税收数据是以估计数进行的推算，这是否很合理，是可以讨论的。

再看全国企业：根据国家统计局和国家税务总局数据，2019年，全国（非金融类）规模以上企业（全口径的国有企业、民营企业和外资企业）资产总额248.28万亿元。全国税收总额17.2万亿元，扣除个体经济（属于规下非法人企业）税收8 950亿元后，假设再扣除（完全是估计数）规下小微型法人企业税收8 000亿元，归类为规上企业上缴的税收总额可能为15.5万亿元（172 000-8 905-8 000=155 000亿元）。2019年，全国（非金融类）规上企业的资产总额为248.28万亿元，资产净额为108万亿元，营业收入总额为191.6万亿元。由此计算的全部（非金融类）规上企业的资产税率为6.24%（15.5/248.3），净资产税率为14.35%（15.5/108），营收税率（税收/营收）为8.1%（15.5/191.6）。

全国（非金融类）国有控股企业的资产税费率大约为1.14%，全国（非金融类）规上企业的资产税费率大约为6.24%，全国企业是国有企业的5倍；全国（非金融类）国有控股企业的净资产税费率大约为4.1%，全国（非金融类）各类企业的净资产税费率大约为14.35%，全国企业是国有企业的3倍多！

以上两项数据，只是国有控股企业的税费负担数据与全国规模以上企业的税费负担数据的参考性比较，民营企业、外资企业的税费负担，从目前的公开数据资料中无法查到，也无法直接计算。但仅从上述几项参考性数据看，可能与"国有企业的税费负担是民营企业的2倍"判断是相反的！

税收负担之三：某些类别税收项目要适当扣除。

有些类别项目的税收不是企业创造的，而是由企业代替消费者上交的，不能简单地说它是企业的税费负担。如国有控股企业税收负担中应当对烟税、消费税等国家对企业的外加税费进行适当扣除。

比如，各项烟税，是国家向烟民征收的一项大税。国家在烟草的生产与流通服务环节按远高于生产流通成本费用和正常利润的比例征收烟税，烟民在购买时将其税费用支付给烟草生产与流通企业，企业是代国家收取烟草消费税费，企业再将其作为烟草税收上缴国家。中国实行烟草专卖，中国烟草集团公司每年上缴国家税费一万多亿元，基本都是代替国家收烟税。但这类税费是归入国有企业的税负总额之中的。如果按照营业收入税费率计算，烟草行业企业的营收税费率可能高达60%以上，没有一个行业、没有一种产品能与烟相比，但绝不能说烟草公司的税费负担是超级繁重。需要特别指出的是，不能简单地将烟草税费纳入国有企业的整体税费负担之中，而是要进行扣除。扣除多少、如何扣除，是可以讨论的。

再如汽油消费税，是国家在汽油销售环节每升加一元多钱的收费，由石油公司代收后上缴国家的。这种税也不能简单地说是石油企业的税费负担。2020年国内消费税总额为2.22万亿元，总体看，我国消费税70%以上都由国有控股企业上缴的，其中大半都是企业代国家征收的。

再如证券交易印花税，2019年为1 229亿元。这是上亿投资者在买卖股票时交给证券交易所的，不是交易所创造的税收，不是国有控股企业上缴的税收，不能将其简单地计入国有企业的税费负担之中。

由于以上多项税收，基本都由国有控股企业上缴的，不可简单地将其都列入国有企业的税费负担总额之中，应当将其进行部分地扣除。如果适当扣除这部分税费，全国国有企业的真实税费总额将明显下降，其税收负担的程度也将明显下降。

税费负担之四：隐性成本要考虑。

有些隐性成本在财务上未计入企业正常成本之中，从而提高了某些类别企业的成本税费率，亦即增加了成本税费负担。

成本税费率，即单位成本的税费负担率或单位成本的税费贡献率，也是衡量企业税收负担的重要指标。中国有相当一部分国有企业，特别是大型国有企业大都有几十年的历史。改革开放之前，以及之初的十多年，这些国有企业占用的土地和矿产资源是没有向国家付费或很少付费的，即基本是无成本或小成本的。改革开放十多年后，国家才对国有土地采取"招拍挂"的竞争方式出让土地，各类企业、包括国有企业，是要花钱才能获得国有土地的。国有矿产资源也一样，国家是后来才通过市场竞价方式向各类企业征收资源勘探费、开采费与使用费的。这样就形成了一个巨大差别：同样使用国有土地与矿产资源，许多老企业使用的是过去拿到手的国有土地和矿产资源，是不需要付费或只需少付费的，即无成本或小成本的；大量新企业则需要付费，甚至是付高昂费用的，即是有成本或高成本的。在其他生产经营条件和相关税率相同的情况下，前者的相对成本小，成本税费负担显得相对较重；后者相对成本大，成本税费负担显得相对较轻。前者多为老的国有大型企业，后者几乎全是改革开放十多年后新建的企业，包括新建的国有企业。

税收负担之五：大中型企业和小微型企业及个体户的税收负担是不能简单相比的。

在市场经济国家，几乎都将小微型企业和个体户作为减税与免税对象来对待的，这就像对低收入者免征或减征工资薪酬所得税一样。因此，衡量企业税收负担程度，只能在具有一定规模的企业类别中进行比较。在中国，只能在规模以上的企业中进行类别比较。中国的国有控股企业几乎都是大中型企业，国有小微企业的资产、营收和税收所占比重都很小。外资企业情况与国有企业差不多。而民营企业的绝大多数企业是小微型企业，小微型企业的资产、营收和税收占有较大比例，另外还有大量的个体工商户。因此，在比较国有、民营与外资企业税收负担时，只能在规模以上企业中对这三类企业进行比较，或是在国家税务总局的 10 万户全国重点企业税源中进行比较，不能将全部民营企业作为整体与国有和外资企业进行税收负担比较。扣除小微型企业和个体工商户后，规模以上民营企业或 10 万家重点税源企业中的民营企业的税收负担，将明显大于全部民营企业的税收负担。

税收负担之六：各经济类型上市公司税收负担比较。

2008—2017 年，全国上市公司中的中央企业、地方国企、私营企业、外资企业、集体企业等各类企业比较，其"总体税负／增加值"基本相差不大，大致处于 23%~27%。

中国人民大学重阳金融研究院做了一个重要课题——《中国企业税

收负担报告——基于上市公司数据的测算》。主要是将2008年（887家）至2017年（3 118家）十年期间，各类企业的总税负与企业创造的增加值进行对比，测算出各类上市公司的税收负担（总税负/增加值）。这是从一个新的角度（税负与企业增加值对比）看各类企业税收负担。数据显示，从纵向长期和横向各类企业比较来看，外资企业平均总税负最高，地方国有企业次之，私营企业再次之，中央企业更次之，集体所有制企业最低。从时间趋势上看，除其他类型企业，集体所有制企业和外资企业总税负各年份波动较大，其余类型企业基本处于24%~27%上下波动（见表4）。

表4 上市公司不同所有制企业总税负情况

单位：家、%

年份	样本数量	中央国有	地方国有	私营企业	外资企业	集体企业	其他企业
2008	887	23.42	26.84	26.78	22.80	22.89	25.14
2009	1 049	23.76	26.44	26.01	23.06	19.70	22.80
2010	1 246	22.50	25.63	24.23	24.30	20.04	18.12
2011	1 586	26.06	26.86	25.74	29.57	23.43	28.44
2012	1 842	25.83	27.79	26.76	30.18	22.17	27.09
		24.93	26.89	25.38	25.51	24.54	24.86
2014	1 969	24.37	27.25	26.03	28.42	26.33	25.11
2015	2 016	24.60	27.26	26.24	27.68	27.84	27.98
2016	1 954	24.97	27.45	26.58	30.72	26.77	24.67
2017	3 118	24.25	25.78	24.64	26.13	26.23	22.86
均值		24.47	26.82	25.84	26.84	23.99	24.71

注：数据来自于中国人民大学重阳金融研究院《中国企业税收负担报告—基于上市公司数据的测算》报告

税收负担之七：民营企业500强与中国企业500强税收负担比较。

2018年营收税率，中国企业500强为5.12%，民营企业500强为4.6%；

资产税率，中国企业 500 强为 1.35%；民营企业 500 强为 3.78%。

根据中企联中国企业 500 强和全国工商联中国民营企业 500 强相关数据的计算，2018 年和 2019 年，综合税负（营收税率）中国企业 500 强为 5.12% 和 4.82%，民营企业 500 强为 4.6% 和 4.55%，前者高于后者不到 1 个百分点；资产税率中国企业 500 强为 1.35% 和 1.33%，民营企业 500 强为 3.78% 和 3.72%，前者低于后者 2 个多百分点。长期总体看，中国企业 500 强的营收税负略高于民营企业 500 强，但中国企业 500 强的资产税负明显低于民营企业 500 强。由于没有中国企业 500 强中的国企税负数据，无法直接比较民营企业 500 强与中国企业 500 强中的国企税负。但总体看，国有企业的营收税负高于民营企业营收税负，但超过的幅度不会很大；而国有企业的资产税负则明显低于民营企业（见表 5）。

表 5　500 强企业综合税负及资产税率

年份	综合税负（营收税率）（%）		资产税率（%）	
	民营企业 500 强	中国企业 500 强	民营企业 500 强	中国企业 500 强
2001	4.02		4.58	
2002	5.13		5.62	
2003	4.07		4.73	
2004	3.80		4.87	
2005	3.49	7.03	4.80	2.41
2006	3.46	7.58	5.04	2.55
2007	3.70	7.97	5.24	2.92
2008	3.61	7.35	5.25	2.58
2009	3.75	7.68	4.56	2.33
2010	3.92	7.51	4.66	2.52
2011	4.40	7.43	5.27	2.56
2012	4.10	7.29	4.77	2.42
2013	3.59	6.85	4.30	2.20
2014	3.90	6.69	4.14	2.01
2015	3.97	6.80	3.71	1.81

续表

年份	综合税负（营收税率）(%)		资产税率(%)	
	民营企业500强	中国企业500强	民营企业500强	中国企业500强
2016	4.13	6.06	3.42	1.51
2017	4.19	5.65	3.64	1.47
2018	4.60	5.12	3.78	1.35
2019	4.55	4.82	3.72	1.33

注：数据来自于中企联历年中企500强报告和全国工商联历年民企500强报告

税费负担是一个十分重要的经济问题和政策问题，如何科学地定义其内涵与外延，如何科学地计算其数据，是一个严肃的统计科学问题，更是一个政策合理导向的重大问题，非常期待有关部门能够高度重视。

专论与调研（二）

国企十年做大做强　质量效益有喜有忧
——国有企业十年经济数据简要分析

提要：2010—2020年十年间，我国国有企业明显做大做强，国有企业管理明显提升，国有企业经营明显改善，国有企业效益则有升有降。从总量指标看，保持了中高速增长，全国国有及国有控股企业资产总额年均增长近15%，营业收入总额年均增长7.1%，利润总额年均增长5.6%，税费总额年均增长6.2%。从质量指标看，效率效益有升有降，企业劳动生产率不断提高，营收利润率和营收税费率相对稳定，资产营收率、资产利润率和资产税费率逐步下降，企业亏损面在1/4左右。2021年各项指标有新的提升。

2010年至2020年是中国"十二五"和"十三五"规划实施的十年。这十年，是我国国有企业改革深入推进的十年，是我国国有资产管理全面加强的十年，是国有企业做大做强的十年，是国有企业资产超高增长的十年，是国有企业营收、利润和税费稳定增长的十年。

下面，根据国务院、财政部、国资委和国家统计局公布的2010年以来的全国国有资产管理、国有企业（非金融类）和规模以上国有工业企业经济运行的一系列数据，来简要描述与分析相关情况。

一、国有企业总量指标中高速增长

主要数据：十年中，全国国有控股企业资产年均增长近15%，营业收入年均增长7.1%，利润年均增长5.6%，税费年均增长6.2%。2021年各项指标增幅显著。

（一）国有企业资产超高速增长

全国国有控股企业资产：十年来，全国（非金融类）国有及国有控股企业资产呈高速增长态势。全国国有企业资产，2012年为80.69万亿元（财政部数据），2020年为268.5万亿元（国务院数据），8年增长2倍多，年均增长14.9%；"十三五"期间五年年均增长15.5%。中国国有企业资产的超级增长，远高于其他类型企业资产增长（见表1）。

表1　全国（非金融类）国有控股企业资产情况

时间	资产（亿元）	增长（%）	时间	资产（亿元）	增长（%）
2010			2016	1 317 175	9.7
2011			2017	1 517 115	10.0
2012	806 943		2018	1 787 483	8.4
2013	911 039	12.9	2017	1 835 000	
2014	1 021 188	12.1	2018	2 104 000	14.7
2015	1 192 049	16.4	2019	2 339 000	11.2
			2020	2 685 000	14.8
2012—2018年均		14.2	2017—2020年均		13.5
2012—2020年均		14.9	2015—2020年均		15.5

数据来源：1. 2012年以来历年财政部关于国有控股企业经济运行报告和2018年以来历年国务院向全国人大提出的关于全国国有企业资产管理情况报告。两份报告2017年与2018年数据不同，此表均列出；2019年后财政部没有公布国有企业资产总额情况。黑体绝对数为国务院数。2. 增长率为作者按绝对数计算

另据国资委最近公布数据，国资委管辖的"中央企业资产总额从2012年底的31.4万亿元增长至2021年底的75.6万亿元，年均增长10.3%；资产负债率总体稳定在管控线以内，近年来持续下降。"

经济普查中的国有企业资产：2018年全国非金融类企业资产总额537.8万亿元。其中，国有控股企业占40%多，民营企业占近50%，外商企业占近10%。

根据经济普查数据，到2018年年底，全国非金融类企业的资产总额大约为537.78万亿元。其中，国有控股企业资产总额为219.8万亿元，占40.9%；民营企业资产总额为267.3万亿元，占49.7%。

根据经济普查数据，2018年全国金融业企业法人单位资产总额为321.8万亿元，其中系统内企业资产总额为290.5万亿元。根据2019年国务院向全国人大报告的国有资产管理情况，2018年，全国金融类国有控股企业资产总额为264.3万亿元，相当于经济普查全国金融业企业法人单位资产总额321.8万亿元的82%。

表2 2018年全国各经济类型企业（非金融）经营性资产数据

单位：亿元

	全国资产	国有控股	外资企业	民营企业
工业	1 153 251	456 504	219 165	*477 582*
建筑业	342 356	*129 153*	2 560	*210 643*
房产开发	1 005 947	*312 925*	81 861	*611 161*
批零住餐业	555 568	*90 789*	59 438	*405 341*
文化产业	172 198	62 503	16 533	*93 612*
服务业	2 148 452	1 146 265	127 619	*874 568*
资产总和	5 377 772	2 198 139	507 176	2 672 907
占比（%）	100	40.87	9.43	49.7

注：1.数据均来自第四次经济普查年鉴，斜体数均为推算数；2.工业为规模以上工业企业，规模以下无各类型企业相关数据；3.建筑业、房产开发、批零住餐业三行业中的国有控股资产，为同行业股份制企业资产的1/3（可归类为国有控股企业的估计数）加国有企业资产；4.文化产业为扣除文化制造业（因属于工业制造业）后的数据，均为控股企业数据；5.民营企业资产为除国有控股资产和外资企业资产外的其他所有企业资产（下同）

全国非金融类企业的经营性资产（537.8万亿元）和金融类企业经营性资产（321.8万亿元）两项资产总额为859.6万亿元。其中，国有控股企业的非金融类资产（219.8万亿元）和金融类资产（264.3万亿元）两项资产总额为484.1万亿元，占全国非金融和金融类企业资产总额的56.3%（见表2）。

近两年，国有企业资产总额的增长十分迅速，占比也会明显上升。2020 年，全国非金融类国有企业资产为 268.5 万亿元，比 2018 年增长了 58 万亿元，增幅达 27.6%；金融类资产增长了 23%；两类资产总共增长了 24.7%，其增长幅度远高于民营企业和外资企业资产的增幅。可以基本判断，目前国有企业经营性资产可能已经占全国各类企业经营性资产总额的 60% 以上。

全国规上企业资产与全国国有控股企业资产：根据国家统计局数据，2019 年和 2020 年，全国规模以上（限上）企业资产总额为 248.28 万亿元和 277.6 万亿元。根据国务院向全国人大报告数据，全国国有企业资产总额为 233.9 万亿元和 268.5 万亿元。国有控股企业经营性资产相当于全国企业经营性资产的 94% 和 97%（见表 3）。

注意，这里是国有资产相当于全国规模以上企业资产的比例，这只是一个参考性的相对比较，二者范围并不完全相同，前者包括规模以上与规模以下的国有控股企业，后者仅为规模以上企业。不过，规模以下国有控股企业在全部国有控股企业中的占比很小。

表 3　2019—2021 年规模以上企业资产和国有控股企业资产数据

	2019 年资产（亿元）	增长（%）	2020 年资产（亿元）	增长（%）	2021 年资产（亿元）	增长（%）
全国规上工业企业	1 191 375		1 267 550	6.4	1 412 880	11.5
全国限上批零住餐业	345 396		398 215	15.3	461 493	15.9
全国规上服务业企业	946 045		1 110 158	17.3	1 250 301	12.6
全国三类企业总计	2 482 816		2 775 923	11.8	3 124 674	12.6
全国国有控股企业	2 339 000	11.2	2 685 000	14.8	—	
国有企业/全国企业	94		97		—	

注：数据来源于 2020、2021 和 2022 年《中国统计摘要》和国务院向全国人大的报告。增长与占比为作者按绝对数计算，均不含金融类企业

规上工业企业中的国有企业资产：2010 年和 2020 年，全国规模以上工业企业资产总额为 59.29 万亿元和 130.35 万亿元，其中国有企业占

41.8%和38.4%。

规模以上工业企业的资产，是目前国家公布最完整的资产数据。2010年至2020年十年，全国工业企业资产总增长120%，年均增长8.2%。国有工业企业资产总增长102%，年均增长7.3%，前5年和后5年分别年均增长11.53%和4.7%。

2010年，全国规模以上工业企业资产总额为59.29万亿元，国有工业企业资产占比为41.8%；2015年，全国规上工业企业资产总额为102.34万亿元，国有企业占比为38.8%；2020年，全国规上工业企业资产总额为130.35万亿元，国有企业资产占比为38.4%；2021年，国有工业企业资产51.83万亿元，占比为36.7%（见表4）。

从有数据可比看，2017—2020年，全国（非金融）国有企业资产年均增长13.5%，同期国有工业企业资产年均增长4.4%，这项数据的反差较大。

表4 2010—2021年各类工业企业资产

	2010年资产（亿元）	2015年资产（亿元）	5年增长（%）	2020年资产（亿元）	10年增长（%）	年均增长（%）	2021年资产（亿元）	增长（%）
全国	592 882	1 023 398	72.6	1 303 499	120.0	8.2	1 412 880	8.4
国有控股	247 825	397 404	60.4	500 461	102.0	7.3	518 296	3.6
占比（%）	41.8	38.8		38.4			36.7	
外资控股	148 552	201 303	35.5	248 427	67.0	5.3	288 150	16.0
占比（%）	25.1	19.7		19.0			20.4	
全部民营	196 570	424 691	116	555 290	183.0	11.0	606 434	9.2
占比（%）	33.1	41.5		42.6			42.9	

注：数据来源于中国统计年鉴及国家统计局最新公布数据。增长率按绝对数计算。5年增长为2010—2015年增长，10年增长及年均增长为2010—2020年增长。

（二）国有企业营收中高速增长

重要数据：2010—2020年十年来，全国国有及国有控股企业营业收入年均增长7.14%。2020年，全国国有及国有控股企业营业收入相当于全国规上企业营业收入的 31.5%。

2020 年，全国非金融类国有控股企业的营业收入总额为 63.29 万亿元，全国规模（限额）以上企业（非金融类企业）的营业收入总额为 201.23 万亿元，全国国有企业相当于全国规上企业的 31.5%。2021 年，全国非金融类国有企业的营业收入达 755 543 亿元，公布增速为 18.5%。2010 年和 2020 年，全国工业企业营收中，国有企业占 27.9% 和 25.8%，十年下降 2 个百分点。

全国国有控股企业营收：2010—2020 年十年，全国（非金融类）国有及国有控股企业营业收入年均增长 7.14%；其中，前五年年均增长 8.4%，后五年年均增长 6.8%。

2019 年和 2020 年，全国非金融类国有控股企业的营业收入总额分别为 62.55 万亿元和 63.29 万亿元（见表 5）。而全国规模（限额）以上企业（非金融类企业）的营业收入总额分别为 191.55 万亿元和 201.23 万亿元；前者相当于后者的 32.7% 和 31.45%（见表 6）。这一数据反映，关于国有企业创造的 GDP 占全国 GDP 近 1/3 的推断，总体上是成立的。2021 年，全国非金融类国有企业的营业收入达 755 543 亿元，公布增速为 18.5%。

需要指出的是，前者国有企业包括了规模以下的国有小微型企业，但其在国有企业主要经济指标中的比重可能不到 5%；而后者的规模以上企业，不包括规模以下的小微型企业。根据经济普查相关数据，规模以下小微型企业的主要经济指标大约相当于规模以上企业的 10% 多。

表 5　全国（非金融类）国有控股企业营业收入增长情况

单位：亿元、%

时间	营收	增长	时间	营收	增长
2010	303 254	31.1	2016	458 978	2.6
2011	367 855	21.5	2017	522 015	13.6
2012	423 770	11.0	2018	587 501	10.0

续表

时间	营收	增长	时间	营收	增长
2013	464 749	10.1	2019	625 521	6.9
2014	480 636	4.0	2020	632 868	2.1
2015	454 704	−5.4	2021	755 545	19.3
2010—2015年均		8.44	2015—2020年		6.83
2012—2020年均		5.14	2010—2020年		7.14

数据来源：财政部的历年关于国有控股企业经济运行报告，年均增长率为作者按绝对数计算

另据国资委最近公布数据，国资委管辖的中央企业，"2012—2021年营业收入从22.3万亿元增长至36.3万亿元，年均增长5.5%"。

全国规（限）上企业营收：2019、2020和2021年，全国规（限）上企业营业收入总额为191.55万亿元、201.22万亿元和249.63万亿元。

2020—2022年，国家统计局在这三年的统计摘要中，公布了全国三类规模（限额）以上企业的总体数据，其中的营业收入数据反映了这三年全国三类规模以上企业的情况。

这个数据与前述资产数据对比，可以看到，全国国有控股企业以相当于全国规模以上企业资产总额约95%的资产，创造的营业收入只有全国规模以上企业营收约1/3。

表6 2019—2020年按单位规模分组的各类企业营收增长数据比较

	2019年营收（亿元）	增长（%）	2020年营收（亿元）	增长（%）	2021年营收（亿元）	增长（%）
规上工业企业	1 057 825		1 061 434	0.3	1 279 227	20.5
限上批零住餐业	638 713		707 817	10.8	919 659	29.9
规上服务业企业	218 923		243 018	11.0	297 463	22.4
全国规上企业总计	1 915 461		2 012 269	5.1	2 496 349	24.1
全国国有控股企业	625 521	6.9	632 868	2.1	755 544	18.5
国有企业/全国企业	32.7		31.5		30.3	

注：数据源自2020年、2021年和2022年《中国统计摘要》。各类企业总计为作者加总计算，增长率与占比为作者计算

规上国有工业企业营收：2010 年和 2020 年，在规模以上工业企业营业收入中，国有企业占 27.9% 和 25.8%，十年下降 2 个百分点。2010 年、2020 年和 2021 年，全国规模以上工业企业的营业收入分别为 69.8 万亿元、108.4 万亿元和 127.9 亿元。其中国有控股工业企业占比分别为 27.9%、25.8% 和 25.7%（见表 7）。

数据显示，2010 年至 2020 年，前五年全国工业企业营业收入总额（绝对数额）增长了近 55%，后五年反而还有减少。其中，前五年国有工业营业收入总额增长了 24%，后五年只增长了 16%。2021 年，国有企业营业收入大幅度增长，增长了 21.2%。

表 7　2010—2021 年规模以上工业企业营收数据

	2010 年营收（亿元）	2015 年营收（亿元）	2020 年营收（亿元）	10 年增长（%）	年均增长（%）	2021 年营收（亿元）
全国工业	697 744	1 109 853	1 083 658	55.3	4.5	1 279 227
国有控股	194 340	241 669	279 707	43.9	3.7	328 916
占比（%）	27.9	21.8	25.8			25.7
私营企业	207 838	386 395	413 564	99	7.1	509 166
占比（%）	29.8	34.8	38.2			39.9
外商及港澳台控股	188 729	245 698	243 189	28.9	2.6	287 986
占比（%）	27	22.1	22.4			22.5
全部民营	314 675	622 486	560 762	78.2	5.9	662 325
占比（%）	45.1	56.1	51.8			51.8

注：数据来源，中国统计年鉴。占比和增长为作者计算

（三）国有企业利润中速增长

主要数据：2020 年，全国国有控股企业的利润为 34 223 亿元（见表 8），全国规模（限额）以上企业的利润为 103 413 亿元，国有企业利润相当于全国规模以上企业利润的 33%。2021 年，全国非金融类国有企业利润总

额为45 165亿元，增速为30%。

2010—2020年，全国规模以上工业企业利润年均增长2.6%。其中，国有工业年均增长0.45；2010年、2020年和2021年，规模以上工业企业利润中，国有企业占27.8%、23%和26.1%。

全国国有企业与全国规上企业利润。2010—2020年十年，全国（非金融类）国有及国有控股企业利润增长波动较大，总体呈增速上升趋势（见表8）。其中，前五年年均增长3%，后五年年均增长8.25%，10年年均增长5.6%，2021年增长32%。

表8 全国（非金融类）国有控股企业利润增长情况

时间（年）	利润（亿元）	增长（%）	时间（年）	利润（亿元）	增长（%）
2010	19 871	37.9	2016	23 158	1.7
2011	22 557	12.8	2017	28 986	23.5
2012	21 960	−5.8	2018	33 878	12.9
2013	24 051	5.9	2019	35 961	4.7
2014	24 765	3.4	2020	34 223	−4.5
2015	23 028	−6.7	2021	45 165	32.0
2010—2015年均		3.0	2015—2020年		8.25
2012—2020年均		5.7	2010—2020年		5.59

数据来源：财政部的历年关于国有控股企业经济运行报告，年均增长率为自己按绝对数计算

2019、2020和2021年，全国国有控股企业的利润为35 961亿元、34 223亿元和45 165亿元（见表8）。同期，全国规模（限额）以上企业的利润为101 348亿元、103 413亿元和133 682亿元（见表9），国有企业利润相当于全国规模以上企业利润的35.5%、33%和33.8%。

据国资委最近公布数据，国资委管辖的中央企业"2012—2021年利润总额从1.3万亿元增长至2.4万亿元，年均增长7.5%；净利润从0.9万亿元增长至1.8万亿元，年均增长7.9%"。

表9 2019—2021年各类规上企业利润总额

	2019年（亿元）	增长（%）	2020年（亿元）	增长（%）	2021年（亿元）	增长（%）
规上工业企业	61 996		64 516	4.1	87 092	20.5
限上批零住餐业	13 156		13 408	1.9	17 440	29.9
规上服务业企业	26 196		25 489	−2.7	29 150	22.4
全国规上企业总计	101 348		103 413	2	133 682	24.1
全国国有控股企业	35 961	4.7	34 223	−4.5	45 165	30.1
国有企业/全国企业	35.5		33.1		33.8	

注：数据源自2020、2021和2022年《中国统计摘要》。各类企业总计为作者加总计算，增长率与占比为作者计算

国有工业企业利润。2010—2020年十年期间，按当年绝对数计算的全国规模以上工业利润年均增长2.6%，增速明显低于资产与营业收入的增长（见表10）。这十年，国有工业利润基本没有增长，前五年总体下降了22%，后五年则上升了34%。

表10 国有、民营和外资工业企业利润情况

	2010年利润（亿元）	2015年利润（亿元）	2020年利润（亿元）	10年增长（%）	年均增长（%）	2021年利润（亿元）
全国	53 050	66 187	68 465	29	2.6	87 092
国有控股	14 738	11 417	15 346	4.1	0.4	22 770
占比（%）	27.8	17.2	23.0			26.1
外商及港澳台控股	15 020	15 906	18 167	21.4	2.0	22 846
占比（%）	28.3	24	28.3			26.2
全部民营	23 292	38 864	31 421	34.9	3.0	41 452
占比（%）	43.9	58.8	48.7			47.7

注：数据源自历年《中国统计年鉴》工业数据部分，增长率作者计算

（四）国有企业税收中速增长

主要数据：2012年和2020年，国有企业税收占全国的30.7%和24.3%。

2010—2020年，全国税收总额十年增长了80%，年均增长6.1%；其中，国有控股企业年均增长4%，属于中速偏下；2010年，国企税收占全国的31%，2020年占24.3%，十年下降近6个百分点（见表11）。特别值得关注的是，"十三五"期间，除2016年之外，2017年以来，全国国有控股企业税收总额连续4年下降，占比降至只占全国的1/4左右，2021年才恢复上涨。

表11 2012—2021年国有、民营和外资企业税收数据

	2010年税收（亿元）	2015年税收（亿元）	2020年税收（亿元）	10年增长（%）	10年均增长（%）	2021年税收（亿元）	增长（%）
全国	77 395	136 021.5	165 999.7	80.0	6.1	188 737	13.7
国有控股	*24 000*	43 185.5	40 327.5	47.5	4.0	46 586	15.5
占比（%）	31.0	31.7	24.3			24.7	
私营企业	8 237	13 012.2	29 133.2	209.0	12.0	34 883	19.7
占比（%）	10.6	9.6	17.6			18.5	
涉外企业	16 390	24 763.0	26 625.6	35.0	3.0	29 704	11.6
占比（%）	21.2	18.2	16.0			15.7	
全部民营	*37 000*	68 073.0	99 046.7	93.7	6.8	112 447	13.5
占比（%）	48.0	50.0	59.7			59.6	

注：1. 税收数据源自税务总局历年税收月度快报，国有控股企业税收总额2012年开始公布；
2. 2010年国有控股与全部民营企业税收总额及占比为推算估计数（斜体字）；3. 私营企业而非全部私营控股企业；4. 民营企业是指除国有控股和涉外企业之外的其他所有企业

二、国有企业效率效益高低互现

主要数据：十年来，各类工业企业的效率效益有升有降，内在质量有进有退。企业劳动生产率均在不断提高，国有企业明显高于民营企业与外资企业；资产营收效率和资产利润率均在逐步下降，国有企业明显低于民营企业和外资企业；营收利润率相对稳定，三类企业相差不大；亏损面都在扩大，国有企业亏损面明显大于民营企业与外资企业。2021

年三类企业各项效益指标均有所提高。

（一）国有工业企业劳动生产率（营业收入／人年）稳步提高

2010年和2020年，全国规模以上工业企业的年人均营业收入即劳动生产率为73.1万元和145万元，年均提高7.1%；其中国有工业企业为105.8万元和215.6万元，年均提高7.4%；国有企业劳动生产率总体较高，并不断走高。2021年为264万元，进一步提高，是全国工业企业劳动生产率的1.53倍（见表12）。

表12　各类规模以上工业企业劳动生产率

单位：万元／人

年份	全国工业	国有控股工业	私营工业	外商及港澳台商投资企业
2010	73.1	105.8	62.8	71.3
2015	113.5	135.9	111.5	104.3
2020	145.0	215.6	120.8	148.1
2021	172.0	264.0	142.2	175.3

说明：人均主营业务收入根据统计局公布的营业收入总额及平均用工人数的绝对数计算得出

据国资委的最新公布数据，2021年，国资管辖内的中央国有控股企业的全员劳动生产率（年人均营业收入）为69.4万元／人，比2012年增长82%。

据国家统计局公布数据，2019年、2020年和2021年，全国规模以上企业的劳动生产率（人均营业收入）分别为157万元、163万元和195万元。

（二）国有企业收入利润率（利润／营收）基本稳定

重要数据：2017—2021年五年，全国国有控股企业的收入利润率分别为5.6%、5.8%、5.7%、5.4%和6%；2019年、2020年和2021年，全国规模以上企业的营收利润率分别为5.3%、5.1%和5.4%，二者基本相当，国有企业略高。表13为历年国有企业效率效益指标数据。

表 13　历年全国国有及国有控股企业经济运行情况

单位：%

时间	资产营收率	资产利润率	资产税费率	营收利润率	营收税费率	负债率
2010				6.6	8.3	
2011				6.1	8.1	
2012				5.2	7.9	
2013	51.0	2.6	4.0	5.2	7.9	65.1
2014	47.1	2.4	4.0	5.2	7.9	65.2
2015	38.1	1.9	3.7	5.1	8.5	66.3
2016	34.8	1.8	3.2	5.0	8.3	66.1
2017	34.4	1.9	2.9	5.6	8.1	65.7
2018	32.9	1.9	2.6	5.8	7.8	64.7
2019	26.74	1.54	1.97	5.7	7.4	63.9
2020	25.9	1.4	1.89	5.4	7.3	64.0
2021				6.0	7.1	63.7
2017	28.45	1.58	2.3			64.6
2018	27.9	1.61	2.19			64.2
2019	26.74	1.54	1.97			64
2020	23.6	1.27	1.72			63.9
2021						

注：2017—2021 年黑体字数据为依据国务院公布数据计算的与资产总额相关的数据，非黑体字数据为依据财政部公布的数据计算的相关数据

据国资委最近公布数据，国资委管辖的中央企业的营收利润率，2012 年为 5%，2021 年为 6.8%。

据国家统计局公布数据计算，2019 年、2020 年和 2021 年，全国规模以上企业的营收利润率分别为 5.3%、5.1% 和 5.4%。国有控股企业总体高于全国规模以上企业平均水平。

国有工业数据：2010 年和 2020 年，全国规模以上工业企业的收入利润率分别为 7.6% 和 6.1%，十年下降一个百分点；其中，国有控股工业企

业为 7.6% 和 5.4%，十年下降 2 个百分点。2021 年，国有企业为 6.92%，明显提高（见表 14）。

表 14 各类工业企业收入利润率

单位：%

年份	全国工业	国有控股工业	私营工业	外商及港澳台商投资企业
2010	7.6	7.6	7.3	8.0
2015	6.0	4.7	6.3	6.5
2020	6.1	5.4	5.3	7.5
2021	6.8	6.92	5.73	7.93

注：本节各项表格均为根据国家统计局工业统计数据的绝对数自己计算

（三）国有企业资产利润率（利润/资产）明显下降

全国情况：全国国有及国有控股企业的资产利润率，2013 年为 2.6%，之后一路下降，2015 年为 1.9%，到 2020 年为 1.27%，十年下降了一半（见表 13）。这就是说，国有企业的每百元资产创造的利润，2013 年为 2.6 元，2020 年为 1.27 元，远低于银行一年期以上的贷款利率。

据国资委最近公布的数据，国资委管辖的中央企业的资产利润率，2012 年为 4.14%，2021 年为 3.17%。央企的资产利润率明显高于全国国企平均水平。

据国家统计局公布数据计算，2019 年、2020 年和 2021 年，全国规模以上企业的资产利润率分别为 4.1%、3.7% 和 4.3%。国有控股企业总体明显低于全国规模以上企业平均水平。

工业情况：2010 年和 2020 年，规模以上工业企业的资产利润率分别为 8.9% 和 5.3%，十年下降 3.5 个百分点；其中，国有工业企业为 5.9% 和 3.1%，总体明显低于全国工业水平，且不断走低。2021 年，国有工业企业资产利润率为 4.4%，明显回升（见表 15）。

表 15　各类工业企业资产利润率

单位：%

年份	全国工业	国有控股工业	私营工业	外商及港澳台商投资企业
2010	8.9	5.9	12.9	10.1
2015	6.5	2.9	10.6	7.9
2020	5.25	3.1	6.9	7.3
2021	6.16	4.4	7.1	7.9

注：根据国家统计局相关数据计算

（四）企业资产营收率（营收／资产）明显下降

全国情况：全国国有及国有控股企业的资产营收率，2013年为51%，之后一路下降，2015年为38.1%，到2020年为25.9%，十年下降了近一半（见表13）。这就是说，国有企业的每百元资产创造的营业收入，2013年为51元，2020年为25.9元，资产营收效率不断下降。

据国资委最近公布的数据，国资委管辖的中央企业的资产营收率，2012年为71%，2021年为48%。央企的资产营收率明显高于全国国有控股企业平均水平。

据国家统计局公布数据计算，2019年、2020年和2021年，全国规模以上企业的资产营收率分别为77.1%、72.5%和79.9%。国有控股企业总体明显低于全国规模以上企业平均水平。

工业情况：2010年、2015年和2020年，全国规模以上工业企业的资产营收率（单位资产创造的营收）均在不断走低，分别为117.7%、108.4%和87.8%，2021年90.5%。其中，国有企业为78.4%、60.8%和59.4%，2021年为65.5%，大约为全国工业平均资产营收率水平的2/3（见表16）。总体看，国有工业企业的资产营收率明显高于全国国有控股企业水平。

表 16　各类工业企业资产营收率

单位：%

年份	全国工业	国有控股工业	私营工业	外商及港澳台商投资企业
2010	117.7	78.4	177.8	127.0
2015	108.4	60.8	168.7	122.1
2020	87.8	59.4	130.0	102.1
2021	90.5	63.5	124.5	92.2

说明：每百元资产实现的收入，根据统计局公布的资产总额和营收总额绝对数计算得出，2020年数据为统计局网站公布数据

（五）国有工业企业亏损面较大

2010年、2015年和2020年，规模以上三类工业企业的亏损面（亏损企业占比）都在扩大；其中，国有企业为21.4%、28.9%、22.9%；十年算术平均为24%。2021年国有企业亏损面22.8%，有所下降（见表17）。

表 17　各类工业企业亏损面

单位：%

年份	全国工业	国有控股工业	私营工业	外商及港澳台商投资企业
2010	10.0	21.4	6.9	17.8
2015	12.6	28.9	9.1	20.8
2020	17.3	22.9	15.3	23.2
2021	16.5	22.8	14.6	21.6

注：根据统计局网站相关数据计算

专论与调研（三）

投资数据差异巨大　期待做出合理解释
——2020 年和 2021 年统计年鉴投资数据比较

提要： 对比 2020 年和 2021 年统计年鉴投资数据，两年数据差异巨大：2003 年至 2019 年共 17 年的投资总额，2021 年数据比 2020 年数据少了 133 万亿元，占 2021 年公布历年投资总额的近 30%！相当于同期历年 GDP 总额的 15.5%！2012 年至 2019 年 8 年，民间投资总差额 79 万亿元，占这 8 年民间投资总额的 43%！占同期全国投资总差额的 74.5%！这 8 年全国投资总差额，相当于同期 GDP 总额的 17.8%！

2021 年中国统计年鉴显示，国家统计局将 2003—2019 年共 17 年的全国固定资产投资数据做了重大调整，为此，国家统计局在年鉴中做了如下简要解释：根据经济普查、投资统计制度方法改革以及统计执法检查、统计督察等因素，对 2003 年以来的全社会固定资产投资总量及增速、固定资产投资（不含农户）总量及增速、民间投资总量及增速、第一、二、三产业投资总量及增速进行了修订。

下面，我们将新调整数据与过去公布数据进行简要比较，从中可以看出一些问题。

一、全国固定资产投资总额、差额与增速比较

我们将 2020 年年鉴及摘要和 2021 年年鉴及摘要分别列两组固定资产投资的历年数量、差额、增速，以及总额、总差额与年均增速，并进

行相应比较(见表1)。

通过比较可以看到,2003年至2019年共17年间,两组数据都有相当大的差异,这种差异累积起来,形成总体差额,或差额占比数据。2003—2019年共17年,2020年公布的投资总额数据为5 798 435亿元,2021年调整后公布的投资总额数据为4 469 246亿元,二者总额相差1 329 189亿元,差额分别占2020年数据的22.9%和2021年数据的29.7%(见表1)。

表1 两组固定资产投资绝对数比较

年份	全社会固定资产投资绝对数(亿元)		
	2020年年鉴数	2021年年鉴数	二者差额
2000	32 918	32 918	0
"十五"时期	295 531	281 783	13 748
2001	37 214	37 214	0
2002	43 500	43 500	0
2003	55 567	53 841	1 726
2004	70 477	66 235	4 242
2005	88 774	80 994	7 780
"十一五"时期	922 871	741 073	181 798
2006	109 998	97 583	12 415
2007	137 324	118 323	19 001
2008	172 828	144 587	28 241
2009	224 599	181 760	42 839
2010	278 122	218 834	59 288
"十二五"时期	2 206 494	1 629 349	577 145
2011	311 485	238 782	72 703
2012	374 695	281 684	93 011
2013	446 294	329 318	116 976
2014	512 021	373 637	138 384
2015	562 000	405 928	156 072
"十三五"时期	2 981 523	2 425 025	556 498

续表

年份	全社会固定资产投资绝对数（亿元）		
	2020 年年鉴数	2021 年年鉴数	二者差额
2016	606 466	434 364	172 102
2017	641 238	461 284	179 954
2018	645 675	488 499	157 176
2019	560 874	513 608	47 266
2020	527 270	527 270	0
2003—2019 累计总额	5 798 435	4 469 246	1 329 189
差额占比（%）	22.9	29.7	
2012—2019 累计总额	4 349 263	3 288 322	1 060 941
差额占比（%）	24.4	31.7	
2003—2019 年 GDP 总额		8 564 690	
差额占比（%）		15.5	
2012—2019 年 GDP 总额		5 948 192	
差额占比（%）		17.8	

数据来源：2020 年和 2021 年中国统计年鉴和中国统计摘要。投资累计总额、差额、GDP 总额和差额占比为自己计算

由于 2012 年起国家开始公布民间投资数据，我们将 2012 年至 2019 年的相关数据也列出，以便看民间投资差额对总差额的影响。

投资是影响 GDP 总量与增量的重大决定性因素。我们对投资差额与 GDP 总额也进行一下比较。2003 年至 2019 年，中国的 GDP 总额为 8 564 690 亿元，投资总差额 1 329 189 亿元相当于同期 GDP 总额的 15.5%。2012 年至 2019 年，投资总差额 1 060 941 亿元相当于同期 GDP 总额 5 948 192 亿元的 17.8%。这可不是一个小数！

从增速看，2003 年至 2019 年 17 年间，2020 年公布的增速明显高于 2021 年公布数，若按当年绝对数计算增速，则后者与前两项增速 2017 年以来差距非常大（见表 2）。2019 年，公布数据为当年投资增长 5.1%，而绝对数据计算增长速度为下降了 13.1%！二者正负相差 18 个百分点！

而 2001 年至 2019 年 18 年间，2020 年公布投资年均增长率为 19.6%，按当年绝对数计算的年均增长率则为 15.7%！二者相差 4 个百分点！

表 2　两组固定资产投资增长率比较

年份	全社会固定资产投资增长率（%）		
	2020 年年鉴增长率	2021 年年鉴增长率	2020 年年鉴绝对数增长率
2000	10.3	10.3	
"十五"时期	20.2	18.5	
2001	13.0	13.0	13.0
2002	16.9	16.9	16.9
2003	27.7	23.8	27.7
2004	26.6	23.0	26.8
2005	26.0	22.3	26.0
"十一五"时期	25.5	20.9	
2006	23.9	20.5	23.9
2007	24.8	21.3	24.8
2008	25.9	22.2	25.9
2009	30.0	25.7	30.0
2010	23.8	20.4	23.8
"十二五"时期	19.3	16.9	
2011	23.8	20.1	12.0
2012	20.3	18.0	20.3
2013	19.1	16.9	19.1
2014	15.2	13.5	14.7
2015	9.8	8.6	9.8
"十三五"时期		6.0	
2016	7.9	7.0	7.9
2017	7.0	6.2	5.7
2018	5.9	5.9	0.7
2019	5.1	5.1	−13.1
2020		2.7	
1982—2019	20.1		
1991—2019	20.6		
2001—2019	19.6		15.7

续表

年份	全社会固定资产投资增长率（%）		
	2020年年鉴增长率	2021年年鉴增长率	2020年年鉴绝对数增长率
1982—2020		19.0	
1991—2020		19.1	
2001—2020		17.1	

数据来源：2020年和2021年统计年鉴。绝对数增长率为自己计算

二、全国一、二、三产业投资总额、差额与增速比较

由表3可见，2003年至2019年17年间，2020年公布数与2021年公布数的17年总额，第一产业投资总差额占比分别为43.6%和77.2%，第二产业投资总差额占比分别为34.2%和53%，第三产业投资总差额占比分别为14.8%和17.3%。第一产业投资差额总量较小，但占比最高。第二产业投资总差额最大，占比也很高。

表3　两组一、二、三产业固定资产投资绝对数比较

年份	第一产业（亿元）			第二产业（亿元）			第三产业（亿元）		
	2020年鉴	2021年鉴	差额	2020年鉴	2021年鉴	差额	2020年鉴	2021年鉴	差额
2003	535	518	17	16 628	16 112	516	28 649	27 759	890
2004	645	595	50	22 835	21 017	1 818	35 548	33 862	1 686
2005	843	727	116	31 592	27 588	4 004	42 661	40 199	2 462
2006	1 118	898	220	39 545	33 263	6 282	52 706	48 670	4 036
2007	1 460	1 096	364	50 814	41 001	9 813	65 190	59 114	6 076
2008	2 250	1 588	662	64 900	50 365	14 535	81 588	72 481	9 107
2009	3 356	2 220	1 136	81 991	61 177	20 814	108 573	93 536	15 037
2010	3 926	2 493	1 433	101 013	72 647	28 366	136 492	114 825	21 667
2011	6 819	3 712	3 107	132 212	87 371	44 841	163 365	138 609	24 756
2012	8 772	4 442	4 330	158 060	99 620	58 440	198 022	167 781	30 241
2013	9 109	5 399	3 710	184 549	111 876	72 673	242 090	201 496	40 594
2014	11 803	6 613	5 190	207 459	122 410	85 049	282 003	233 858	48 145

专论与调研

续表

年份	第一产业（亿元）			第二产业（亿元）			第三产业（亿元）		
	2020年鉴	2021年鉴	差额	2020年鉴	2021年鉴	差额	2020年鉴	2021年鉴	差额
2015	15 562	8 095	7 467	224 048	129 557	94 491	311 980	257 865	54 115
2016	18 838	9 146	9 692	231 826	132 867	98 959	345 837	282 386	63 451
2017	20 892	9 810	11082	235 751	135 970	99 781	375 040	305 949	69 091
2018	22 413	11 075	11338	237 899	144 455	93 444	375 324	322 931	52 393
2019	12 633	11 136	1 497	163 070	149 005	14 065	375 775	344 071	31 704
2020		13 302			149 154			356 451	
2003—2019累计总额	140 974	795 63	61 411	2 184 192	1 436 302	747 891	3 220 843	2 745 393	475 451
差额占比（%）	43.6	77.2		34.2	53		14.8	17.3	

数据来源：2020年和2021年中国统计年鉴。累计总额、差额及占比为自己计算

由表4可见，一、二、三产业的两组公布增长率均有相当大的差异。而按绝对计算的增长率与两组公布增长率的差异，在近十年波动很大，尤其是2019年，一、二产业的两组公布数为正增长0.6%和3.2%，而按绝对数计算则大幅下降30%~40%，第三产业的两组公布数为分别正增长6.6%和6.5%，而绝对数据计算的增长率仅为0.1%。

表4 两组一、二、三产业固定资产投资的增长率比较

年份	第一产业（%）			第二产业（%）			第三产业（%）		
	2020年鉴	2021年鉴	2020计算	2020年鉴	2021年鉴	2020计算	2020年鉴	2021年鉴	2020计算
2003									
2004	20.6	14.8	20.6	37.3	30.4	37.3	24.1	22.0	24.1
2005	30.6	22.1	30.7	38.3	31.3	38.3	20.0	18.7	20.0
2006	32.7	23.6	32.6	25.2	20.6	25.2	23.5	21.1	23.5
2007	30.6	22.1	30.6	28.5	23.3	28.5	23.7	21.5	23.7
2008	54.1	44.8	54.1	27.7	22.8	27.7	25.2	22.6	25.2
2009	49.1	39.9	49.2	26.3	21.5	26.3	33.1	29.0	33.1

299

续表

年份	第一产业（%）			第二产业（%）			第三产业（%）		
	2020年鉴	2021年鉴	2020计算	2020年鉴	2021年鉴	2020计算	2020年鉴	2021年鉴	2020计算
2010	17.0	12.3	17.0	23.2	18.7	23.2	25.7	22.8	25.7
2011	25.0	16.4	73.7	27.3	19.7	30.9	21.1	20.8	19.7
2012	28.6	19.6	28.6	19.6	14.0	19.6	21.2	21.0	21.2
2013	30.6	21.6	3.8	17.2	12.3	16.8	20.8	20.1	22.3
2014	31.9	22.5	29.6	12.9	9.4	12.4	16.9	16.1	16.5
2015	31.8	22.4	31.8	8.0	5.8	8.0	10.6	10.3	10.6
2016	21.1	13.0	21.1	3.5	2.6	3.5	10.9	9.5	10.9
2017	11.8	7.3	10.9	3.2	2.3	1.7	9.5	8.3	8.4
2018	12.9	12.9	7.3	6.2	6.2	0.9	5.5	5.6	0.1
2019	0.6	0.6	−43.6	3.2	3.2	−31.5	6.6	6.5	0.1
2020		19.5			0.1			3.6	
2003—2019年年均增长率	21.8	21.1		15.3	14.9		17.5	17.0	

数据来源：2020年和2021年统计年鉴，年均与计算增长率为自己计算

三、民间投资总额、差额与增速数据比较

由表5可见，民间投资差距更大，成为影响全国投资差距最大的决定性因素。自2012年公布民间投资数据至2019年的8年间，全国投资总差额为1 060 941亿元，同期民间投资总差额790 752亿元，民间投资差额占全国投资总差额的74.5%（见表1、表5）。

2012至2019年8年间，民间投资差额790 752亿元，相当于2021年公布的历年民间投资总额的43%，即多了43%；而其中有4年的差额占当年投资的50%以上，即多了一半以上。

民间投资差额严重影响着民间投资占全国投资的比重。自2012年公布民间投资数据以来，除2019年外，民间投资一直占全国投资的60%以上；而2021年修订后数据显示，民间投资一直没有超过全国投资的

60%。这就使一直以来从官方到学界关于民间投资占比超过 60% 的重要判断与说法并不成立。

表 5 两组民间投资总额、差额及占比比较

年份	民间固定资产投资（亿元） 2020 年鉴	民间固定资产投资（亿元） 2021 年鉴	差额	2021 年 差额占比	2020 年 民间占比	2021 年 民间占比
2012	223 982	153 698	70 284	45.7	61.4	56.5
2013	274 794	184 662	90 132	48.8	63.0	57.9
2014	321 576	213 811	107 765	50.4	64.1	58.9
2015	354 007	232 644	121 363	52.2	64.2	58.8
2016	365 219	239 137	126 082	52.7	61.2	56.3
2017	381 510	251 650	129 860	51.6	60.4	55.7
2018	394 051	273 543	120 508	44.0	62.0	57.2
2019	311 159	286 400	24 759	8.6	56.4	56.8
2020		289 264				55.7
2012—2020 累计总额		2 124 810				
2012—2019 累计总额	2 626 298	1 835 564	790 752			
差额占比（%）	30.1	43				

数据来源：2020 年和 2021 年中国统计年鉴，投资总额、差额及差额占比为自己计算

就民间投资自身看，民间投资 8 年总差额占 2020 年公布的 8 年累计投资总额的 30.1%，占 2021 年公布的 8 年累计投资总额的 43%。这就是说，2020 年公布的 8 年累计总额数据比 2021 年公布的同期数据高了 43%！

就民间投资的历年与年均增长率看，两年的年鉴公布数的差距同样不小。但若按 2020 年公布数中的绝对数计算，其增长率更低，其年均增长率 4.8%，不到同期公布的复合增长率 10.63% 的一半（见表 6）。

表 6 两组民间投资增长率比较

年份	公布投资增长率（%） 2020 年鉴	公布投资增长率（%） 2021 年鉴	绝对数计算增长率（%） 基于 2020 年鉴
2012	24.8		
2013	23.1	20.1	22.7

续表

年份	公布投资增长率（%）		绝对数计算增长率（%）
	2020 年鉴	2021 年鉴	基于 2020 年鉴
2014	18.1	15.8	17.0
2015	10.1	8.8	10.1
2016	3.2	2.8	3.2
2017	6.0	5.2	4.5
2018	8.7	8.7	3.3
2019	4.7	4.7	−21.0
2020		1.0	−7.0
2012—2020 年均		8.2（复合）	3.78
2012—2019 年均	10.63（复合）		4.8

数据来源：2020 年和 2021 年中国统计年鉴，复合增长率与计算增长率为自己计算

四、需要深思的问题

一是，中国投资数据调整修订前后为何差异这么大？这样大的数据统计差异，是企业长期虚报投资额？还是统计管理自身问题？或者兼而有之？具体原因是什么？

二是，投资是决定 GDP 的三大因素之一，当 17 年投资差额占投资总额（2021 年公布数）近 30% 时，如何重新认识中国投资的长期总体形势？当 17 年投资总差额占 17 年 GDP 总额的近 18% 时，如何重新认识中国 GDP 总量？GDP 是否也需要做出相应调整修订？

上述问题值得专家学者深入探讨。

专论与调研（四）

小微企业经营状况分化，需求不足成最突出困难
——阿里研究院《2021年第四季度中小微企业调研报告》

阿里研究院　2022年1月13日

为更好了解2021年第四季度中小微企业的生产经营情况，以及对国家相关政策感受与期待，我们向在淘宝、天猫2个内贸平台和阿里巴巴国际站、速卖通2个外贸平台开展经营的中小微企业发放线上问卷（调查组织情况和样本结构详见文末），共收到8 676个有效回复。其中：（1）7 304个商家从事国内批发零售（以下简称"内贸企业"），其中47.5%具备制造加工能力；另外1 372个商家从事跨境贸易和跨境电商零售（以下简称"外贸企业"）；（2）统一简化按照国家统计局对零售业企业的划型标准，微型（<100万元）、小型（100万~500万元）和中型及以上（500万以上）企业的占比分别为60.7%、28.1%和11.2%。

企业反馈的四季度经营情况，概括如下：

从营收情况看，营收同比下滑的内贸和外贸企业的占比，均创疫后新高；不同规模企业的经营感受出现明显分化，微型企业经营困难加剧、中型企业有所回暖，与宏观数据PMI的分化高度趋同。需求不足成为企业普遍反映的最突出困难。从经营成本看，原材料成本上升一位至首位，防疫停工成本上升一位至第四，应收账款问题加速凸显。从融资情况看，企业借贷用于扩大生产、提升长期能力的意愿依旧不强，更多用于缓解短期运营的现金流压力，与宏观信贷数据呼应。从招工用工看，33%的

企业在四季度有裁员，较三季度有所上升；招工总体活跃度在下降、周期在加长；下个季度的招聘意愿总体不高，对应届生的需求仍显著低于社招和零工。政策感受看，各项存续的纾困政策中，减税政策的滴灌效果最好、企业的感受最强；随着纾困政策的逐步退出和调整，政策触达率正在逐季度下降。政策期待方面，企业期待度最高的纾困政策是包括用电、用网、物流等在内的降费举措，对政府工作和服务期待度前三位是减税政策解读指导、统筹执法检查和政府采购更多向中小微企业倾斜。从市场预期看，未来半年内经营成本上涨的担忧最为突出。

企业反馈的四季度经营情况，具体情况如下：

一、总体营收：营收下滑的企业占比创疫后新高；不同规模的企业分化明显，微型企业经营困难加剧、中型企业有所回暖

延续本调查重点关注的企业经营状况问题，我们继续向企业询问了 2021 年第四季度销售额的同比变化情况。在受访内贸企业中，有 6.6% 的企业表示"明显增长（涨幅大于 20%）"、12.5% 的企业表示"有所增长（涨幅在 5%~20%）"、14.3% 的企业表示"基本持平（涨跌幅在 5% 以内）"、19.4% 的企业表示"有所下滑（降幅在 5%~20%）"，另有 47.2% 的企业表示"明显下滑（降幅大于 20%）"。

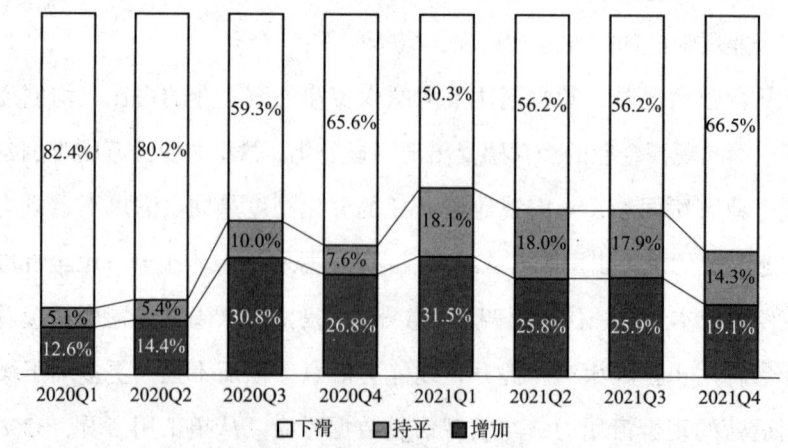

图 1　2020 年以来各季度淘宝、天猫平台受访企业营收变化的勾选区间

从连续八个季度的对比情况看，营收下滑的内贸企业数占比创下疫情后（2020年第三季度及其后）的新高、达到66.5%。在第二、三季度连续稳定在56.2%的情况下，四季度陡升了10.3个百分点（见图1）。

外贸中小企业的经营感受也有趋同的特征。从对外贸平台中小企业跟踪开展调查的连续四个季度情况看，第四季度，表示"出口销售额下滑"的企业数占比亦创新高、达到56.3%，同样是在第二、三季度稳定在51%左右后出现了明显变化（见图2）。

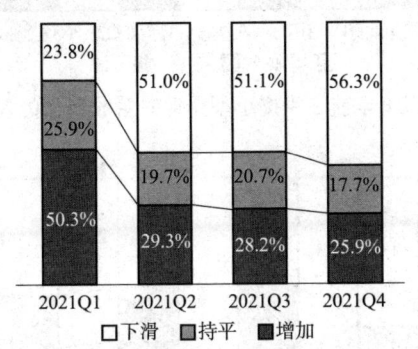

图2　2021年各季度阿里巴巴国际站和速卖通平台受访企业营收变化的勾选区间

按企业规模划型进行交叉分析发现，不同规模的内贸企业，其经营状况在四季度表现出明显的分化趋势，为2021年来观察到各季度调查结果的首次（见图3至图5）。

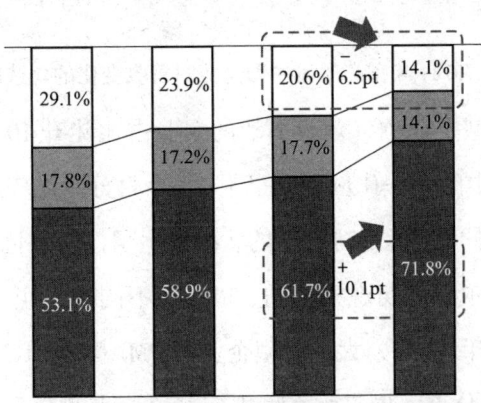

图3　2021年前三季度微型企业对营收变化的勾选区间

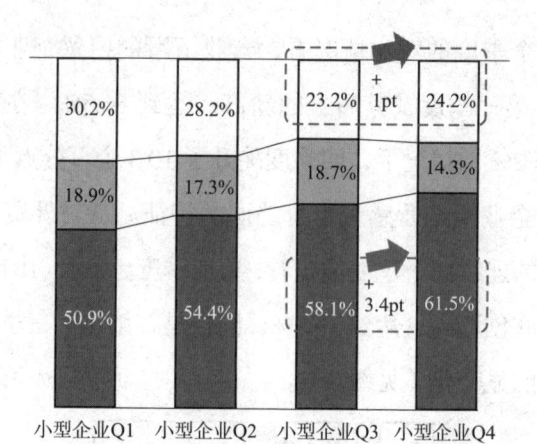

图4 2021年前三季度小型企业对营收变化的勾选区间

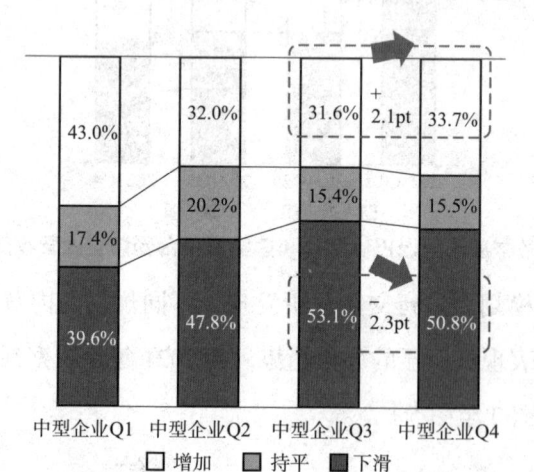

图5 2021年前三季度中型企业对营收变化的勾选区间

表现在，微型企业中，营收下滑的企业占比陡升10.1个百分点，而中型及以上企业中的这一比例则收窄了2.3个百分点，较之第一至第二季度、第二至第三季度两者走势趋同的状况发生了显著变化。

这一情况，亦与近期观察到的、PMI在不同规模企业间的分化有着高度呼应。2021年12月，大、中型企业的PMI均为51.3%，分别高于上月1.1和0.1个百分点，景气水平稳中有升，而小型企业PMI为46.5%，较前值回落2.0个百分点，位于近年来较低水平。中信证券研究部的分析认为，一方面，小型企业景气回落，可能和海外假期（感恩节、圣诞节）已过，短期订单减少有关，如12月份的PMI数据中可以看到新出口订单较前值回落0.4个百分点至48.1%；另一方面，大、中、小型企业景气分化，还是反映了我国短期经济尚未全面复苏，仍有改善空间的特点（见图6、图7）。

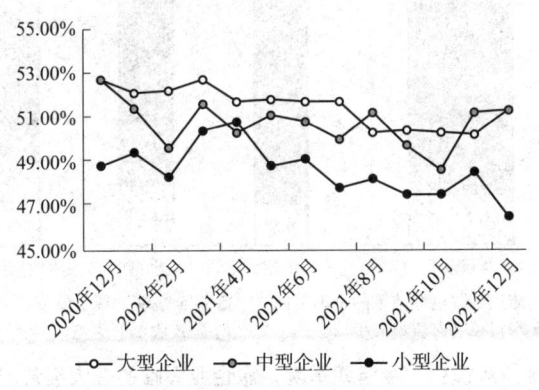

图6 大、中、小企业13个月PMI变化

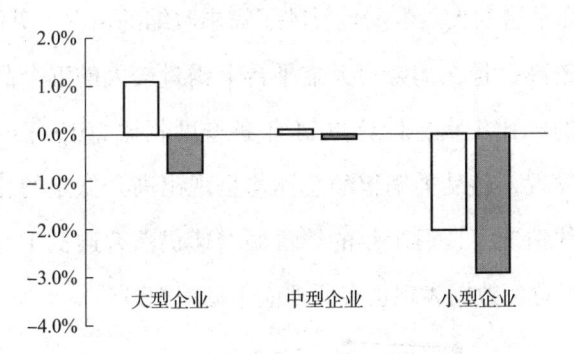

图7 大、中、小企业12月PMI环比和本年平均波动

数据来源：国家统计局

二、主要经营困难：对内贸和外贸企业而言，"需求不足"均是最为突出的挑战

受访的内贸企业中，有66.8%认为是"新订单和客流量减少"，17.7%认为是"经营成本上涨"，8.7%认为是"资金短缺、现金流不足"，

另有6.8%认为是"防疫、限电等政策的不确定性"。即市场需求不足是目前企业经营面临的最突出困难（见图5）。具体表现又依企业规模而有所不同：越小规模的企业，获客和新订单的困难越明显；越大规模的企业，经营成本和资金短缺的压力相对上升。

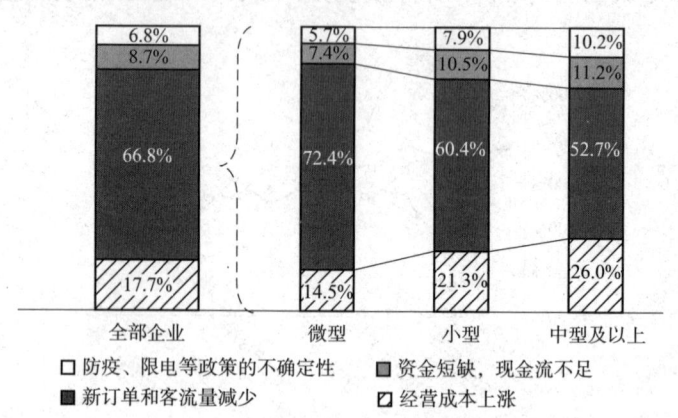

	全部企业	微型	小型	中型及以上
防疫、限电等政策的不确定性	6.8%	5.7%	7.9%	10.2%
资金短缺，现金流不足	8.7%	7.4%	10.5%	11.2%
新订单和客流量减少	66.8%	72.4%	60.4%	52.7%
经营成本上涨	17.7%	14.5%	21.3%	26.0%

图8　分企业规模："今年四季度，您企业面临的最大经营困难是？"

内贸电商平台的大盘数据也反映了需求收缩的情况（见图9）。选择电商渗透率较高、且在淘宝、天猫平台上销量较大的五个品类，剔除疫情年份造成的同比失真，计算2021年各季度相比2019年的两年复合增长率，可以发现，各品类销售额总体均呈现出高开低走的特征。在后半年促销密集的情况下，后半年的销售额增速仍然普遍低于前半年。这与宏观社会零售总额数据表现也有所呼应（见图10）。

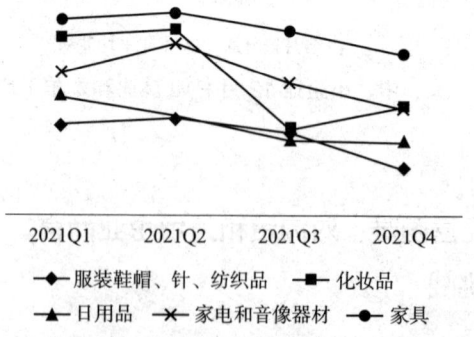

图9　淘宝、天猫平台所涉品类销售额2年复合增长率

数据来源：淘宝、天猫平台大数据

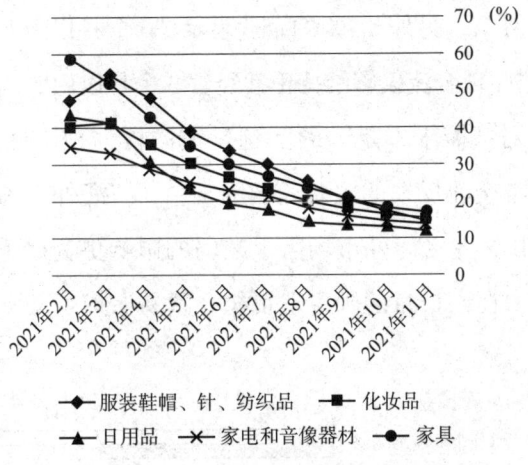

图 10 2021年各月所涉品类零售额累计增长率

数据来源：国家统计局

需求不足的问题，在表示营收下滑的企业当中更为突出，占比相对于表示营收增长的企业高出 34.1 个百分点（见图 11 左）。对于生产制造企业和批零企业，这一问题的表现则没有明显差异（见图 11 右）。

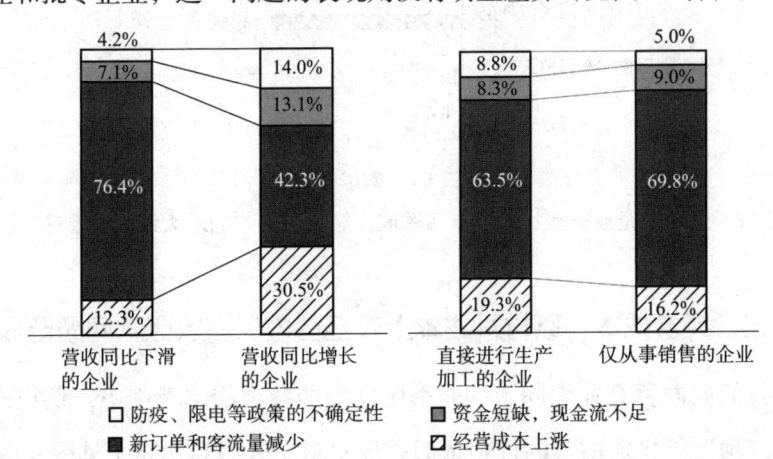

图 11 分营收情况和企业类型："今年四季度，您企业面临的最大经营困难是？"

我们进一步向选择了"资金短缺，现金流不足"的 632 家企业，询问了"目前的现金流可供企业维持正常经营多长时间"。有 29.6% 的企业表示"不足 1 个月"，51.1% 的企业表示"1—3 个月"，13.9% 的企业表示"3—6个月",另外 5.4% 的企业表示"6个月以上"。表明有资金困难的企业当中,现金流仅够维持正常经营 3 个月以内的,占到八成以上。

外贸企业对"需求不足"的问题反馈同样强烈(见图 12)。跨境 B2B 和 B2C 两类企业反馈的主要经营困难中,"海外市场需求减弱"均排名首位。B2B 企业受海外市场需求减弱的影响更为严重,B2C 企业的挑战则相对集中在出口目的国税费负担、贸易保护主义影响和贸易壁垒增加等方面。

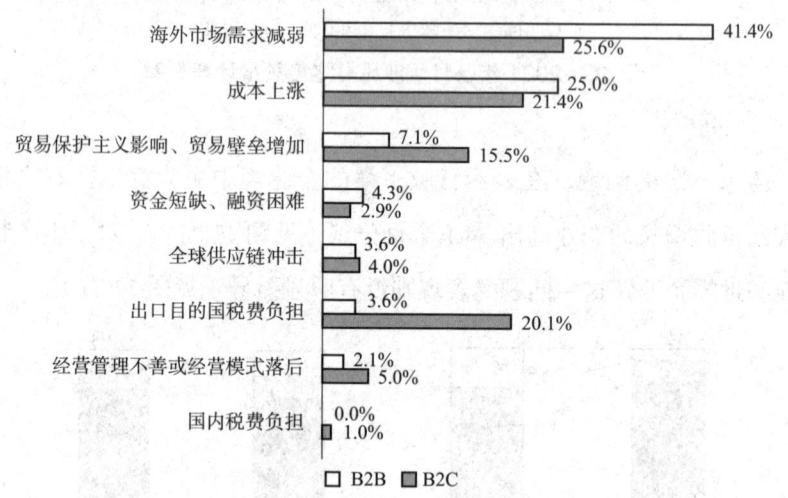

经营困难	B2B	B2C
海外市场需求减弱	25.6%	41.4%
成本上涨	25.0%	21.4%
贸易保护主义影响、贸易壁垒增加	7.1%	15.5%
资金短缺、融资困难	4.3%	2.9%
全球供应链冲击	3.6%	4.0%
出口目的国税费负担	3.6%	20.1%
经营管理不善或经营模式落后	2.1%	5.0%
国内税费负担	0.0%	1.0%

图 12 分跨境企业类型:"今年四季度,您企业面临的最大经营困难是?"

三、经营成本:原材料成本上升至首位,应收账款问题凸显

我们向内贸企业询问了"四季度发生的各项成本费用中,负担最重的前三项"。排名前三的选项依旧是原材料、人力和房租(见图 13)。与三季度有所变化的是:(1)原材料成本上升一位至首位;(2)防疫和停工成本上升一位至第四,勾选比例超过四分之一;(3)应收账款问题在三季度排名末位,本季度陡升至第五,加速凸显。

我们继续:(1)向将原材料成本列为成本前三项支出的企业询问了

其环比感受，有74.4%的企业认为"继续较快上涨，原材料成本支出增加"，16.6%的企业认为"与上季度基本持平"，其余9%的企业认为"有所回落，原材料成本负担有所缓解"。（2）向将人力成本列为成本前三项支出的企业询问了其环比感受，有54.7%的企业认为"继续较快上涨，人力成本支出增加"，32%的企业认为"与上季度基本持平"，其余13.3%的企业认为"有所回落，人力成本负担有所缓解"。从企业感受来看，目前阶段原材料成本上涨问题更为突出。

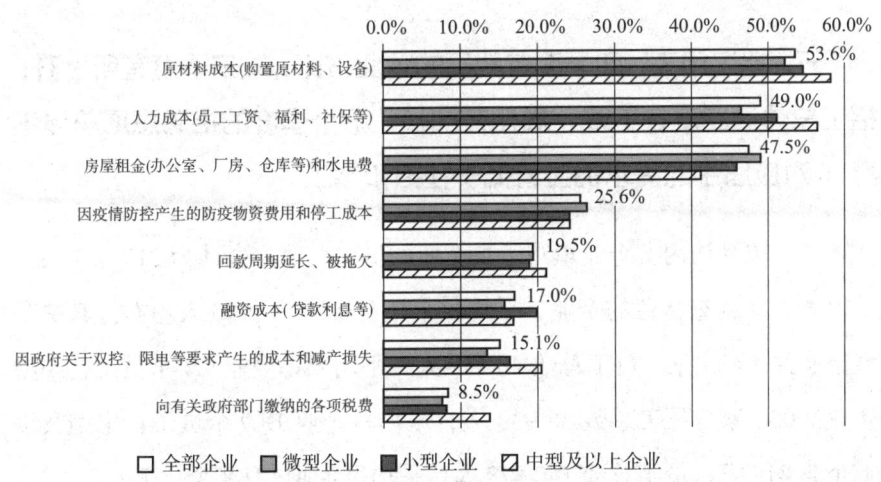

图13 "今年第四季度，您企业发生的各项成本费用中，负担最重的前3项是？"

四、融资：近四成内贸企业在四季度进行了贷款融资，其中半数以上是为了充盈流动资金

在受访内贸企业中，有38.5%表示在四季度进行了贷款融资。

从融资目的和用途看，在这些有融资需求和行为的企业中，有52.9%的企业是为了"满足日常运营的流动资金需求"，22.1%的企业是用于"扩大规模、新购置固定资产、采购原材料"，12.6%的企业用于"研发新产品、新技术"，9.7%的企业用于"偿还已有债务"，另有2.8%的企业用于"实现数字化转型"。并且，这一选择在不同规模企业之间并无明显的异质性。

调研结果表明，从企业贷款融资的目的看，用于扩大生产、提升长期能力的意愿依旧不强，更多用于缓解短期运营的现金流压力。

这一情况与宏观数据反映出的现象有所呼应。从信贷数据看，11月企（事）业部门的贷款偏弱遇冷，贷款增加5 679亿元，同比减少了2 133亿元。企业对未来经济的走势判断谨慎，投资扩产意愿不足，11月的"中国企业经营状况指数（BCI）"中的企业投资前瞻指数为65，相比于10月下行0.9个百分点。

五、招工用工：四季度有裁员的企业占比，较三季度有所上升；招工总体活跃度在下降、周期在加长；下个季度的招聘意愿总体不高，对应届生的需求仍显著低于社招和零工

我们请受访内贸企业填写了本企业的员工总数，合计为219 473人。可得，本次调查覆盖的企业，平均每个企业带动就业30人左右。其中微型企业共4 433家，员工总数40 156人，平均家每企业9.1个员工；小型企业2 056家，员工总数38 939人，平均每企业18.9个员工；中型及以上企业817家，员工总数140 378人，平均每企业171.8个员工。

从员工数量变化看，33%的企业在四季度有裁员，较三季度有所上升；规模越小的企业稳岗情况越差。我们向内贸企业询问了员工数量的季度环比变化，有9.5%的企业表示"员工总数增加了"，57.1%的企业表示"没有变化"，23.8%的企业表示"少量裁员"，另外9.5%的企业表示"大量裁员"。有发生减员的企业占比33.3%，比三季度的27%有所上升。

在有裁员（少量裁员和大量裁员）的2 439个企业中，微型、小型和中型及以上企业分别占各自规模企业总数的比重为35%、32.4%和28.9%，表明企业规模越小、在四季度的稳岗情况越差。

历史招聘情况看，内贸企业招工的总体活跃度在下降、周期在加长。超过12个月没有招人的企业占比达到47.6%，比三季度的38.8%有明显

提高；相应的，1个月之内开展过招聘的企业占比仅为11.7%，较三季度的18.5%也有明显下降。（见图14）

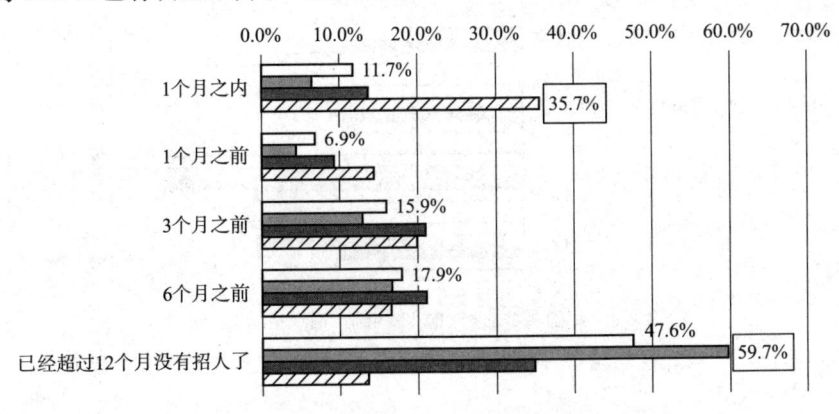

图14 "您的企业最近一次招人是在什么时候？"

不同规模企业在招工情况方面也有所分化：中型及以上企业1个月之内开展过招聘的占比达到35.7%，高于全部企业平均水平，特别是远高于微型企业的6.4%；微型企业超过12个月没有招人的比例接近六成，也高于全部企业的平均水平，特别是远高于中型及以上企业的13.6%。

从下个季度的用工需求看，招聘意愿整体有所下降；企业普遍对应届生的需求仍显著低于社招和零工（见图15）。（1）有38.3%的企业预计将在2022年一季度增加人员招聘，较三季度的43.6%有所下降。其中拟招聘应届生、社会人士和零工的比例分别为8.2%、14.2%和15.9%，社招和零工的招聘需求仍明显高于应届生；（2）有39.3%的企业预计保持员工数量不变，较三季度的36.1%有所上升；（3）有22.3%的企业计划裁员，较三季度的20.3%有所上升。

另外，结合以上两个问题做交叉分析（见图16），在本季度已经进行了裁员的2 439个内贸企业中，仍有40%的企业表示将在下个季度继续裁员，这一比例明显高于全部企业的平均水平。

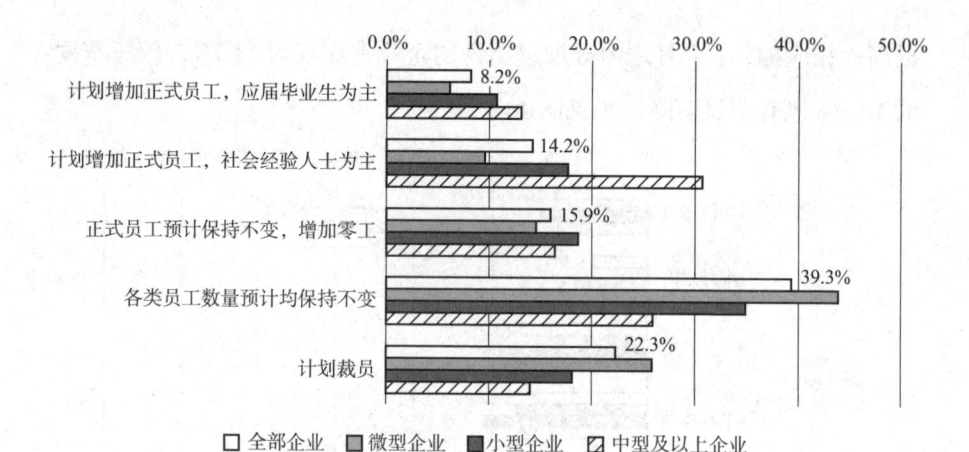

2021年 民间投资与民营经济发展重要数据分析报告

图15 "从现在到明年一季度,您预计您企业的招工用工情况将会是?"

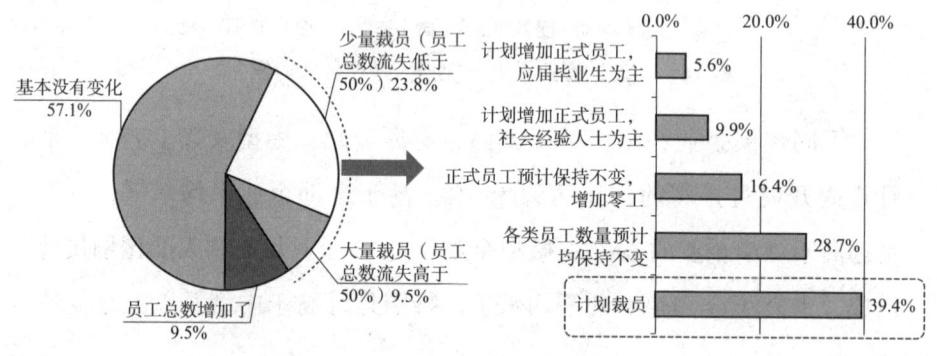

图16 "从现在到明年一季度,您预计您企业的招工用工情况将会是?"

我们梳理了疫情以来国家出台的、至今仍在整体或者局部延续的纾困政策共计11项,涉及税收、社保、信贷和各类费费用的优惠减免。我们向企业询问了其对这些政策的感受。需要说明的是,由于填写问卷的基本都是店铺拥有者或企业主要负责人,而他们对税收、社保等政策的具体享受情况未必都很清楚,所以,数据结果可能存在一定偏差。

总体看,全部企业中,有37.2%的企业表示享受到了纾困政策扶持(已享受/A类企业),14.7%的企业表示"了解以上政策信息,但未实际申报或享受任何优惠"(了解但未享受/B类企业),48.1%的企业表示"不了解以上任何的优惠政策"(不了解/C类企业)。

对 A 类企业：减税政策的滴灌效果最好、企业的感受最强，融资优惠政策的感受相对较弱。进一步与"是否在四季度有进行融资"做交叉分析，发现有融资活动的企业享受到融资相关优惠政策的比例为 31.6%，远高于没有融资活动企业的 13.6%，表明有融资活动的企业对融资优惠政策明显更加熟悉。

表 1 纾困政策及企业收益情况

	尚未退出的各项纾困政策	内贸企业
1	【减税】小规模纳税人阶段性调低增值税税率（自 2020 年 3 月 1 日至 2021 年 12 月 31 日，增值税小规模纳税人，适用 3% 征收率的应税销售收入，减按 1% 增值率征收增值税）	35.6%
2	【减税】符合条件的增值税小规模纳税人免征增值税（自 2020 年 3 月 1 日至 2021 年 12 月 31 日，对月销售额 15 万元以下（含本数）的增值税小规模纳税人免征增值税）	29.8%
3	【减税】小型微利企业减征企业所得税（自 2019 年 1 月 1 日至 2021 年 12 月 31 日，对小型微利企业年应纳税所得额不超过 100 万元部分，减按 25% 记入应纳税所得额，按 20% 的税率缴纳企业所得税；对纳税所得额超过 100 万元但不超过 300 万元的部分，减按 50% 记入应纳税所得额，按 20% 的税率缴纳企业所得税。其中，自 2021 年 1 月 1 日至 2022 年 12 月 31 日，对小型微利企业年应纳税所得额不超过 100 万元部分，减按 12.5% 记入应纳税所得额，按 20% 的税率缴纳企业所得税。）	32.0%
4	【减税】个体工商户经营所得减半征收个人所得税（自 2021 年 1 月 1 日至 2022 年 12 月 31 日，对个体工商户经营所得年应纳税所得额不超过 100 万元部分，在现行优惠政策基础上，再减半征收个人所得税。）	28.3%
5	【缓税】制造业中小微企业缓减（2021 年四季度对制造业小微企业和个体工商户的税款全部缓税；制造业中型企业的税款按 50% 缓税，特殊困难企业可申请全部缓税）	13.8%
6	【稳岗】阶段性降低失业保险和工伤保险费率，失业保险返还，获得社会保险补贴、一次性吸纳就业补贴等	11.2%
7	【降低融资成本】允许企业贷款延期还本付息	7.2%
8	【降低融资成本】创业担保贷款贴息（最高可申请创业担保贷款，LOR-150BP 以下部分，由借款人和借款企业承担，剩余部分财政给予补贴）	5.6%
9	【降低融资成本】小微企业融资担保（通过地方融资担保机构申请获得了担保贷款）	7.8%
10	【降费】用电价格优惠	9.1%
11	【降费】房租优惠或减免	13.0%

我们询问了"纾困政策能够多大程度上缓解和抵消企业的经营压力"，

有 43.7% 的企业表示"作用很小，成本压力主要靠企业自己筹资消化"，39.3% 的企业表示"有一定的缓解作用、但作用有限，经营压力依然很大"，17% 表示"很有帮助，很大程度上缓解了企业的经营压力"。对 B 类企业：我们询问了"了解信息但是未申报"的原因，有 50.1% 的企业表示"政策支持门槛高，企业不在覆盖范围内"，28.9% 的企业表示"政策申报手续过于复杂"，另 21% 的企业表示"政策支持力度太低，可有可无"。

对 C 类企业：共有 3 515 家企业表示"不了解任何纾困和优惠政策"，占全部受访者总数的 48.1%，而同一指标在今年前三个季度的数值分别为 36.1%、39.6% 和 44.9%，可能的原因是，随着疫情纾困政策的调整和部分退出，不了解或者不关注此类信息的企业占比有所提升，企业的知晓、感知程度有所下降。

七、对政策和政府服务的期待

对政府服务的期待方面（见图 17），总体来看，受访企业将"税收减免优惠政策通知、解读和申报指导""统筹各类执法检查，减少对企业的经营干扰"和"增加政府采购订单，多向中小企业倾斜"排在了前三位。另外，打击侵权和假冒伪劣、简化企业登记变更手续等，勾选比例也相对较高。

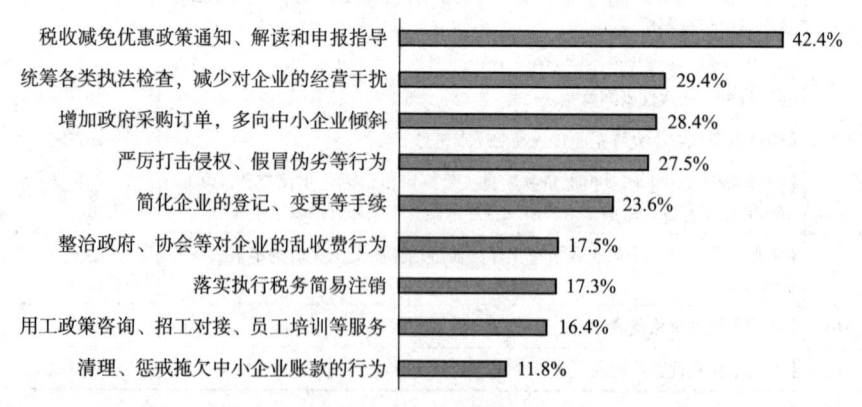

政府服务	比例
税收减免优惠政策通知、解读和申报指导	42.4%
统筹各类执法检查，减少对企业的经营干扰	29.4%
增加政府采购订单，多向中小企业倾斜	28.4%
严厉打击侵权、假冒伪劣等行为	27.5%
简化企业的登记、变更等手续	23.6%
整治政府、协会等对企业的乱收费行为	17.5%
落实执行税务简易注销	17.3%
用工政策咨询、招工对接、员工培训等服务	16.4%
清理、惩戒拖欠中小企业账款的行为	11.8%

图 17 "以下各类政府服务中，您最期待享受的前 3 项是？"

对纾困政策的期待方面，我们请受访企业根据自身需要、对四大类政策进行了排序，反馈结果来看，排名依次为降费（用电、用网、房屋租金、交通物流等）＞税收减免、缓征（提高起征点、降低税率、缓税等）＞融资政策（增加信贷投放、减免手续费）＞用工政策（企业社保缴纳减缓、失业保险返还、降低失业保险和工伤保险费率）。有36.5%的企业将"降费"排在了各项政策期待的首位。

八、预期与信心

从本季度起，将跟踪了解受访企业未来6个月在市场需求、经营成本和员工招聘三个方面的预期，在每个方面给出"降低""基本不变"和"增长"三个选项，据此构建信心指数，即信心指数=100×［50+50×（预期乐观的比例 – 预期悲观的比例）］，用来体现企业的整体预期。

调查结果显示（见图18），对2022年上半年，企业的市场需求信心指数为41.9%，经营成本信心指数为33.9%，员工招聘信心指数为45.4%。三个方面的信心指数均低于50%的荣枯线，整体偏悲观，其中又以对经营成本上涨压力的担忧最为突出。

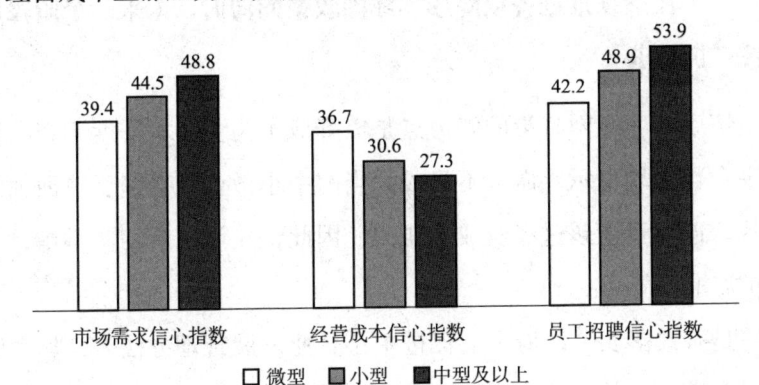

图18 三类不同规模企业的信心指数

不同规模企业在预期方面的异质性显著。规模较小的企业，对市场需求和员工招聘的信心较弱；规模较大的企业，则对经营成本的信心较弱。

中型及以上企业的员工招聘信心指数超过了50%的荣枯线。

九、政策诉求与建议

12月上旬的中央经济工作会议总结了我国经济当前面临"需求收缩、供给冲击、预期减弱"的三重压力。对中小微企业而言，由于在产业链上的议价能力不足、难以有效快速地消化和转嫁成本，因此面临的这三重压力尤其大。这三方面的问题，在本季度调查结果中均有所显现。

为此，建议：

（一）加大政策创新力度，更为精准地定义和帮扶"微型企业"

本季度调查结果显示，年营收2 000万以下的中小微批零企业的经营状况有所分化，中型企业的感受有所回暖、而微型企业的困难加剧。对微型企业而言，减税政策均已覆盖和落实到位，无继续扩容的空间；社保缴纳的程度普遍不高，导致社保优惠政策的帮扶效果有限。因此，需要进一步细化研究，精准定义政策帮扶对象，进而有针对性地加大政策创新力度，提升政策滴灌的深度和有效性。

（二）在继续推进各项降成本纾困政策的同时，未来一个阶段应重点关注"扩需求"

疫情后各项纾困政策的着力点是以降成本为主。本季度调查结果和电商平台数据均显示，需求不足成为当前中小微企业普遍反映面临的最大挑战，迫切程度超过经营成本压力。因此，建议出台切实举措，下大力气扩需求。包括：

一是有效落实《政府采购促进中小企业发展管理办法》，加大政府采购对小微企业的扶持力度，通过各级政府采取向中小企业预留政府采购份额、鼓励大企业与小微企业组成投标联合体等方式，提高小微企业产品和服务在政府采购中的比重。同时，深入研究、借鉴成熟的"小企业创新研究计划（SBIR）""种子企业基金"等政策模式，通过将政府采购纳入科技型中小企业的扶持周期的方式，提高政府采购对小微企业创新的带动作用。

二是更加充分地打开国际市场的需求空间，通过积极推动全球跨境电商贸易规则和服务体系建设，形成有利于我国中小微企业工业产品向全球销售的多边规则，推动跨境电商平台与国家中小微企业公共服务平台的对接融合，降低中小微企业通过线上线下发展跨境贸易的综合成本，将我国中小微企业的产品竞争力转化为全球市场竞争力。

三是推动扩内需、促消费的政策加速落地，特别是对餐饮消费等中小微商户集聚、社会零售当中持续偏冷、易受疫情影响产生波动的消费领域，考虑重启居民数字消费券等短期政策工具。

（三）切实提升政府对中小微企业提供公共服务、共性技术服务的能力和水平，创新服务方式，推动"专精特新"企业培育和发展

过去十几年，各级政府确实投入了可观资金，建设了规模庞大、类型多样的中小微企业服务平台，然而这些服务平台不同程度地存在着"重技术创新、轻技术扩散；重资金投入、轻体制建设"问题。为此建议，借鉴日本的"技术咨询师"和澳大利亚的"管理顾问"项目经验，通过培育、认证专门的具备丰富生产管理经验和现代工艺知识的专家队伍，为中小微企业提供质量管理、现场管理、流程优化等方面的咨询与培训，依托海内外高层次人才，在国家、省和地级市层面建立三级小微企业综合服务机构，为量大面广的小微企业共性技术服务和管理咨询服务。

（四）财税方面，建议免除小规模纳税人增值税，或将起征点提高并延续1%征收率政策

本季度调查结果显示，营收下滑度、资金短缺度、成本上升度和招工用工率都出现更大程度的恶化，多项经营指标均创新低，而在系列帮扶措施中，降低增值税征收率和免征增值税政策仍最受欢迎，企业获得感最强。根据中央经济工作会议"实施新的减税降费政策，强化对中小微企业、个体工商户…的支持力度"和李克强总理"推动实施更大力度组合式减税降费帮助市场主体纾困激发活力"的要求，建议全面免除小规模纳税人增值税，或进一步提高增值税起征点（如从现行的年销售额180万元提升至360万元以上）并延续1%征收率政策，既可扩大享受免税政策的小微企业覆盖面，精准增强国家减税降费力度，还能减少小规模纳税人的数量，为进一步取消小规模纳税人制度存在的重复征税问题创造条件（可以适当降低一般纳税人500万元的销售额标准）。

（五）就业方面，重视用工"去规范化"问题趋势，同时加强对中小微企业的就业用工政策指导

调查结果反映出企业对零工的招工需求持续增加，一定程度上可能存在着以低成本用工替代高成本用工、变向降低劳动者保障水平的风险。建议有关部门重点关注中小企业用工合规性，完善监测体系，持续加大社会保险相关补贴；畅通补贴申领渠道，加大补贴宣传力度，增强补贴政策的可及性，由"企业找政策"，更多转向"政策找企业"。同时，加强宏观部门和职能部门对企业用工的咨询指导，引导企业根据人力资源市场供求变化趋势，克服企业用工路径依赖，适时调整改进人力资源发展战略和策略，实现从"低人工成本策略"向"高质量就业战略"转变。

附录：调查组织和样本结构

1. 调查实施

为保证所反馈信息的即时有效性，调查对象的总体选取了以调查标准时点（2021年12月20日）近90天内的活跃商家。对淘宝、天猫2个内贸平台的商家，依照其年成交额进行了分层抽样，确保在不同规模企业中具有一定的代表性；对阿里巴巴国际站（以下或简称"国际站"）和速卖通2个外贸平台商家进行了纯随机抽样。问卷投放后，共回收了8 676个受访商家的有效回复，其中7 304个商家来自淘宝、天猫平台，1 372个商家来自国际站和速卖通平台。

2. 内贸平台的受访商家

企业特征。（1）地理分布。受访企业分布在 31 个省（区、市）和香港特别行政区，位于一线、二线、三线和四线及以下城市的占比分别为 21%、26%、20% 和 33%，有 31.2% 是县域企业，地理分布和城市圈层覆盖较为全面、具有代表性。（2）企业性质。以有限责任公司和个体工商户为主，另有少量的合伙企业、独资企业和农民合作社等，也有部分个人店铺（即以个人身份证注册经营的店铺）。应答者均为店铺拥有者或主要负责人。（3）统一简化按照国家统计局对零售业企业的划型标准，微型（<100 万元）、小型（100 万~500 万元）和中型及以上（500 万以上）企业的占比分别为 60.7%、28.1% 和 11.2%。（4）制造属性。有 47.5% 的企业直接从事生产、加工、制造业务，其余为纯批发和零售企业。

线上经营特征。（1）73.5% 的受访商家在淘宝、天猫平台的开店时间超过 3 年，经营具有连续性，同时熟悉平台规则、具有较强的代表性。（2）有 42% 的受访商家除在淘宝、天猫平台开店，还在拼多多、京东、微信、抖音等其他电商平台同时经营。（3）受访企业的经营品类以服装鞋帽、日用品、烟酒饮料食品等为主，家装、五金、办公、娱乐等品类也均有覆盖。

3. 外贸平台的受访商家

外贸经营类型。有 76.6% 的商家主要从事跨境电商零售出口（B2C）业务，另外 23.4% 的商家主要从事一般贸易出口（B2B）。

企业规模。参考批发零售企业的划型标准，按照对应的年出口交易额来划分，微型（<15 万美元）、小型（15 万~80 万美元）、中型及以上（80 万美元以上）企业占比分别为 37.9%、37.5% 和 24.6%。制造属性。有 34.8% 的企业直接从事生产、加工、制造业务，其余为纯贸易经销企业。

（撰稿人：张程，阿里研究院中小企业研究中心主任；董宇，阿里巴巴集团公共事务部总监）

后 记

《2021年民间投资与民营经济发展重要数据分析报告》是北京大成企业研究院2021年度重要研究课题。为做好本课题研究，北京大成企业研究院将国家统计局、国家税务总局、商务部、海关总署、全国工商联等官方机构权威数据进行了系统完整的收集整理、筛选汇总。在此基础上，通过数据对比分析研究，形成了一整套客观、系统的数据图表，清晰准确地展现了2021年社会经济发展的真实情况，主要是民营经济发展情况。

第十、十一届全国政协副主席黄孟复对课题研究进行了指导，提出了不少重要意见。

本书由北京大成企业研究院组织撰写，北京大成企业研究院副院长陈永杰为课题组组长，拟定全书思路并负责全书统稿。导言"发挥市场主体作用，推动共同富裕实现"是根据黄孟复主席在大成企业首脑沙龙的讲话整理而成；概论"三驾马车齐奋力，十年变局各千秋——国有、民营、外资经济结构变化简析"由陈永杰撰写；第二章、第六章、第十一章由北京大成企业研究院徐鹏飞撰写；第一章、第四章、第五章、第七章、第十三章由北京大成企业研究刘贵浙撰写；第八章、第十四章、第十五章由北京大成企业研究院葛佳意撰写；第三章、第九章由北京大成企业研究院王涵撰写；第十二章由联讯证券新三板研究负责人彭海撰写；第十七章由河北师范大学特聘副教授赵炜佳撰写；专论"'国有企业税负是民营企业2倍'的判断并不成立""国企十年做大做强　质量效益有喜有忧——国有企业十年经济数据简要分析""投资数据差异巨大，期待做出合理解释——2020年和2021年统计年鉴投资数据比较"由陈永杰撰写。"小微企业经营状况分化，需求不足成最突出困难"由阿里研究院提供。国务院参事谢伯阳、北京大成企业研究院院长欧阳晓明参加了课题研究并提供重要意见，北京大成企业研究院赵征然、王红为本课题提供了帮助和支持。珠海网灵科技有限公司提供数据库技术支持。

本课题得到潮商东盟投资基金管理有限公司的资助。特此致谢。